数字技术拓展博物馆服务

2021年北京数字博物馆研讨会论文集

■北京数字科普协会◎主编■

中国戏剧出版社
CHINA THEATRE PRESS

图书在版编目（CIP）数据

数字技术拓展博物馆服务：2021年北京数字博物馆研讨会论文集 / 北京数字科普协会主编. --北京：中国戏剧出版社，2021.12
ISBN 978-7-104-05160-2

Ⅰ.①数… Ⅱ.①北… Ⅲ.①数字技术－应用－博物馆－文集 Ⅳ.①G26-39

中国版本图书馆CIP数据核字(2021)第219355号

数字技术拓展博物馆服务——
2021年北京数字博物馆研讨会论文集

责任编辑：齐　钰
责任印制：冯志强

出版发行：	中国戏剧出版社
出 版 人：	樊国宾
社　　址：	北京市西城区天宁寺前街2号国家音乐产业基地L座
邮　　编：	100055
网　　址：	www.theatrebook.cn
电　　话：	010-63385980（总编室）　010-63381560（发行部）
传　　真：	010-63381560

读者服务：	010-63381560
邮购地址：	北京市西城区天宁寺前街2号国家音乐产业基地L座

印　　刷：	北京九州迅驰传媒文化有限公司
开　　本：	787mm×1092mm　1/16
印　　张：	18
字　　数：	308千字
版　　次：	2021年12月　北京第1版第1次印刷
书　　号：	ISBN 978-7-104-05160-2
定　　价：	148.00元

版权专有，违者必究；如有质量问题，请与出版社联系调换。

《数字技术拓展博物馆服务——2021年北京数字博物馆研讨会论文集》编委会

主　编：北京数字科普协会

主　任：阎保平

副主任：李金涛　白　杰　潘　峰　周荫良

编　委：（按姓氏笔画排序）

　　　　王振强　龙霄飞　曲学利　刘春祥

　　　　孙芮英　祁庆国　胡　锤　侯俊杰

　　　　郭　凡　郭　豹　唐建国　鲍　泓

序　言

　　习近平总书记曾经指出，博物馆是保护和传承人类文明的重要殿堂。近年来，中国各类博物馆在智慧场馆建设等方面不断取得进展，旨在让博物馆的丰富馆藏都"活"起来，为保护文化多样性，促进人类文明进步作出贡献。为了贯彻落实习近平总书记的重要指示精神，推动京津冀博物馆（科技馆）的发展，加快北京数字科普资源共享，在北京市科学技术协会、北京市文物局和北京市经济和信息化局的指导下，北京数字科普协会、北京博物馆学会、中国博物馆协会博物馆数字化专业委员会和北京企业文博协会等单位于2021年6月10日在首都博物馆联合举办了2021年（第九届）北京数字博物馆研讨会，研讨会主题为：数字技术拓展博物馆服务和红色文化传播。来自北京地区博物馆（科技馆）、高校博物馆、科普基地、高等院校、科研院所、中关村科技创新企业及全国部分地区博物馆和有关互联网、计算机信息技术等行业的专家、学者和专业技术人员共100多人参加了研讨会，彰显了首都文化中心、科技中心的聚合力和影响力，共利用数字技术拓展博物馆（科技馆）服务，传播红色文化，提高文物数字资源利用等方面起到了积极的指导作用，得到了社会和行业的高度关注与赞誉。

　　2021年，我国进入"十四五"发展新的历史时期，迎来了中国共产党成立100周年，国家发改委等九部委发布了《关于推进博物馆改革发展的指导意见》。在这一重要历史时期，2021年（第九届）北京数字博物馆研讨会以习近平新时代中国特色社会主义思想为指导，贯彻落实习近平总书记关于推动中华优秀传统文化传承、创新和博物馆发展的一系列重要指示精神，结合近年来大数据和人工智能技术快速发展的情况，广邀博物馆、企业、科研机构和有关领域的专家、学者及有关人员，研讨和交流对国家九部委发布的《关于推进博物馆改革发展的指导意见》的理解和实施方面的做法，互动交流与会者的观点、理念、做法和案例，搭建集思广益、建言献策的交流平台，加快博物馆数字科普资源共享，构建我国智慧博物馆建设的新发展格局。

此次研讨会还展览展示了数字博物馆（科技馆）、有关企业在此领域的新技术、新成果、新案例，组织了数字博物馆数字化创新产品的评价活动，为参会者提供更具针对性、务实性的交流机会，评选出了优秀的数字博物馆数字化创新产品。

北京数字博物馆研讨会是数字博物馆方面的综合学术交流活动，自2005年开始，每两年举办一次，已成功举办了八届，出版了七本研讨会论文集。此次研讨会征集了近40多篇大会发言稿和论文，经过专家评审，以研讨会的主题为基础，整理和汇集了31篇论文，出版这本论文集。本论文集展现的案例涉及智慧博物馆建设与发展中的新理念、人员队伍建设以及国内外的一些创新实践，人工智能与博物馆教育、博物馆与红色文化传播、社会应急（疫情）状态下的博物馆服务和博物馆数字化与数字博物馆等方面的内容，对推动博物馆建设有很好的借鉴和参考作用。

本论文集是主办单位出版的数字博物馆发展的系列论文丛书，适合从事博物馆、科技馆、图书馆等公共文化设施的行业人士、文化创意工作者、展览展示举办者、科普工作者、研究开发人员、数字化工作者、科技传播者以及关注博物馆、科技馆发展的热心人士参考。欢迎读者通过电子邮箱（bjszkpxh@163.com）与我们联系，交流经验，畅谈体会，反映意见，提出建议。对本论文集汇编工作中出现的一些问题，敬请读者批评指正。

在本书的编辑过程中，得到了北京数字科普协会专家们的大力支持和指导，协会有关工作人员做了大量的文稿收集整理工作，在此一并表示衷心的感谢！

编委会

2021年7月

目 录

主题一
智慧博物馆建设与发展

智慧场馆建设规划研究——以北京天文馆为例…………………………陈　昌　管　峰 / 003

刍议博物馆向智慧博物馆的转型……………………………………………………孙秋霞 / 014

新时代藏品保管的智慧建设与探索…………………………………………………赵　媛 / 020

探索北京城市生活3.0时代——"博物馆之城"的新发展…………………………孙　淼 / 027

无线信号非接触感知观众行为的可行性分析………………………………江翼成　郑　霞 / 036

新媒体时代博物馆门户网站功能探索………………………………………………王　骁 / 046

主题二
人工智能与博物馆教育

智能组网控制系统在数字博物馆中的应用…………………………………………刘思雨 / 055

基于物联网技术的博物馆机房动环监测系统………………………………齐　心　赵　泽 / 063

科普场馆中开展STEAM综合课程的可行路径研究………………………………褚　莹 / 073

九莲菩萨与瑞莲赋碑……………………………………………………孟建鹭 / 081

数字文化空间在中国舞蹈学科建设中的应用
——以"中国民族民间舞数字文化空间展示平台"建设为例
……………………………黄奕华 王 勇 陈 臻 文 阳 蒋晓飞 / 090

主题三

博物馆与红色文化传播

浅谈博物馆与红色文化传播……………………………………………黄 潇 / 103

博物馆文化服务体系建设与红色文化空间拓展…………………………董 芳 / 111

基于LDA的博物馆中红色文化元素分类……………………周靖宇 李豪东 / 118

讲述中国景泰蓝艺术博物馆文化……………………………………董艳娜 / 126

谈中国园林博物馆开放式文物库房探索与实践………………李 明 夏 卫 / 135

革命石刻文物传播推广策略研究
——以"北京地区革命石刻文物信息化采集及系列展教活动"志愿服务项目为例
………………………………………………………………………………闫 霞 / 144

主题四

社会应急（疫情）状态下的博物馆服务

疫情期间社交隔离下博物馆虚拟社交的发展……………………罗诗赟 郑 霞 / 157

新冠肺炎疫情下北京地区博物馆数字文化服务现状分析
……………………………………………………张子迎 耿燕秋 徐悦洋 / 168

疫情之下博物馆运营开放模式的探索——以北京文博交流馆为例………杨 薇 / 175

应急状态下博物馆云展示服务的探索思考……………………………………金荣莹 / 191

疫情防控常态化下自助游览中国园林博物馆新体验——园博馆官方导览小程序
………………………………………常福银　黄亦工　刘明星　于京京 / 195

对当下博物馆"参观热"的一点思考——以北京文博交流馆为例……………金彩霞 / 204

主题五

博物馆数字化与数字博物馆

数字化技术助力博物馆服务不断档……………………………………………闫　涛 / 215

基于现代展厅与传统建筑的博物馆数字化建设…………………………………卢松啸 / 223

世界文化遗产数字化保护平台的功能设计——以故宫博物院遗产总貌为例……常梦龙 / 231

影像资料与数字资源利用——以万寿寺万佛楼内罗汉像为例……………………李　蓓 / 241

3D技术在博物馆中的应用前景…………………………………………………王　放 / 249

古代服饰数字化保护与修复技术初探……………李华飙　孟　竹　李　洋　王若慧 / 256

基于私有云技术的终端管理系统——以故宫博物院办公网络为例……………荣　理 / 264

珍贵文物数字化保护和创意应用新技术探析
——以山东博物馆馆藏珍贵文物数字化保护和创意应用为例
……………高　震　朱仲华　李　思　王　勇　陈　臻　宋伟菖　文　阳 / 271

主题一

智慧博物馆建设与发展

智慧场馆建设规划研究
——以北京天文馆为例

陈 昌 管 峰[*]

摘要：文章在总结北京天文馆在"十三五"期间发展的前提下，根据"十四五"规划发展方向，立足北京天文馆实际，详细阐述了北京天文馆智慧化和数字化建设现状，分析了已有的不足之处。在分析不足的基础上，针对北京天文馆智慧场馆建设规划，从建设目标、需求分析、总体设计以及重点举措等方面进行了详细阐述，重点对藏品管理系统、数字资源管理系统、新媒体综合管理系统、项目管理系统、综合门户管理系统、客流监控系统、5G网络覆盖、天文知识竞赛报名系统、人事管理系统以及数字化智能语音导览系统等智慧化系统建设进行阐述，以期为北京天文馆"十四五"智慧化建设提供借鉴。

关键词：北京天文馆；智慧场馆；需求分析；总体设计

---

[*] 陈昌，北京天文馆公共服务部，副主任，助理研究员。
管峰，北京天文馆信息中心，高级工程师。

近年来，从中央到地方都在持续加强对文物的保护与活化利用工作，大力推动智慧博物馆建设，并陆续发布了众多政策及法律法规，以确保文物保护与活化利用工作最终能落到实处。

2017年2月21日，国家文物局印发了《国家文物事业发展"十三五"规划》（后简称《规划》），《规划》中指出："运用物联网、大数据、云计算、移动互联等现代信息技术，研发智慧博物馆技术支撑体系、知识组织和'五觉'虚拟体验技术，建设智慧博物馆云数据中心、公共服务支撑平台和业务管理支撑平台，形成智慧博物馆标准、安全和技术支撑体系。"

21世纪以来，学科交叉融合加速，新兴学科不断涌现，前沿领域不断创新，信息技术创新代际周期大幅缩短，创新活力、集聚效应和应用潜能裂变式释放，以更快的速度、更广的范围、更深的程度引发了新一轮科技革命和产业变革。物联网、云计算、大数据、人工智能、机器深度学习、区块链、生物基因工程等新技术驱动网络空间从人人互联向万物互联演进，数字化、网络化、智能化服务将无处不在。

笔者立足于北京天文馆的发展需要，结合对国家及北京市科学技术研究院"十四五"建设规划的研究分析，从建设目标、需求分析、总体设计以及重点举措等方面详细阐述北京天文馆"十四五"期间智慧场馆的建设规划。

1. 建设目标

北京天文馆的建设目标是，根据目前博物馆的数字化、信息化现状以及未来的业务发展需要，利用多种先进、成熟的现代技术，夯实博物馆数字化、信息化基础，建立智慧博物馆，实现对博物馆的智慧保护、智慧管理以及对群众的智慧服务，加大文物资源的共享力度，促进业务协同管理、流程标准化，进一步提高博物馆运转效能和观众服务水平，促进博物馆功能的充分发挥。

北京天文馆力求实现馆内各要素的互联互通与智慧管理，以期提高内部运行效率，实现"以人为本"的智慧服务，提升对观众的服务质量；实现当地文化资源汇集，建设文化交流与融合圣地；探索智慧博物馆建设标准，树立智慧博物馆建设典范；实现博物馆服务转型升级，开辟"互联网＋博物馆"新模式。

2 "十三五"期间建立的发展基础

2.1 已有基础

北京天文馆经过长时间的建设和发展，在信息化建设方面已经初具规模。北京天文馆在"十三五"期间的信息化建设完成了对机房服务器及存储设备、网络设备的升级改造，先后完成了虚拟北京天文馆、无线网络全覆盖、新媒体展览辅助信息系统、古观象台数字化、新版北京天文馆官网的中英文版网站升级、北京天文馆内部信息网升级、北京天文馆图书资料管理系统等项目的建设，基本能满足现阶段馆内各项业务信息化需求的顺利进行。

2.2 存在的问题

北京天文馆已有的信息化建设内容和基础越来越难以适应当前形势的快速变化，智慧化程度也无法满足观众日益增长的体验需求，之所以存在这样的问题，主要原因包括以下四个方面。

（1）已有的信息化设备亟待更新和升级。

为适应用户需求和研究环境的变化，北京天文馆曾采购过一批信息化设备。但时至今日，这些设备已经陈旧，部分设备老化严重，这些设备与北京天文馆当前面临的日益提升的技术需求越来越难以匹配。同时，由于空间有限，北京天文馆的信息化设备的计算能力和存储空间的拓展均受到了影响，这些问题对北京天文馆业务的限制已经越来越明显。

（2）硬件基础薄弱。

北京天文馆机房的网络安全防护仅由一台深信服防火墙提供支持，且没有热备设备，在运行过程中一旦受到攻击或设备发生故障，馆内各种网络设备都将中断，这将对北京天文馆的日常工作造成很大影响。这是运行过程中存在的风险。北京天文馆的网络核心机房及信息化水平无法达到相应的信息化等级保护的要求。

（3）智慧场馆理念与信息化水平落后的矛盾日益突出。

近年来，在北京市财政局和北京市科学技术研究院的支持下，北京天文馆把握住智慧场馆和人工智能理念带来的机遇，迎接相应的挑战，开展了一系列与信息化建设相关的工作，取得了丰硕的成果和突破性进展。然而，由于诸多方面的限制，北京天文馆的信息化水平还相对落后，目前场馆现有的互动体验项目运用到的技术比较单一，无法满足观众日益增长的体验需求。场馆的数字化虚拟展示环节相对薄弱,目前尚未实现用VR、AR、全息等现代化技术对展品、影像资料、天文场景进行多样化的展示和线上直播导览。北京天文馆在针对观众的个性化服务方面仍处在探索和研究阶段,观众目前仍无法享受到沉浸式、个性化的体验服务。总而言之,北京天文馆整体的智慧化水平不高。

(4)管理机制尚不成熟。

北京天文馆的科研、办公、人事、财务等方面未实现程序化管理,办公效率相对较低。北京天文馆缺乏符合本单位要求,能保证审批工作在应用系统中安全、高效、可靠地被执行的科研科普项目综合管理系统,无法利用网络面向项目审批部门机构,实现科研科普工作人员的项目申报工作、上级审批的协同工作、馆领导对项目审批的进度及结果提供动态监督检查;无法实现自动化办公;无法通过各部门间的信息共享、办公联动,规范办公程序、节约出行成本、提高办事效率;财务工作缺乏全面的信息化管理,无法实现财务信息的实时共享与追溯查询、远程查询等功能。

3. 需求分析

需求分析包含人员和业务的需求分析。

3.1 人员需求分析

北京天文馆场馆智慧化建设方案围绕北京天文馆内部管理和对外服务等工作,涉及北京天文馆各部门的各项业务工作,与各部门工作人员息息相关,也影响着观众的参观体验及其对北京天文馆的评价。

(1)馆内工作人员。本项目将为工作人员提供各类基础数据、分析报表、资源共享和自动化管理,改变信息不对称、共享困难的情况,以减轻工作负担。来自馆内办公室、科研部、党委宣传部、展览设计部、科普教育部、公众服务部、综合保障部、编辑部、经营开发部、古观象台等各部门的工作人员,均能直接或间接使用项目所提供的数据和服务。

(2)观众。这里的"观众"既包括到馆参观的线下观众,也包括未到馆参观的线上观众。本项目将通过预约服务、多媒体展示、资讯推送、参观导览、互动体验、评价反馈等方式提供从参观前、参观中到参观后的全周期服务。

3.2 业务需求分析

业务需求管理包含藏品管理、库房管理、数字资源管理、展览管理、观众管理、媒体管理等。以下主要分析藏品管理和库房管理。

（1）藏品管理分析。智慧博物馆建设应当帮助藏品管理部门消除藏品档案查阅不便、信息不对称等弊端，建立科学、完善、高效的现代化藏品管理制度，明确不同岗位职权，实现藏品管理的科学化、规范化、信息化、精细化、便捷化，提高相关人员的工作效率，保障藏品信息的真实性。

（2）库房管理分析。智慧博物馆的建设应当有助于库房管理信息的完整、真实记录，促进库房管理制度落实到位，实现文物库房管理的规范化、信息化、高效化，减少乃至防止自然和人为因素导致的库管物品的损坏、丢失等事故，提高库房管理效率，保障库房安全。

4. 总体设计

4.1 设计原则

为达成智慧博物馆的各项建设目标，在项目设计过程中，相关工作人员应遵循标准规范性、技术先进性、系统开放性、完整性、稳定性、可恢复性等原则。

4.2 设计依据

北京天文馆场馆智慧化建设的设计依据为博物馆行业相关法律法规、软件开发标准规范、信息安全标准规范相关文件等。

4.3 总体框架

北京天文馆应严格按照国家文物局发布的统一标准规范进行智慧博物馆的设计、开发、建设，确保各个系统之间能够进行数据共享与互联，实现数字资源的接入、管理与使用一体化，建设一个综合、先进、好用的智慧博物馆服务平台。

总体架构采用多层模式，模块化的设计充分体现了"高内聚、低耦合"思想，每个模块相对独立且逻辑层次清晰，便于相关工作人员的维护管理，同时能够随时弹性扩展，以应对未来新的业务发展需求。智慧博物馆总体架构如图1所示。

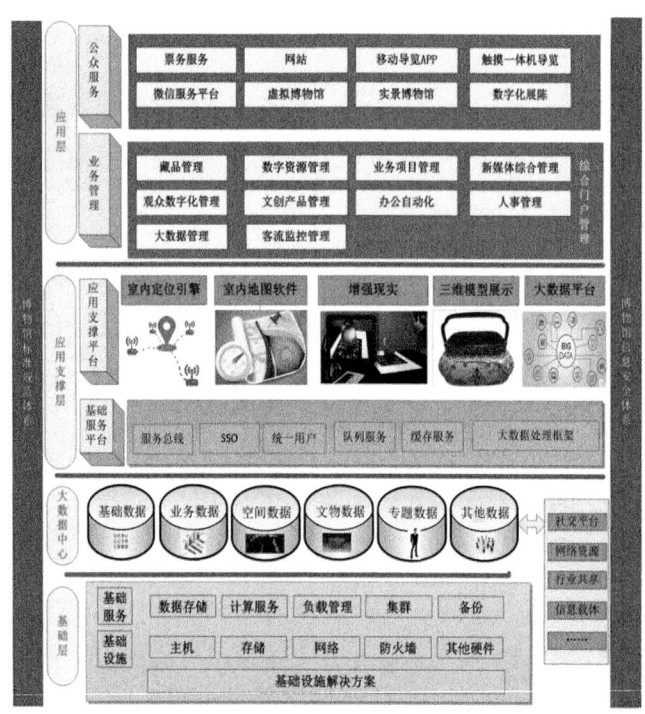

图 1　智慧博物馆总体架构

5. "十四五"期间智慧场馆建设重点规划

5.1　藏品管理系统

藏品管理是北京天文馆的重要工作之一。近年来，北京天文馆的藏品数量不断增加，其中不乏极为珍贵的望远镜和陨石，急需一套能将藏品进行统一管理的数字化系统。该系统要能将藏品的来源、属性、历史价值、材质、保护记录、维护信息、研究信息等资料实现可通过数字技术对藏品进行多维度的立体展示，通过信息化手段将藏品中珍贵且易损的古籍、古仪器进行数字信息化加工处理，从而便于藏品的管理、展览、保护。藏品管理系统通过信息化手段收集、整理、研究、保存、利用这些藏品信息，实现对北京天文馆藏品的迅速查询、定位、展示和利用等功能。

北京天文馆藏品管理系统是一套以藏品为中心，涉及藏品信息管理、藏品保管业务管理、库房日常管理、数字化资源管理和利用、门户管理等内容的综合性藏品管理与资源利用的软件系统。该系统能够实现全过程动态管理藏品信息登记、业务审批流程的协同操作，实现藏品查询调阅、状态监管的数字化管理，支持自定义条件下的分析统计与结果导出，使藏品管理业务流程更加规范，藏品利用更加高效、安全，为北京天文馆资源管理的计划、组织、领导、控制等相关决策提供支持，使藏品管理工作更加科学、智能、高效。

5.2 数字资源管理系统

数字资源是博物馆的重要资产，被广泛应用于馆藏业务管理、文化展示、学术研究、观众服务等方面，同时也为其他信息化平台提供了丰富的数据内容。目前，国内各博物馆经过多年的业务积累，已初步完成馆内藏品数字资源的采集和编目工作，但仍存在资源分散、缺乏标准、大量冗余、共享困难等问题，在数字资源的安全利用等方面也有待完善和提升。为了对博物馆现有以及将来的数字资源进行规范化、科学化的管理和再加工，以使之成为具有博物馆特色的数字资产，北京天文馆迫切需要建设一个数字资源管理系统。数字资源管理系统将北京天文馆目前散布在各部门的不同对象、不同格式的数字化资源，按照统一标准，从加工、发布、检索、利用等方面入手进行规范化管理，并在促进资源高度便捷、共享的同时，维护北京天文馆的合法权益，为研究、展示和其他数字化应用提供丰富且高质量的资源，以最大限度地发挥数字资源的价值。

5.3 项目管理系统

项目管理系统能结合展览、活动、基建、信息化、课题等业务项目的管理重点，对从立项到结项整个过程中的重要成果资料、实施进度、经费开支进行统一规范管理，并提供多种自动化辅助手段，协助项目人员熟悉流程、促进资源共享。因此，建设一个项目管理系统就显得尤为重要。

5.4 新媒体综合管理系统

新媒体综合管理系统是针对博物馆的网站、微信、微博等新媒体平台进行资源整合、统一发布、集群管理的业务系统。该系统可实现内容一键跨平台发布、用户数据统一采集和个性服务智能推送，能够显著降低人力维护成本、提升新媒体运营效率和用户忠诚度。因此，北京天文馆迫切需要建设一个新媒体综合管理系统。

5.5 办公自动化系统

办公自动化系统旨在根据不同部门、岗位的特点，提供个性化的工作平台和事务预警，实现日常事务处理的信息化和自动化，全面提高工作人员办公效率，降低繁复的日常事务性工作带来的工作负担；建立起快捷畅通的内部通信和信息交流渠道，提高北京天文馆各项工作的协同效率。

5.6 综合门户管理系统

北京天文馆信息综合展示平台的建设目的是汇集现有系统的数据，在此平台上直观展现北京天文馆的运营状况，体现智慧场馆理念，消除信息孤岛，为北京天文馆业务部门及领导展现场馆运行状态，为后续业务开展做支撑。平台的设计应结合现有的票务系统、天文知识竞赛报名系统、库房管理系统、藏品管理系统以及客流监控系统等，汇集各个业务系统数据，形成数据仓库，基于业务需要完成数据分析和展现，将自身建设为可为馆内员工提供各类数据的综合平台。

5.7 客流（观众行为）监控系统

现阶段，北京天文馆对观众的深度挖掘、分析以及北京天文馆与其他景区的关联仍处于空白状态。北京天文馆缺乏对观众的深度挖掘，包括观众的位置数据、行为数据、来源地、游览偏好、游览目的、驻留时间等信息。这导致北京天文馆的相关部门无法为馆内的陈设布置、活动策划、宣传等提供相应的数据支撑。外部关联分析方面，观众参观北京天文馆与游览其他景区的关联关系未知，其他景区的观众特征、偏好等未知，这致使北京天文馆与其他景区策划联合活动时缺少数据支撑。

北京天文馆可以利用馆内现有的完善的 4G 移动基站，借助移动的大数据平台来提取和深度挖掘观众的行为数据；建立完善的场馆基础客流分析数据库，为馆内开放、展陈布置、活动策划提供数据支撑。通过对观众来源的分析（年龄、性别等），为观众提供精细化、定制化的公共服务。馆外关联分析将北京天文馆与全市景区、商圈等场景相互关联，分析旅游、文化、商业融合发展及带动情况；整合所有数据，通过 3D 可视化平台呈现数据，并进行北京天文馆长周期客流态势研究、与其他文旅产业的融合分析。

5.8 人事管理系统

通过建设一个功能全面、操作便捷、界面友好的人事管理系统，对馆内人事事务和人事资料进行管理，帮助博物馆改变传统人事管理方式，实现北京天文馆人事管理工作的系统化、自动化和规范化，提高人事管理效率，保障人事资料安全，达到提高人力资源管理效率的目的。

5.9 天文知识竞赛报名系统优化升级

天文知识竞赛报名系统自 2014 年建设完成之后，一直沿用至今。在历年全国中学生天文知识竞赛（2019 年之前称"全国中学生天文奥林匹克竞赛"）的使用过程中，根据新的需求不断改进优化，竞赛报名系统的功能已经较为完善。但该系统的设计架构老化，报名方式单一，网站安全性较弱。因此，笔者提出将竞赛报名系统进行升级改造，目标是将系统架构升级为新的可兼容 HTML5 的架构，提高系统的安全性，同时方便手机等移动终端操作，还可以开发微信接口，通过微信端实现网上报名。

5.10 北京天文馆 5G 网络覆盖

随着 5G 网络技术的逐步完善，其在智能交通、智慧城市、智能物流及环境监控等方面已经初具规模和影响力。然而 5G 网络在各大博物馆场馆内尚未全面覆盖，5G 技术在博物馆领域的应用仍处于探索和研究阶段，目前只被互动直播、可视化管理平台等少数平台应用。北京天文馆目前已覆盖 4G 网络和 Wi-Fi，尚未覆盖 5G 网络。

随着智慧博物馆建设进程的推进，4G 网络已经无法满足沉浸式展览 VR、AR 展示效果对网络的需求。今后数字化虚拟展示系统的发展趋势是基于 5G 智慧终端（包括手机端、AR 眼镜等多种形式）为观众提供 AR 导览、智慧讲解、线上直播游览和天文场景沉浸式体验服务，这些展览均需要 5G 高速网络作为载体，利用 5G 网络建立前后端的高速通道，结合馆内实际布景和 AR 眼镜数字内容，实现天文现象的现场交互体验，提升观众的体验满意度。为了更好地为场馆沉浸式展览 VR、AR 展示等体验服务提供必要的基础条件，北京天文馆需尽快实现 5G 网络的覆盖。

5.11 数字化智能语音导览系统

随着博物馆信息化程度的提升，语音导览系统应运而生，它能以便于观众认知和理解的方式进行科普。

其实到博物馆等各大场馆参观的大多数观众对展览内容都不熟悉，而各场馆的人工讲解也不可能实时提供，再加上讲解人员的缺乏，使得很多观众进入场馆后，面对展项时是一头雾水，不知道从何观起。

通过提前录制展项讲解语音，可以有效地解决人工讲解的短板，让观众自行参观展项，观众可以根据个人喜好，到不同的展项前收听相应的语音讲解，满足参观的个性化需求。

综上所述，笔者结合"十四五"规划发展趋势，对北京天文馆智慧化场馆的建设进行了详细阐述，对北京天文馆的未来发展进行了展望，以期给广大同仁提供借鉴和参考。

参考文献

[1] 王荔.数字化背景下的智慧博物馆建设探究[J].卷宗，2020（02）：131-133.

[2] 张宝圣.信息系统在博物馆智慧转型发展中的作用[J].文物世界，2020（02）：74-76.

[3] 李怡."互联网+"智慧博物馆建设思考[J].合作经济与科技，2020（11）：

110-111.

[4] 张立红，张晓婉.虚拟现实技术在数字化智慧化博物馆中的运用探究[J].科学与财富，2020（01）：339.

[5] 李静.智慧型体育场馆的构建设想及应用分析[J].电脑知识与技术，2019（28）：272-274.

刍议博物馆向智慧博物馆的转型

孙秋霞[*]

摘要： 随着5G技术、大数据、云计算、区块链、人工智能等信息科技的发展，整个社会数字化应用程度越来越高，博物馆事业发展过程中也在向数字化、智慧化转型。特别是新型冠状病毒感染的肺炎疫情（本文中简称"新冠肺炎疫情"）暴发以来，加速了这一转型的步伐。智慧博物馆建设不仅是经济、技术推动使然，同时随着观众的心理变化以及数字化一代在成长过程中的认知习惯的改变，让博物馆智慧化转型成为必然发展趋势。

关键词： 智慧博物馆；转型；数字化一代

近几年来，随着万物互联、5G技术、大数据、云计算、区块链、人工智能等科技的发展，整个社会数字化应用程度越来越高，博物馆对于数字化建设也越来越重视，博物馆积极实行藏品数字化、信息数字化，建立数字博物馆、虚拟博物馆，并随着数字技术在博物馆领域的深入发展，在文物保护、文物管理及利用和在博物馆管理、服

---

[*] 孙秋霞，1978年9月出生，满族，北京艺术博物馆副研究馆员，主要研究方向为博物馆学、博物馆观众、博物馆科普教育研发。

务等方面的更深入的跨领域合作，进而提出建设智慧博物馆的理念。在推动文物与科技深度融合的大趋势下，建构智慧博物馆生态体系，进行博物馆业务信息化，构建博物馆大数据，为社会公众提供精准的文化服务，提升博物馆综合实力，从而实现博物馆的文化传播、教育、服务的社会价值和社会责任。

据新华网介绍，2018年11月，湖北省博物馆就与湖北移动签署协议打造"5G智慧博物馆"，2019年9月5日正式发布。用手机即可识别文物并显示相关信息，还有VR体验，可通过屏幕敲击编钟，丰富了博物馆展览展示以及服务公众的手段和方法。由此不难看出，博物馆与科技跨界融合发展是社会经济发展的必然趋势，博物馆学者也要顺应时代脚步，关注社会公众在学习习惯、对博物馆认知方面的变化，有针对性地提供博物馆服务。智慧博物馆建设的重中之重是"共享""互通"，因而要避免"信息孤岛"现象，而要构建智慧博物馆生态体系。

1. 博物馆与数字技术的跨界结合，是发展的必然趋势

博物馆是展示人类文明和自然环境的文化殿堂，也是人类立足当下，回望历史、面向未来的一座桥梁。博物馆对于历史文化传承的意义早已深入人心。随着全球信息技术的突飞猛进，以云计算、物联网、移动通信、大数据、区块链、人工智能为代表的信息技术，改变了人类的思维意识、生活以及学习方式，有的学者认为这是人类的"第四次革命"。

首先，博物馆是一个国家、地区的科学文化展示的重要载体，其重要的社会职能是在对文物藏品保护和研究的基础上，通过展览展示、社教活动，让文物"活"起来，以向公众普及和传承文化。互联网作为当今时代最具发展活力的领域，突破了城市之间、国家之间的空间距离，激发了人们更多的求知欲和好奇心，博物馆依托互联网技术，可为公众提供更为便捷、全面的，而且是可视化的学习空间。据国家文物局统计数据显示，2019年观众走进博物馆参观的人数就达到了12.27亿人次。2020年受到突如其来的新冠肺炎疫情的影响，全国博物馆均闭馆抗击疫情。但在抗疫期间，全国的博物馆系统推出了2000多个线上展览，总浏览量超过了50亿人次。博物馆的信息化服务具有十分巨大的潜力，为提高博物馆综合服务实力，智慧博物馆建设必然成为行

业的发展趋势。

其次，信息技术的突飞猛进改变了人们的生活，出现了智能手机、智慧家居、智慧医疗，现在还有智慧城市、智慧旅游等，这也推动着博物馆的智慧化转型。特别是 2020 年以来，博物馆同仁也在深入思考博物馆的存在方式、业务运行模式以及展览服务的方式等。2021 年国际博物馆日的主题为"博物馆的未来：恢复与重塑"（The Future of Museums: Recover and Reimagine），在博物馆恢复开放、展览、社教活动以后，还要重塑博物馆事业在社会中的角色，拓展博物馆与现代科技的深度融合。现在博物馆利用 VR、AR 以及沉浸式观展方式屡见不鲜，博物馆也在持续走向数字化、网络化、智能化，为公众提供新的文化交流的方式。

最后，随着社会经济的发展，博物馆是人们文化休闲、终身学习的场所，而能够在展览中为公众提供"学习资料"的藏品数量十分有限，为了提高博物馆藏品的利用率，让更多被"藏起来"的文物"说话"，传播科学文化知识，深度融合信息技术也是势在必行。博物馆自身功能在不断丰富和变化，并通过信息技术促进博物馆智慧化建设，加速了博物馆服务的转型。

2. 加速博物馆向智慧化转型

由于受到新冠肺炎疫情的影响，2020 年，人们曾很长一段时间足不出户，而是利用数字技术购物、支付、云游博物馆、发朋友圈、看短视频，丰富在家自我隔离的工作、学习和生活氛围，也将数字技术及其应用推向高潮。特别值得一提的是，新冠肺炎疫情也让观众在很多心理上有所变化。对于文化消费需求，观众对随时进入现实博物馆，在相对封闭的环境中参观、学习，可能会有所顾虑。现在，很多观众会先在互联网上有目的性地搜索博物馆相关信息，再决定是否参观博物馆、参观什么内容、去哪家博物馆……这促使博物馆提供更多智慧化的服务，除了虚拟展览、藏品信息、文化科普视频以外，还有服务信息、专家信息、观览直播……为走进博物馆的公众提供更精准的服务，公众在博物馆的学习则更有目的性。

2020 年春节，大多数博物馆都闭馆以抗击疫情，同时也纷纷推出了"在家云游博物馆"的活动，全国博物馆推出了 2000 多个线上展览，总浏览量超过 50 亿人次。在布达拉宫直播的 51 分钟时间里,有 92 万网友"云游"了布达拉宫的建筑和馆藏,点赞超过 88 万个。可见公众的文化消费需求没有减弱,还拓展了博物馆教育的空间。在与现代科技的深度融合过程中,改变了博物馆的文化服务方式,而博物馆提供的文化活动,起到了让社会更加坚韧、人民更加团结的作用。

3. 博物馆智慧化转型与数字化一代的学习习惯息息相关

20 世纪 90 年代,万维网(也称 3W,WWW 是 World Wide Web 的简称)进入主流,让网络繁荣起来。这使得全世界的人们开始了史无前例的巨大规模的信息交流。数字化一代就成长在这样的历史背景中,通过互联网他们可以随时随地地学习。电子游戏、博客、短信、社交平台、视频网站、社交媒体……由互联网大餐构建起了数字化一代的特殊生活体验。"90 后""00 后"在学习方面有着与其父母一代完全不同的习惯和方法。

首先,数字化一代更倾向于处理图片、视频、声音文件,也就是我们常说的"读图时代"。对于文字会不自觉地选择快速阅读。经科学家研究发现,数字化一代的阅读习惯为"F"字形阅读模式(传统阅读习惯为"Z"字形阅读模式)。有学者认为这种阅读习惯让大脑仅扫描、抓取关键词,而很少进行思考,这将影响人的深度阅读能力。博物馆已经开始利用 AR、VR 等智能设备开展沉浸式教育,通过社交媒介推送视频、声音文件,传播文化知识,实现博物馆的社会职能。

其次,数字化一代获取信息是多渠道获取的,是从不同角度学习,或通过多种信息相互印证。这意味着他们会提出质疑,博物馆则推出相应的项目式学习、探究式学习活动,以培养他们的批判性思维。

再次,数字化一代更喜欢有用又有趣的学习。为更多地发挥个体的创造力,博物馆开展的(戏剧)角色扮演讲解,开办"创客空间"、增加 AR、VR 体验环节、社交媒体等多元展示都是博物馆顺应时代发展做出的反思和转变。

博物馆在智慧化服务方面有很多探索,诸如:迎宾 AI 机器人、讲解机器人、智能讲解等,既能弥补工作人员的不足,也将一些重复性的、较枯燥的工作交给智能机器人完成,还改善了观众对博物馆的刻板印象。

4. 博物馆在向智慧化转型中的挑战和困难

首先，是与社会科技深度融合、跨界发展，人工智能将对博物馆事业发展起到很大的作用。据报道，2021 年 5 月在首都博物馆展览的"万年永宝——中国馆藏文物保护成果展"就引入了 AR 技术，利用华为河图 APP 将现实与虚拟无缝融合，交互展示。华为河图是通过虚拟融合现实的技术，既有现实功能，如导航、详细信息等，也有虚拟的活动，甚至可以与虚拟的角色合影，富有趣味性。随着人工智能的深入，最后是实现现实和虚拟无界限的发展趋势，即 MR 混合现实技术，就像电影《头号玩家》中展现的那样，在现实世界、虚拟世界和用户之间搭起一个交互反馈的信息回路，增强用户体验的真实感。这是虚拟现实技术的进一步发展，在博物馆应用不多，但在博物馆智能化进程中应该会有不错的智能服务表现。比如在遗址类博物馆中的应用，会更能传达出遗址深厚的历史背景和文化内涵。

其次，博物馆作为具有深厚文化内涵的公共文化教育机构，智能传播发展趋势是信息的个性化推荐。例如个性化参观路线推荐、相关主题藏品推荐、相关热点展览推荐等，从而满足不同个体的参观需求。过去那种"上车睡觉，下车拍照，回来一问，什么都不知道"的毫无目的性的文化消费模式会逐渐消失。

总之，在智慧博物馆建设的过程中，要从基础的数字化开始，先是藏品数字化、文化遗址数字化等，然后是博物馆的智慧化服务，比如线上虚拟展示、APP 应用、现实博物馆利用 5G、区块链或 AR 等技术。但智慧博物馆并不是简单使用一些应用系统或者是多媒体展示，我们应该清楚地认识到其距离万物互联、智能融合等智慧化特征还有很大距离。智慧博物馆还是要成系统地建设，应该是人（人才）、物（藏品）、各种终端应用、管理体系等的综合。

参考文献

[1] 段勇. 当代中国博物馆 [M]. 译林出版社，2017 年.

[2][挪]安娜·路易莎·桑切斯·劳斯.博物馆网站与社交媒体——参与性、可持续性、信任及多元化[M].刘哲译.上海科技教育出版社,2017年.

[3][意]卢西亚诺·弗洛里迪.第四次革命——人工智能如何重塑人类现实[M].王文革译.浙江人民出版社,2016年.

[4][美]伊恩·朱克斯,[美]瑞恩·L.沙夫.教育未来简史[M].钟希声译.教育科学出版社,2020年.

新时代藏品保管的智慧建设与探索

赵 媛[*]

摘要： 北京奥运博物馆是2009年筹建，2019年12月30日正式对外开放，2020年被评为国家三级博物馆。在筹备期间，藏品保管工作从零开始，经过十余年时间，完成了基础的藏品流线工作，现北京正在打造博物馆之城，根据国家文物局等九部委联合印发的《关于推进博物馆改革发展的指导意见》，北京奥运博物馆的藏品保管工作既要认清现状、找准定位，顺应新时代发展趋势，更要主动探索创新。本文对藏品保管工作十余年来的建设进行了思考，同时对新时代、新形势、新需求下如何开展藏品保护、管理以及智慧建设等方面进行了相关探索和展望。

关键词： 藏品管理；藏品大数据；智慧博物馆

1. 北京奥运博物馆藏品管理工作现状

北京奥运博物馆在筹备之初，90%的藏品都是从北京奥组委移交过来的，由于时

---

[*] 赵媛，北京奥运博物馆保管部，总账管理员。

间紧，奥组委移交我馆筹备处的时候并没有面对面一一清点藏品，在《北京奥组委物资移交单》上面罗列了物资名称、数量、物资品所在表演节目、物资尺寸等，但移交的藏品只有奥运会开闭幕式的服装和道具。正逢当时全国开展第一次可移动文物普查，我馆开启整理藏品工作。对库房的藏品进行了一次大规模搬迁及整库，通过对馆藏品进行整理和分类，初步摸清了家底，完成了基础的藏品流线工作，同时开展基础信息采集登记工作，按照《馆藏文物登录规范》要求，对藏品数据进行了采集和记录，基本完成电子版的《文物信息表》《藏品清单》《藏品档案》。

经过对文物库房和展线藏品的整理、统计，利用采集的数据建立了基础的藏品数据库，同时我馆信息化部门协同其他单位共同开发了北京奥运博物馆智慧藏品管理系统，这套管理体系以藏品为核心，共建设六大模块，现正在进行基础数据录入上传工作，管理系统尚在完善中。对馆藏品的科学研究尚未系统开展，在下一步，我们将深入挖掘藏品背后的故事，讲好奥运故事，保护好、传承好"双奥"遗产，在新时代博物馆之城建设中发挥更大作用。

2. 藏品的数字化建设刚刚起步

对于我馆藏品保管工作数字化建设来说，我馆还处于第一阶段，以藏品管理信息系统的建设为核心，该系统基本框架以国家文物局编制的藏品档案各基本要素为主。保管部基础的藏品管理工作与藏品的数字化建设是一同开展的，藏品数字化建设主要包括三方面的内容：一是藏品的基础信息通过电子录入形成了电子档案，涉及 14 个指标项内容；二是把口述历史的视频、现有的光盘、VCD 转为电子档案存档；三是在文物普查期间以及整库期间对大量藏品进行了高清拍照，这些图片档案也全部存储。藏品清单、相关学术研究等藏品纸质档案同时进行电子数据化，扫描后的数据格式为 TIF 和 JPG 两种，JPG 像素精度不低于 500DPI（Dots Per Inch，每英寸点数）。

利用这些数字化数据，我馆开展了藏品囊匣的制作和藏品日常管理，同时与我馆开发的北京奥运博物馆智慧藏品管理系统相衔接，循序渐进地把藏品数据导入管理系统中，在导入的过程中，我们遇到很大困难，现有的管理系统不支持已经录好的《文物信息表》，只能重新手动录入。此外，我馆藏品数字化工作保护处于被动状态，缺乏数字信息网络传播及现代软件技术的信息技术人才，藏品的线上展示、线下保护的本职工作得不到落实。要形成智慧管理，我馆还有很长的一段路要走。

3. 新时代藏品工作智慧建设新探索

随着《关于推进博物馆改革发展的指导意见》（以下简称《指导意见》）的颁布，为新时代中国博物馆事业创新发展提供了根本指导，同时北京正在打造博物馆之城，这是满足人民美好生活新期待的有力举措。建造博物馆之城，要促进不同类型的博物馆发展。北京是全世界唯一的"双奥"之城，北京奥运博物馆是北京市永久的官方奥运专题类博物馆，随着2022年冬奥会的临近，北京奥运博物馆也正在改造升级成"双奥"博物馆。在新时代，讲好奥运故事，传承奥运遗产能更好地构筑中国精神、中国价值、中国力量。

3.1 奥运藏品价值挖掘及体系化工作

随着社会发展，征藏范围与藏品的价值认知不断扩展、不断深入，从皇室珍宝扩展到平民生活用品，从实物扩展到影像，从物质形态扩展到数字形态。经过2020年的藏品拣选工作，我馆奥运藏品数量35591件/套，作为藏品保管工作人员，我们必须站在一定的高度上，才能主动、积极挖掘藏品价值。

关于奥运藏品价值的挖掘及体系化工作，笔者认为应该分为四个层次：

（1）藏品登录，继续登录新入藏的奥运藏品，同时对原有登录数据查缺补漏，进行规范化整合。

（2）数字化采集，分为文本、影像和三维数据三方面。现在我馆已在进行文本采集工作和影像采集，三维数据采集是接下来的工作重点。要制定适合本馆藏品数字化采集的技术标准，持续积累可用数据。

（3）标注，以知识呈现为目标，标注、解构和重构藏品蕴含的中华元素和标识。将已录入馆藏品数据进行解构，萃取奥运中蕴含的华文化元素和标识，比如我们夏奥会、冬奥会里中国元素的吉祥物、歌曲、标识、工艺品等，分门别类标签化，为内容创作生产、创意设计、数字中国建设提供素材。

（4）关联，分为内关联和外关联。关联数据是核心资产，这是超越纸本时代的实质性突破。《指导意见》中指出要推进博物馆大数据体系建设，主动对接国家文化大数据体系建设。国家文化大数据体系建设纳入新基建范畴，目前，建立中国文化遗产标本库、中华民族文化基因库和中华文化素材库已经作为国家文化大数据体系建设的主要任务已经正式启动了。奥运藏品数据不仅是奥运遗产的重要组成部分，同时也是国家文化大数据体系建设中的重要一环，保管部要以奥运遗产数字化成果为对象，运用各种新技术，形成一部"活"的奥运教科书，通过文物来讲述奥运历史，讲好中国故事。

3.2 奥运藏品价值的展示

北京奥运博物馆的基本陈列是以北京奥运会从筹办、申办、举办的角度来展示，展线上的2300件藏品分为"百年奥运、中华圆梦""科学发展、统领筹办""无与伦比、世界同欢""两个奥运、同样精彩""奥运之城、世界之城"和"冬梦飞跃、相约北京"六大展区，从而讲述奥运故事，再现奥运精彩瞬间，带领观众重温中国百年奥运梦。

作为一家专题类博物馆，我馆除了基本陈列外还有关联展品集合式展示，在奥运藏品的物与物关系中捕捉原因、逻辑，减少观众"猜"的比重，形成新知识。加强场景复原展示——还原，模拟"物"在使用场景中的情形。背景投影重现希腊圣女采集圣火的情景。20米长的不锈钢雕塑场景形成一条跑道，将奥运项目的精彩瞬间定格。按1∶50缩小的鸟巢模型上方，环形荧幕循环播放发生在北京的奥运记忆，使观众一目了然，加强共创性。

实体场景展示是线性的、静态的，数字展示突破静态、突破线性、突破现场，实现空间化、交互化、生长化。支持数字展示的核心是数字技术的理念和方法，情景体验式数字展示的优势不是感染力的强大，而是促使观众自己发现并感受知识、理解价值。尽量减少博物馆解读的限制，不仅会提高知识传播的成效，而且由于观众的参与，还将在知识的生产上发挥作用，实现效率与愉悦感、深度与美感、现实与平行空间的并重。

3.3 奥运藏品价值的传播

新时代藏品价值的传播应该从多角度进行融合与创新，基层博物馆从2020年年初开始逐渐加强与融媒体合作,大力发展博物馆云展览,让更多的藏品从库房里走出来,构建线上线下相融合的藏品传播体系。作为博物馆里好的文物保护状态,就是要回到人民的生活中,让大家在现实中感受藏品魅力。呵护文物,发挥文物的积极作用,完全可以利用融媒体形成良性循环。融媒体宣传不应只出现在特殊时期,应该常态化,要因势而谋、应势而动、顺势而为,要加快推动融媒体融合发展,进一步讲好藏品背后的故事,让藏品活起来。

3.4 奥运藏品保护

现代科学技术的应用,使我国博物馆藏品保护工作成为文博行业发展最为迅速的一个领域,博物馆里的工作面貌、方式和团队结构都发生了巨大变化。保护理论与技术日渐丰富、成熟,实行多学科融合,开始以问题为导向;保护理念放弃绝对化想法,保护工作前推,以预防性保护为主;保护工作实施,依需求做计划,依计划做工作,稳步推进,保障突破点;加大保护工作的宣传,提升保护能力;健全博物馆藏品登录机制,推进藏品档案信息化标准化建设,逐步推广藏品电子标识;实施馆藏珍贵文物、材质脆弱文物保护修复计划;强化预防性保护,提升藏品保存环境监测、微环境控制、分析检测等能力,完善博物馆安全消防制度建设和设施配备;加快推进藏品数字化,完善藏品数据库,加大基础信息开放力度。

3.5 奥运藏品智慧管理

藏品智慧管理要以数字化为王,强化科技支撑。加强对藏品当代价值、世界意义的挖掘阐发,促进研究成果及时转化为展览、教育资源。大力发展智慧博物馆,以业务需求为核心、以现代科学技术为支撑,逐步实现智慧服务、智慧保护、智慧管理。国家数字化转型战略也为博物馆行业的发展提供了指导。开展数字化转型,应把握如下四个方面:一是数字化转型是信息技术引发的系统性变革;二是数字化转型的根本任务是价值体系优化、创新和重构;三是数字化转型的核心路径是新型能力建设,主要指与价值创造相关的能力;四是数字化转型的关键驱动要素是数据。

4. 构建智慧管理双循环体系

4.1 对内加强沟通交流

近年来,北京奥运博物馆智慧藏品管理系统一直在逐步完善中,但开发系统的企业没有事先询问保管部的工作需求,导致在导出文物普查平台录入的藏品数据后,无法录入我馆藏品管理系统中,只能全部重新手动录入,既浪费时间又重复工作。如果业务部门之间能事先多沟通交流,提前明确需求,打破壁垒,把工作做在前面,就会省事省力且事半功倍。

4.2 对外合作共享

《北京地区博物馆发展报告》的发布进一步明晰了未来发展路径,北京致力于进一步整合不同层级、不同属性、不同类型的博物馆,创新发展路径,加强层级间的博物馆协调合作,促进资源、服务共享。

我馆于 2017 年加入中国体育博物馆联盟,首批联盟成员包括中国体育博物馆、北京奥运博物馆、天津体育博物馆等 11 家体育博物馆。相同类型博物馆间交流,可以加大资源共享力度,希望下一步通过建立体育科研信息管理平台,提升业务科研能力,推动博物馆高质量发展,拓宽和优化博物馆国际交流路径,建立健全藏品管理、科技保护、陈列展览、社会教育、文化传播、文化产业等综合交流培训体系,实现共享共创价值。

5. 以数据为驱动,让博物馆更智慧

要树立博物馆业务系统为整体的观念,认识到数据、信息是沟通各项业务的有效纽带;遵循标准规范,保障数据、信息的可利用性;领导要高度重视,合作的公司要根据博物馆实际情况,提出可行的解决方案,业务部门提出需求,跟进设计和实施,对平时系统使用进行及时反馈;日常应用方面,技术人员要牵头建设,对接业务部门和实施单位,确定系统框架,将业务需求进行技术转化,了解新技术,跟踪实施,推

进系统应用。总之，用数字技术赋能文博资源进行展示、传播、互动，以驱动数字化保护管理、数字资源采集、数字资源转化利用等方面，让博物馆更智慧。

6. 智慧管理的结果是让每一件藏品都有尊严

北京奥运会形成了丰富的奥运藏品，这是建立北京奥运博物馆的重要基础。作为博物馆里好的文物保护状态，就是要回到人民的生活中，让大家能在现实中感受藏品魅力。保管员要用心倾听藏品故事、挖掘藏品文化底蕴、感受藏品之艺术魅力，才能真正活化利用藏品。

如何让每件藏品都有尊严、有生命力，这是保管部门工作人员需要思考并予以解决的，具体而言有以下几点：制定藏品安全突发事件应急预案，开展预案演练；购买添置恒温恒湿系统，优化文物生存环境；检测库房照明光源，根据结果整改灯源，减少文物受损风险；分析库房虫害数据，明确整治对象，用一切手段延长藏品寿命；完善馆藏文物账册管理制度，完成账册备案、藏品建档等工作；逐步架构有特色、科学的藏品体系，推进藏品价值研究；转变传统观念，联手纵横资源，拓宽藏品宣传渠道，提升博物馆社会影响力；文物数字化保护及活化利用相辅推进等工作。

国际奥委会有一句名言："一旦成为奥运城市，便永远是奥运城市。"是不是真正充满着奥运精神的城市，有赖于我们把遗产工作做好。转隶后的北京奥运博物馆现正在改造升级为"双奥"博物馆，北京2022年冬奥会即将来临，将为主办城市北京留下丰厚的冬奥文化遗产，我们将迎接新机遇，探索奥运遗产新内涵和保护遗产新路径，实现"双奥"遗产在博物馆的传承和保护，让更多的公众共享"双奥"记忆，见证"双奥"征程。

参考文献

[1] 梁璇. 北京冬奥会遗产保护进行时. 中国青年报，2018-11-26(08).

探索北京城市生活 3.0 时代
——"博物馆之城"的新发展

孙 淼[*]

摘要：五千多年的文明发展孕育了中华民族的优秀传统文化，在党和人民的伟大斗争中孕育了革命文化和社会主义先进文化，三种文化形态既有继承性，又各有独特的内涵与功能，优秀传统文化、革命文化和社会主义先进文化组成了我们中国特色的社会主义文化，是中华民族最深层的精神积淀。北京作为全国政治、文化和国际交往中心，是展示国家形象、民族文化自信的重要窗口，更是中国特色社会主义文化的体现。博物馆与时代的发展息息相关，是城市文脉的承载者与优秀文化渊源的展示者。

中华人民共和国成立以来，北京乃至全国的博物馆建设有了飞跃式的发展，无数博物馆从业者为此坚持不懈地努力过、探索过。2020年5月18日，北京首次确立了"打造博物馆之城"这一目标。笔者认为，北京博物馆建设目前处于探索期到多元融合期的过渡与转型阶段，要与城市建设协同发展，

---

[*] 孙淼，中国文化遗产研究院副研究馆员。

在采取多样性的展览、展示方式的同时，让博物馆的文化及元素与城市建设同步，与人民生活相互交融，探索博物馆作为普通百姓的一种生活方式，为打造博物馆之城及今后博物馆之城的延续性发展提供物质基础。

关键词：博物馆；城市；生活

北京城以其独有的京味文化璀璨于世界的东方，北京作为中国政治、文化和国际交往中心，展示国家形象、民族文化与文化自信，更是中国特色社会主义文化的体现。北京的博物馆发展与时代的发展息息相关，是城市文脉的承载者与优秀文化渊源的展示者。周口店北京人遗址、琉璃河西周燕都遗址、大葆台西汉墓遗址、明清北京故宫紫禁城、香山革命文化旧址，一路走来，传统文化、革命文化和社会主义先进文化交汇织成了北京城市发展史，也构建了北京这座博物馆之城。

1. 北京博物馆业态发展情况

中华人民共和国成立以来，北京乃至全国的博物馆建设有了飞跃式的发展，梳理博物馆发展的脉络，可以分为建设期、探索期、融合期三个发展阶段。

1.1 第一阶段：建设期——从数量到质量的飞跃

中国博物馆从中华人民共和国成立之初发展至1996年总数量为1219个。从1996年开始至2017年，中国博物馆规模逐年成倍快速增长，1996年到2010年全国博物馆数量达到2435个，增长了近一倍；到2017年，全国博物馆数量为4721个；到2018年，全国博物馆数量达到了5100个。截至2020年年底，全国登记备案的博物馆达5788个，其中5214个博物馆免费开放。

主题一：智慧博物馆建设与发展

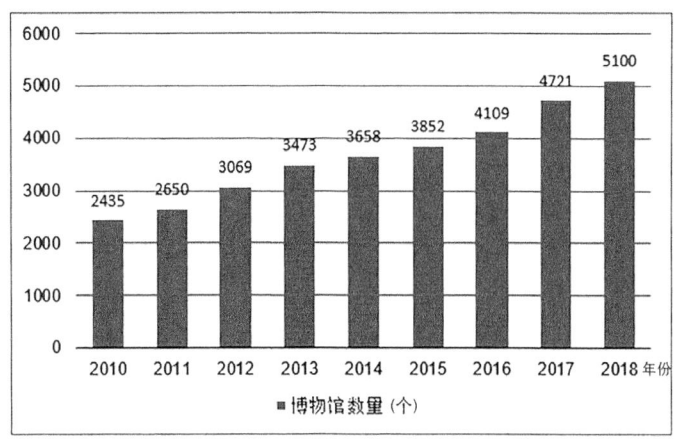

图 1　2010—2018 年我国博物馆数量走势

数据来源：《2020—2026 中国陕西省博物馆行业市场发展规模及投资前景趋势报告》

北京作为全国的政治文化中心，文博产业的建设与发展一直走在全国的前列，从 1949 年到 1996 年，北京建设成立博物馆 73 个（备案数量）；到 2020 年，北京地区登记备案并正常开放的博物馆达到了 275 个。从 1996 年到 2020 年期间，北京地区博物馆的发展不仅在数量上有了巨大增长，在质量上更是有了突破式、飞跃式的进步。在这一阶段，博物馆的类型与展览展示题材呈现出多元化的特点。一方面，民营资本的加入，打破了博物馆在藏品、展品、人员、管理等全部国有化的局面，为博物馆自身的多元化发展开辟新的方向的同时，从侧面刺激了国有博物馆在诸多方面的改革方向与力度，如：藏品、展品的科学管理，人员的优化与使用，展览展示手段与文化产品的推陈出新等。另一方面，更多行业类、专题类博物馆的出现，不仅是从专业、行业的方面丰富了城市的记忆痕迹，更突破了人们以往对博物馆只能收藏、展示文玩艺术品等的固有认知。曾经如象牙塔一般的博物馆文化逐步与人民群众的文化生活连接在一起。

1.2　第二阶段：探索期——从单一产品到运营模式的转变

在这一阶段，博物馆从业人员通过努力探索，采取各种方法让博物馆文化与展览方式更加贴近人民群众的实际生活。从最初的"走出去，请进来"、发传单、搭大棚等宣传推广方式，到今天通过手机移动客户端实现精准的推广与互动。博物馆的文化产品，也从单一的纯产品，拓展到云博物馆、线上活动体验等多种表现形式。例如，在 2020 年夏秋之际，北京多家博物馆在重点节假日开设夜场专场，让人们在傍晚的闲暇之余增加了逛博物馆的文化选项，在充分利用文博资源多角度进行展览展示的同时，丰富了人们的夜间文化生活。同期，多家博物馆还通过微信公众号、直播平台等在网络上直接对展览、馆藏品进行视频直播互动，拉近了人与物、人与馆的直线距离。人们对博物馆的感觉从抬头仰望，到欣然前往，进而发展成为足不出户的虚拟现实转化式"巡游"。

1.3 第三阶段：多元融合期——从运营博物馆到经营生活

第三阶段笔者暂定义为博物馆 3.0 时代，就"博物馆之城"而言，人们更多的是生活其中、参与其中、经营其中。"博物馆之城"不是把博物馆点缀在城市之中，而是把城市经营在博物馆之中，博物馆的发展也是城市的发展。2020 年 5 月，在第 44 个国际博物馆日，北京首次明确提出了"打造博物馆之城"的目标，并推出 94 项主题活动。北京市文物局党组书记、局长陈名杰对此评价道："这是新形势下首都文博事业发展的新目标，也是北京推进全国文化中心建设的重要内容和载体。通过'博物馆之城'的建设让广大市民和游客随时随地走进博物馆，感受博物馆的文化魅力。"政府部门主导下的"博物馆之城"建设，让人们拥有更多的责任感与使命感。博物馆本体采取多样性的展览、展示方式的同时，通过博物馆 IP 运营和文创产业规模化驱动，以及通过信息化手段实现信息发布、宣传推广，其中最重要的环节是与民众互动，让博物馆生活与城市日常生活相融合。博物馆作为一种生活方式，逐步融入越来越多人的日常生活之中，成为人们物质文化生活中不可或缺的一部分。人民群众不再是博物馆文化的旁观者与学习者，他们更多的是作为建议者、建设者，甚至是经营管理者与传承者。"博物馆之城"从遥不可及变成了近在咫尺，从大而化之的概念变成了近在眼前的福利。

2. 现阶段北京地区博物馆和城市建设发展的特色与方向

根据中共中央、国务院关于对《首都功能核心区控制性详细规划（街区层面）（2018 年—2035 年）》的批复，北京作为首都功能核心区，是全国政治中心、文化中

图 2　博物馆夜场开放

心和国际交往中心的核心承载区，是历史文化名城保护的重点地区，是展示国家首都形象的重要窗口地区，是体现大国首都民族文化自信的代表地区，是体现中华民族优秀传统文化的代表地区。

北京是具有 3000 多年建城史、800 多年建都史的历史文化古都。文化遗产承载灿烂文明，传承历史文化，维系民族精神，是国家的"金色名片"。从 1912 年 7 月的国立历史博物馆筹备处到今天的中国国家博物馆，历时百年之久，经过无数博物馆人与北京人民的不懈努力建设，形成了独有的"京味文化"，北京古城自身，完成了博物馆城市的华丽转型。北京地区的博物馆作为北京地域特色文化的重要载体，在加强博物馆自身建设过程中，参与北京城市的全面建设，因此，具备更加专业化和国际化的特点。

经济学家迈克尔·波特曾经提出："植根于文化的优势是根本因素，是最难以替代模仿的因素，是最持久和最核心的优势。"作为有着悠久历史的城市，北京的历史文化底蕴无疑是难以替代的核心优势。在《国家新型城镇化规划（2014—2020 年）》中也指出了"传承和弘扬优秀传统文化，推动地方特色文化发展，保存城市文化记忆"的人文城市建设理念。由此可见，在文化传承过程中彰显城市形象，塑造城市品牌，打造城市内涵，是当前城市发展的重要方向。

随着"博物馆热"的日益升温，博物馆的社会功能追随着社会需求，也在不断拓展和延伸。北京博物馆学会理事长刘超英认为："下一步北京需要在梳理资源的基础上进行顶层设计，动员全社会力量广泛参与。"就国家层面而言，博物馆是传播中华文化、提升国家形象、增强文化和道路自信、促进世界文化交流互鉴的重要载体；就社会层面而言，博物馆是服务社会经济、保障民生、促进社会和谐的重要组成部分，因此，应发挥博物馆在带动区域经济发展、服务民生、加强城乡一体化建设、丰富民众生活等方面的积极作用；就个体层面而言，博物馆是承载人类文明和记忆的精神宝库，是孕育文化、弘扬文化的知识宝库，因此，在加快公共文化服务体系建设中，应积极探索多元化的传播方式，多渠道建立传播途径。构建政府指导、机构参与、民众互动的文化业态环境，为满足人民群众日益增长的精神文化需求、促进文化和区域经济发展做出新的贡献。

3. 开启博物馆城市生活 3.0 时代

博物馆作为城市印记的承载者与传承者，不仅凝聚着独特的城市文化气韵，更是所在城市不可替代的文化符号。在开启博物馆城市生活 3.0 时代之际，各博物馆主动充分发挥自身优势，积极探索将文化符号融入日常生活，塑造特色城市大文化氛围。而市民也自发解读、吸收并宣扬"博物馆之城"的城市文化，使得古城北京作为"博物馆之城"的城市文化形象更加鲜明。

3.1 大力发展"云展览"，足不出户漫游博物馆

博物馆从线下走到线上，早已不是新鲜事。随着博物馆数字化建设的不断深入，沉睡的文物通过线上展览、线上直播等方式"活"起来，满足了大众日益增长的文化需求。2020 年上半年，各大博物馆机构加速推进线上展览与数字化资料库建设的进程，多家博物馆推出线上展览、线上直播等丰富多彩的"云端"活动：故宫博物院推出《贺岁迎祥——紫禁城里过大年》、中国国家博物馆推出《伟大的变革——庆祝改革开放 40 周年大型展览》等线上展览；周口店北京人遗址博物馆、中国园林博物馆、北京古代建筑博物馆、北京市大葆台西汉墓博物馆等推出线上 360 度全景展示；北京文博交流馆、中国电影博物馆、大钟寺古钟博物馆等开展直播活动，观众可享受"一对一"讲解畅游博物馆。"云展览""云漫游"将成为博物馆今后发展的趋势。

图3 云游博物馆（智化寺）网络直播

3.2 大力开展"文博+"文化服务，提升文博与生活的融合度

开展"文博+"文化服务的意义在于：首先，"为推动国家文物和博物馆事业发展，加强培育、引导和扶持北京市文物和博物馆领域相关产业健康发展"和"文物和博物馆公共资源共享"工作，以发动学生志愿者传播北京博物馆文化为主题，把文物和博物馆传统文化宣传与爱国主义教育、德育教育结合起来，成为北京"文化中心"建设的新途径和落实"家、校、政、社"形成合力、创新文化素质教育的新模式。其次，随着人工智能技术的发展，以用户体验、服务设计为代表的移动服务理念日益凸显，公共文化服务迎来了理论创新与实践改革的良机。在多种利好的前提下，2020年，北京市文物局所属的北京文博交流馆联合"我听FM"APP及北京部分中小学，合作开展了公益性校外青少年互动项目"我听北京文化小使者"活动。利用社会资源的广播平台，开创性地开展"童声读北京"活动，旨在开拓文化素质教育新模式，丰富学生课余生活，让孩子们在自发学习和探索博物馆中的古代科技与传统文化的同时，利用广播平台去记录、解读博物馆中曾经发生与正在发生的故事。孩子们的主动参与，不仅让孩子能够自发地系统学习与探索博物馆，更通过"小手拉大手"的方式，带动成

年人（父母）一起主动去探寻博物馆中的亮点。而通过"我听 FM"APP 的便携记录与播放，让孩子们大胆说话的同时，主动地承担起北京传统"文化小使者"的宣讲职责，在广播中与听众共同分享北京的历史与文化，活态记录并分享"博物馆之城"生活的点滴，完成了博物馆与人、博物馆与生活的完美融合。

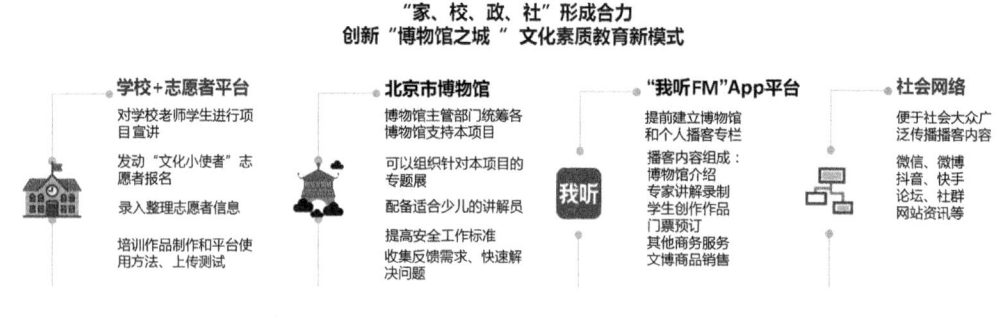

图 4

3.3 融入式"博物馆之城"生活

作为全国文化中心，北京拥有超过 200 个注册备案并正常开放的博物馆，百余处不可移动革命文物（2021 年北京市公布第一批革命文物名录中，包括不可移动文物 158 处）及中心城区外围的大量文化遗存保存及展示地点，文博体系较为完整，类型丰富多样、资源特色鲜明。借助现代科技的翅膀，以点带面，梳理、整合与继承北京的地域传统文化、革命文化与社会主义先进文化，将古老又现代的北京城建设成为一座大型"博物馆城市"。人们生活在"博物馆之城"中，担负着记录与传承北京城市发展信息的责任，在生活与建设中促进首都文化的繁荣，不断提升首都城市文化内涵，活态展示北京的城市文明。参与北京生活的人们接受传统文化、革命文化与社会主义先进文化的熏陶，在自发探究学习与宣讲的同时，培养文化心理与文化态度，培养博大的中华文化胸襟，增强文化自信。融入式"博物馆之城"生活将开启城市生活 3.0 时代。

博物馆是文化殿堂，是衡量一座城市文明程度的重要标尺。20 世纪 70 年代开始，将博物馆打造为城市地标，是西方国家以文化引领城市经济复兴的重要手段，博物馆不仅仅是建筑和展品的陈列，更承载着建设"文化中枢"的主导作用。建设"博物之城"不仅是对北京文博事业的战略规划,也是加快推进北京全国文化中心建设的内在要求,应充分发挥"博物馆之城"的民族文化引领作用,塑造"博物馆之城"的城市形象,提升城市生活品质。随着博物馆城市生活 3.0 时代的开启,博物馆作为普通百姓的一种生活方式,民众生活其中、建设其中、管理其中、传承其中,更将我们的民族精神熔锻其中。作为中国首都的北京,深厚的文化底蕴与文化自信将通过"博物馆之城"的建设和展示而绽放光芒,成为展现大国形象的"文化名片"。

参考文献

[1]《2020—2026 中国陕西省博物馆行业市场发展规模及投资前景趋势报告》.

无线信号非接触感知观众行为的可行性分析

江翼成　郑　霞*

摘要： 智慧博物馆对观众的管理和服务提出了更高的要求，而观众体验的提升也离不开对观众行为的实证研究，二者均需要新兴物联网技术的引入和支持，对博物馆内的观众进行全面、智能的感知。然而，目前博物馆常用的观众研究技术在隐私保护、感知对象的规模、部署成本等方面仍存在不足，统计结果也较难被实时共享。本文介绍了部分物联网领域基于人工智能和商用无线信号的非接触式感知研究，该类技术无须让用户接入任何设备即可对室内环境中多样的人类行为进行统计和识别。本文进一步结合观众服务与研究的需求以及博物馆的环境特点，分析无线感知技术在博物馆中应用的可行性与挑战，为后续无线信号在智慧博物馆场景下免设备感知观众行为的应用研究提供参考。

关键词： 智慧博物馆；非接触式无线感知；观众研究

---

① 本文为国家重点研发计划课题"智慧博物馆建设标准体系构建与应用示范"（项目编号：2019YFC1521105）的阶段性研究成果。

* 江翼成，浙江大学文化遗产与博物馆学研究所，研究生。
郑霞，浙江大学文化遗产与博物馆学研究所，副教授。

1. 博物馆感知观众行为数据的必要性

随着智慧博物馆概念的提出，越来越多基于物联网和云计算的智慧感知技术走进博物馆，博物馆感知对象的范围也在不断拓宽。除了对藏品状况、温湿度等环境特征的智慧监测，大量流动的观众也是重要的感知对象之一。无论从服务还是研究的角度，对观众行为的感知都是必要的。

首先，观众管理和服务一直是博物馆重要的评价指标之一。WW/T 0092—2018《博物馆运行评估指标》中将观众数量作为社会评价指标，并将观众参观引导信息归类为服务信息；DB31/T 866—2014《博物馆、美术馆服务规范》指出参观游览线路应合理顺畅、遇到人流高峰应及时疏导等，对讲解员也提出了解参观团体或个人的停留时间、参观流程安排等要求。在目前针对智慧博物馆的框架设计和探索实践中，观众行为数据同样也是重要的一环。在功能要求上，有流量监控、统计分析、观众行为管理等（李慧，2021）；观众统计在空间上的颗粒度也有待提升，如利用摄像头实时分析各展厅的人流情况（朱中一，2021）等。

其次，从观众研究的角度，跟踪观察法（Tracring observation）也是一种重要手段。跟踪观察法是一种以"无干扰"为主要特点、对参观博物馆的个体或团体的行为进行系统观察与记录、以期掌握观众在博物馆环境下的行为特征的研究方法（赵星宇等，2017）。有研究从观众停留时间、观展路线、观展重点三个角度对广东省博物馆历代端砚艺术展览进行评估（郭文钠，2012）；天津自然博物馆根据 5 年间 2716 名不同年龄段的观众在不同展区的有效参观时间，对新馆生态厅的策展工作提出相关建议（覃雪波，2021）。

可以看出，一方面，以观众为中心的流量统计、展区定位等功能可以方便观众疏导，在参观路线规划、展品推荐等方面提供更好的个性化服务；另一方面，观众的停留时间等行为数据为观众研究提供了数据支持，馆方需要采用非介入式的手段了解观众的兴趣与需求，为后续策展和场地规划积累经验。因此，针对观众行为的监测数据不仅可以纳入展览质量的评价指标，也能作为信息服务的重要内容，实现数据的共享和业务的优化。

2. 现有观众跟踪观察的技术分析

目前，很多博物馆机构或学术研究单位都在尝试使用新方法提高传统跟踪观察法的效率。主要可概括为以下三种技术路径：

（1）非接触式图像感知技术，指对固定位置的监控画面进行图像分析和处理，实现目标定位、跟踪和识别等。已有研究基于摄像机网络设计出在显示屏前定位多人的系统，并成功将其应用于希腊的塞萨洛尼基考古博物馆，让观众能够与数字形式的古代壁画互动和探索（Zabulis 等，2013）；一种基于单个摄像机的统计学跟踪算法被应用在当代犹太博物馆的装置中，该系统在可变的光照条件下能够持续跟踪观众行为（Godbehere 和 Goldberg，2014）。然而，基于图像的统计方法在博物馆推广的困难之一是研究伦理和法律问题。有学者指出，暂时还没有一种可接受的方式来告知观众正在进行的跟踪研究，以期在获得他们支持和理解的同时得到自然真实的数据（Yalowitz 和 Bronnenkant，2009）。

（2）接触式图像感知技术，指根据用户携带的智能设备拍摄的图像进行定位。例如，通过让智能手机自动拍摄用户所在的位置制作情绪地图（Schmitt 和 Labour，2021）；让观众佩戴头戴式摄像机和置于胸前的 GoPro（运动相机），从观众第一人称视角录制的视频中分析和获取观众的位置和兴趣点（Ragusa 等，2019）。出于用户的携带负担，这些探索性研究暂时只适用于小范围观众，难以获得较大范围参观者的全面数据。

（3）接触式无线感知技术，指将无线信号和智能便携设备互联进行跟踪。该方法已应用在国内外很多博物馆中，如南京博物院曾在展览中利用基于蓝牙技术的智慧导览器感应参观者的方位，制作展区的区域热点图，进行观众研究（郑晶，2019）；除蓝牙外，WiFi 和射频识别技术（Radio Frequency Identification，RFID）也被分别用在悉尼电力博物馆、纽约国家数学博物馆等的观众服务与研究中（Escuer 等，2014）。但在这些方法中，观众仍需要携带额外设备或手机等和网络相连，这并不适用于全体观众，统计结果也较难以信息服务的方式进行公开共享。

3. 非接触式无线感知技术的基本原理与应用分析

不同于以上方法，近年来出现的非接触式无线感知技术研究虽然仍基于 WiFi、RFID 等常见的低成本信号，但可以利用机器学习直接对人引起的信号变化进行自动识别，无须用户携带任何传感设备即可在不被注意的情况下实施行为和生理特征的非侵扰感知（牛凯等，2021），因此可以弥补现有观众行为监测技术在隐私保护、携带负担、数据实时共享、感知规模、部署成本等方面的不足。已有很多研究从理论和实验层面证明了该技术在智慧家居、智慧楼宇等背景下实现以人为中心的感知计算的可能性，但暂未在博物馆场景下做充分探讨。接下来以 WiFi 为例说明非接触感知的工作原理，并分析其在博物馆场景中应用的可行性。

3.1 WiFi 非接触感知的基本原理

不同于基于移动终端的定位技术，一套非接触式感知设备由固定位置的发射器和接收器组成，感知范围和收发器的通信距离有关。对于 WiFi 设备而言，可以将商用路由器作为发射设备，带有网卡和接收天线的微型工控机作为接收设备。设备支持正交频分复用（Orthogonal Frequency Division Multiplexing）和多输入多输出（Multi-input Multiple-output），能够使信号在多根天线之间通过多个子载波传输，而开源工具（Halperin 等，2011）可以通过 Intel 5300 无线网卡获得信号的信道状态信息（Channel State Information，CSI）。

发射天线被设定为以一定的频率发射信号，而接收器捕捉 CSI 中多个子载波的数据，对信号变化进行分析。实际上接收到的信号是多种路径的叠加，主要可分为三类：发射端到接收端的直射路径，人活动引起的反射路径，来自环境中其他物体的反射路径（Chen 等，2019）。图 1 为实验室环境下设备的部署示意图。由于信号对于环境变化的敏感性，在空间中人的不同活动都可能造成这三种路径的改变，并通过叠加信号的各种特征反映出来。常用特征除了单根接收天线上的幅值（图 2）外，还有多根接收天线之间的幅值比、相位差、多普勒频移（Doppler Frequency Shift，DFS）等。

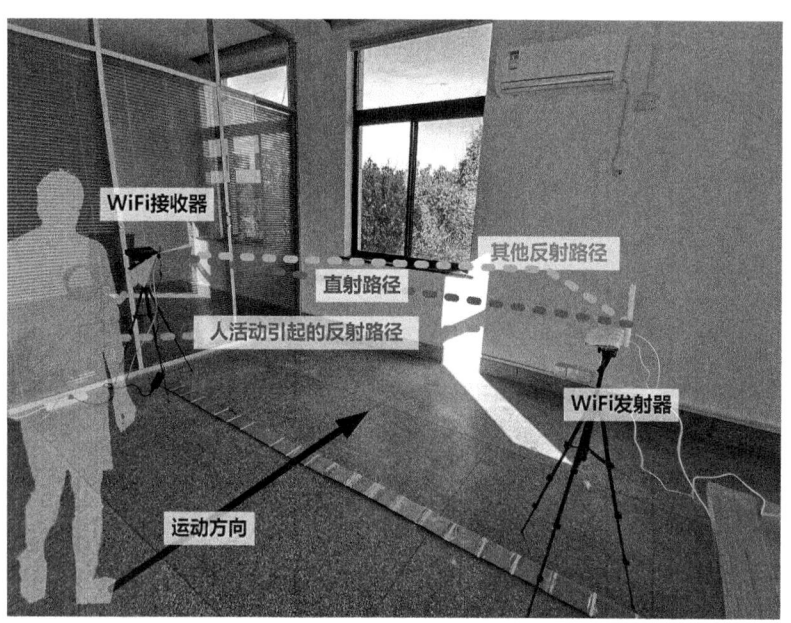

图1　WiFi收发设备部署示意图

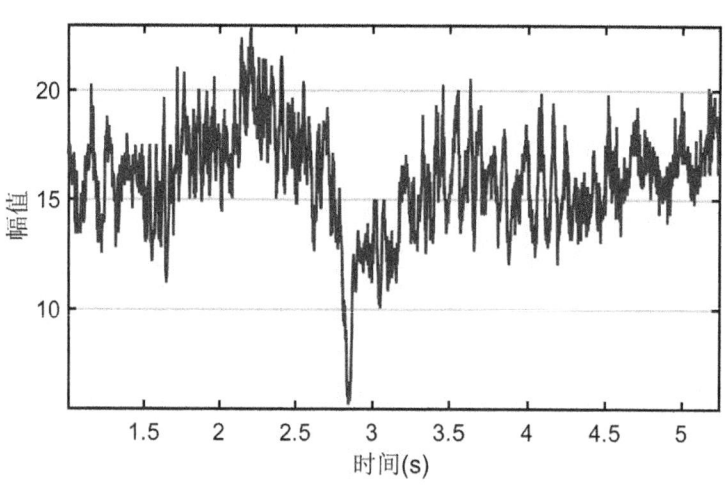

图2　人穿过链路引起的子载波幅值变化

机器学习可以识别由不同动作引起的复杂的信号变化。在训练阶段将一定数量的样本特征和对应的实际动作标签对应，模型通过对训练数据的学习得到核心特征，以期对新的测试数据自动分类。常用的机器学习方法有卷积神经网络（Convolutional Neural Network，CNN）、长短时记忆网络（Long Short-term Memory，LSTM）、支持向量机（Support Vector Machines，SVM）等。

3.2 WiFi 非接触感知在博物馆中的应用分析

基于信号的灵活性和机器学习的效率,无线感知技术可以实现多样化的以人为中心的监测。

(1)人数监测(Crowd Counting),指对封闭空间中的人数进行统计,信号收发装置被置于空间中。已有研究将商用 WiFi 设备和 CNN、LSTM 结合,在最多 5 人的情况下可以达到平均 86.4% 的预测准确率(Liu 等,2019);另有相关工作利用 CSI 数据得到 92.8% 的人群计数准确度(Zou 等,2018);将 SVM 和信号的偏度与峰度特征结合,可以实现约 90% 精度的排队人数统计(Xiao 等,2019)。

(2)人流监测(Flow Counting),指对经过房间门口、走廊的人数进行统计。已有相关研究基于 DFS 特征对穿过收发链路的连续分流进行人数统计(Zhou 等,2020);将设备部署在房间入口区域,不仅能实现人流的统计,还能够辨别人群的方向(Yang 等,2020)。从理论上说,一旦这些设备在部署方式上和博物馆的环境兼容,由于路由器和接收天线的较低成本,可以实现展厅各区域的规模化部署,并且比监控摄像头更有利于保护观众隐私,且无须担心监控死角等问题。

(3)身份识别(User Identification),指通过步态等身体动态特征引起的变化实现隐私不敏感的身份识别。已有研究利用 WiFi 收发设备在室内对用户进行初步的步态识别(Wang 等,2016)。对博物馆而言,观众的身份识别不仅可以用于入口处,将设备部署在展厅内部同样可以在不打扰观展体验的情况下实现粗略的定位。

除此之外,非接触式感知利用相似的原理也能感知用户的行走方向(Wu 等,2016)、位置和路线(Qian 等,2018)、手势(Ma 等,2018)、呼吸(Zeng 等,2019)等特征。这些研究的实验场景同样在室内,对于博物馆单人交互装置具有一定的应用潜力。

4. 无线感知在博物馆空间中的技术挑战

目前,无线感知相关研究主要在校园、家居等场景下进行可行性测试,还未直接应用于博物馆环境。要实现这一目的,仍面临一些技术上的挑战:

(1)与博物馆环境的兼容问题。相关实验的场地主要集中在实验室、会议室等独立隔绝的区域，实验对象也多为年轻人，这些设置过于理想。博物馆观众分布在不同的年龄段，且环境的区域之间具有连通性，周围的观众也可能对识别效果造成一定干扰。可以通过增加样本多样性、增加设备、优化去噪算法、改进机器学习方法等提升系统在实地环境的抗干扰性。

（2）信号特征的环境迁移问题。由于博物馆是社会公共空间，较难在实地场所采集用于机器学习的样本数据。这就要求模型能尽量排除特征向量中的环境因素，保证在实验室环境中训练出的系统可以直接应用于博物馆。域自适应神经网络（Domain Adaptive Neural Network）可以解决图像领域之间的迁移学习问题（Ganin 和 Lempitsky，2015），目前已有相关研究利用这一思想设计出独立于环境的无线动作识别系统（Jiang 等，2018），该原理同样能用于提升系统提取其他环境无关特征的鲁棒性。

（3）多人监测问题。由于无线感知主要采用将信号变化和标签对应起来的方式，当涉及呼吸、手势等细颗粒度的识别时，如何将感知对象扩展到多人仍是一个需要突破的问题，这在博物馆场景下具有较强的现实意义。已有研究使用盲源分离（Blind Source Separation）思想首次实现基于 WiFi 的多人呼吸模式监测，即使在呼吸频率相似、位置紧密时也可以工作（Zeng 等，2020）；手势识别的情况也被证明能拓展到多人（Venkatnarayan 等，2018），可见无线感知在细颗粒度识别中也存在进一步扩大监测对象范围的可能性。

本文通过分析智慧博物馆背景下观众服务和研究的需求，总结非接触式无线感知技术的原理和研究现状，证明该技术在观众行为数据感知中具有一定可行性。结合相关研究可以进一步考虑博物馆环境在智慧楼宇中的特殊性，在智慧博物馆的语境下探索无线感知技术更多的应用场景。

参考文献

[1] 郭文钠.将观众观展体验纳入陈列展览的评估体系——以广东省博物馆历代端砚艺术展览观众调查为例[J].中国博物馆，2012(02)：78-82.

[2] 李慧.博物馆智慧应用系统思考[J].建筑电气,2021,40(03):28-33.

[3] 牛凯,张扶桑,吴丹,张大庆.用菲涅尔区模型探究WiFi感知系统的稳定性[J].计算机科学与探索,2021,15(01):60-72.

[4] 覃雪波.观众有效参观时间调查分析——基于天津自然博物馆新馆生态厅的实证研究[J].自然科学博物馆研究,2021,6(01):31-41,94-95.

[5] 赵星宇,席丽,付红旭,马馨,周柳君.个人意义映射与跟踪观察法在博物馆学习研究中的应用[J].自然科学博物馆研究,2017,2(04):64-72.

[6] 郑晶.基于智慧导览的博物馆观众调查、分析与探索——以南京博物院"法老·王""帝国盛世"特展为例[J].东南文化,2019(03):110-117,127-128.

[7] 朱中一.博物馆数字化与智慧化建设的思考与研究[J].中国新通信,2021,23(04):84-85.

[8] Chen L, Xiong J, Chen X, et al. LungTrack: Towards Contactless and Zero Dead-Zone Respiration Monitoring with Commodity RFIDs[J]. Proceedings of the ACM on Interactive, Mobile, Wearable and Ubiquitous Technologies, 2019, 3(3): 1–22.

[9] Escuer P, Mateo A, McConnell C, et al. Refining Visitor Tracking for Museum Victoria[EB/OL]. 2014/2021-05-19. https://wp.wpi.edu/melbourne/projects/projects-by-term/2014-2/refining-visitor-tracking-for-museum-victoria.

[10] Ganin Y, Lempitsky V. Unsupervised domain adaptation by backpropagation[C]// Proceedings of the 32nd International Conference on International Conference on Machine Learning, Lille, France, JMLR: W&CP volume 37, 2015.

[11] Godbehere A B, Goldberg K. Algorithms for Visual Tracking of Visitors Under Variable-Lighting Conditions for a Responsive Audio Art Installation[M]// A. LaViers, M. Egerstedt. Controls and Art: Inquiries at the Intersection of the Subjective and the Objective, Cham: Springer International Publishing, 2014: 181–204.

[12] Halperin D, Hu W, Sheth A, et al. Tool release: gathering 802.11n traces

with channel state information[J]. ACM SIGCOMM Computer Communication Review, 2011, 41(1): 53.

[13] Jiang W, Miao C, Ma F, et al. Towards Environment Independent Device Free Human Activity Recognition[C]// Proceedings of the 24th Annual International Conference on Mobile Computing and Networking, New York, NY, USA: ACM, 2018: 289–304.

[14] Liu S, Zhao Y, Xue F, et al. DeepCount: Crowd Counting with WiFi via Deep Learning[J]. arXiv:1903.05316 [cs, eess], 2019.

[15] Ma Y, Zhou G, Wang S, et al. SignFi: Sign Language Recognition Using WiFi[J]. Proceedings of the ACM on Interactive, Mobile, Wearable and Ubiquitous Technologies, 2018, 2(1): 23:1–23:21.

[16] Qian K, Wu C, Zhang Y, et al. Widar2.0: Passive Human Tracking with a Single Wi-Fi Link[C]// Proceedings of the 16th Annual International Conference on Mobile Systems, APPlications, and Services, Munich Germany: ACM, 2018: 350–361.

[17] Ragusa F, Furnari A, Battiato S, et al. Egocentric Visitors Localization in Cultural Sites[J]. Journal on Computing and Cultural Heritage, 2019, 12(2): 1–19.

[18] Schmitt D, Labour M. Making sense of visitors' sense-making experiences: the REMIND method[J]. Museum Management and Curatorship, 2021: 1–17.

[19] Venkatnarayan R H, Page G, Shahzad M. Multi-User Gesture Recognition Using WiFi[C]// Proceedings of the 16th Annual International Conference on Mobile Systems, APPlications, and Services, New York, NY, USA: ACM, 2018: 401–413.

[20] Wang W, Liu A X, Shahzad M. Gait recognition using wifi signals[C]// Proceedings of the 2016 ACM International Joint Conference on Pervasive and Ubiquitous Computing, Heidelberg Germany: ACM, 2016: 363–373.

[21] Wu D, Zhang D, Xu C, et al. WiDir: walking direction estimation using wireless signals[C]// Proceedings of the 2016 ACM International Joint Conference on Pervasive and Ubiquitous Computing, New York, NY, USA: ACM, 2016: 351 – 362.

[22] Xiao F, Guo Z, Ni Y, et al. Artificial Intelligence Empowered Mobile Sensing for Human Flow Detection[J]. IEEE Network, 2019, 33(1): 78 – 83.

[23] Yalowitz S S, Bronnenkant K. Timing and Tracking: Unlocking Visitor Behavior[J]. Visitor Studies, Routledge, 2009, 12(1): 47 – 64.

[24] Yang Y, Cao J, Liu X, et al. Door-Monitor: Counting In-and-Out Visitors With COTS WiFi Devices[J]. IEEE Internet of Things Journal, 2020, 7(3): 1704 – 1717.

[25] Zabulis X, Grammenos D, Sarmis T, et al. Multicamera human detection and tracking supporting natural interaction with large-scale displays[J]. Machine Vision and APPlications, 2013, 24(2): 319 – 336.

[26] Zeng Y, Wu D, Xiong J, et al. MultiSense: Enabling Multi-person Respiration Sensing with Commodity WiFi[J]. Proceedings of the ACM on Interactive, Mobile, Wearable and Ubiquitous Technologies, 2020, 4(3): 1 – 29.

[27] Zeng Y, Yi E, Wu D, et al. A CSI-ratio model based house-level respiration monitoring system using COTS wifi devices[C]// Proceedings of the 2019 ACM International Joint Conference on Pervasive and Ubiquitous Computing and Proceedings of the 2019 ACM International Symposium on Wearable Computers-UbiComp/ISWC'19, London, United Kingdom: ACM Press, 2019: 354 – 357.

[28] Zhou R, Gong Z, Lu X, et al. WiFlowCount: Device-Free People Flow Counting by Exploiting Doppler Effect in Commodity WiFi[J]. IEEE Systems Journal, 2020, 14(4): 4919 – 4930.

[29] Zou H, Zhou Y, Yang J, et al. Device-free occupancy detection and crowd counting in smart buildings with WiFi-enabled IoT[J]. Energy and Buildings, 2018, 174: 309 – 322.

新媒体时代博物馆门户网站功能探索

王 晓[*]

摘要：当今时代，互联网＋博物馆概念火热，各博物馆依托大数据及云计算等先进技术，建设各具特色的智慧博物馆。随着新媒体时代的到来，新媒体传播、专题APP、轻应用、小程序等功能丰富的移动互联推送及推广方式愈加主流，曾经作为博物馆数字化第一步的博物馆门户网站的作用逐步降低。本文通过分析新媒体时代博物馆文化传播现状及新媒体时代网络传播现状，尝试从完善发展传统网站传播方式、配合新媒体传播形式、发挥博物馆门户网站优势功能等方面，探索共同推动智慧博物馆在藏品数字化、青少年社会教育、云端展览等领域发展的新思路。

关键词：互联网＋博物馆；智慧博物馆；博物馆门户网站；新媒体

随着智慧博物馆建设走向深入，各博物馆不断地推出各类云上展览、别具特色的APP、丰富多彩的藏品图片。在全球遭受疫情冲击，人们拉开社交距离的特殊时间里，

---

[*] 王晓，北京奥运博物馆陈列策划部，馆员。

博物馆云上展览访问量也不断增加。新媒体技术为激活人们利用碎片时间，在线上参观博物馆创造了充分条件。

1. 新媒体时代博物馆文化的传播

1.1 新媒体技术发展下移动终端应用的普及

根据中国互联网络信息中心第45次《中国互联网络发展状况统计报告》数据，截至2020年3月，我国网民规模达到9.04亿，互联网普及率达64.5%，手机网民规模达8.97亿，网民使用手机上网比例达99.3%。使用台式电脑上网、笔记本电脑上网、平板电脑上网的比例分别为42.7%、35.1%和29%。即时通信用户规模达8.96亿，其中手机即时通信用户规模达8.9亿。网络新闻用户规模达7.31亿，手机网络新闻用户规模达7.26亿。网络视频（含短视频）用户规模达8.5亿，其中短视频用户规模为7.73亿，占网民整体的85.6%。在线教育用户规模达4.23亿，占网民整体的46.8%。截至2019年年底，手机网民经常使用的各类APP中，即时通信类APP的使用时间最长，占比达到14.8%，网络视频（不含短视频）类达到13.9%，短视频类达到11%，网络音频类为9%，社交类为5.1%，网络新闻类及网络直播类分别是4.8%和4.5%。

通过这组数据不难看出，在新媒体技术的推动下，越来越多的人使用手机上网，其中即时通信、网络视频、网络新闻、在线教育功能使用数量也非常庞大，且在疫情期间均呈上升趋势。而在手机上网用户中，使用时长占比较高的APP除即时通信类以外，网络视频（不含短视频）、短视频、网络音频、社交、网络新闻、网络直播类应用的使用时长均居于前列，而这些应用都是博物馆文化经常并在近期着力发展的新媒体传播领域。

1.2 博物馆文化在新媒体时代的传播

新媒体是通过高科技推进大数据时代到来的同时形成的新产物，在新媒体技术的推动下，博物馆文化传播宽度不断扩展，智慧博物馆建设取得了一定的成果，尤其是在大数据和云计算等技术的加持下，智慧博物馆的功能进一步增强，博物馆文化传播已经不仅仅依靠于坐落在一地的建筑，数字化的信息通过新媒体加速传播，构建了依托于网络的虚拟智慧博物馆，让参观互动不再受制于时间的限制，每个人都可以发表自己的作品，无论身处何地都可以共享资源，且速度更快，时效性更强，多种元素的加入让内容吸引力和真实性都得到提高。从传统意义上来说，博物馆本身并不具备主动传播文化的媒介属性，一般都是通过传统媒体和新媒体形式进行文化传播。其实博物馆就是收藏并研究相关藏品的，可以此核心，主动给大众传递知识与文化。为了全媒体发展，加强博物馆文化推广力度，最近几年各文博机构都在推出自己的APP和小程序，仅故宫博物院一家就推出了近10款软件。经数据调查，智能手机人均安装应用数为50款左右，排除手机自带和一些社交、支付软件，并不是人人都愿意安装新APP，并且愿意长期使用，互联网时代的获客成本远比想象的要高。制作多款APP需要大量的运维成本，中途停服易使仅存的使用者降低黏性，因此推广适用于手机浏览的H5技术页面也是一个不错的选择。由于新媒体传播方式进入的低门槛，以网站为代表的相对传统的数字化传播形式因为各种原因逐步减少，根据第45次《中国互联网络发展状况统计报告》，截至2019年12月，我国的网站（域名注册者在中国境内的网站）数量为497万个，较2018年年底下降5.1%；网页数量为2978亿个，较2018年年底增长5.8%；网页长度（总字节数）同比增长9.9%，平均每个网站的网页数同比增长11.4%。网站的数量下降，内容却在增多，可见在新媒体的冲击下，传统网站内容制作压力在不断增加，为了差异化发展，网站内容制作重在做"精"，与新媒体形成互补。博物馆也因为新媒体的发展开始探索新出路，丰富表达方式，改变角色，增加体验。越来越多的博物馆用上了数字建模、3D、VR、AR等多年前很少出现在传统博物馆的技术；通过微信、微博等社交媒体广泛传播展览信息，录制各种内容的小视频，拉近和观众的距离，打破时间和地理的限制，在线上体会看展的乐趣；开展各类网络教育课程，开发藏品数据库，公布大量藏品数据，充分发挥互联网的共享能力。

2. 博物馆门户网站功能探索

2.1 博物馆门户网站的中心价值

受疫情影响，全国的博物馆都一度进入了闭馆状态，但是公众和博物馆接触的"大门"并未关闭，国家文物局鼓励各地文物博物馆因地制宜开展线上展览展示工作，各地博物馆积极响应号召，应用新媒体技术开展线上展览、虚拟展览、直播展览等多种形式的云展览，将博物馆文化送进千家万户。然而形式多样的展览却分散在各种APP、各种网页中，没有一个博物馆将自己各个平台的内容统筹到一个平台中。由于我国博物馆行政和业务职能相对分开，多个媒体平台的宣传工作也有可能并不是一个人甚至不是一个部门承担，那就需要统筹思维和统筹平台。现在各博物馆都会选择多个主流新媒体平台进行文化传播，但鉴于各新媒体平台的差异化发展，并不是每个平台的内容都完全相同，而互联网的活跃互动性也注定了各平台互动内容的区别。因此博物馆可以选择通过各新媒体平台引流至门户网站，进行如云直播、云展览、云互动等相关活动；也可以在某一个或某几个平台分别进行，整合提取互动数据到门户网站中，实现数据多个入口一个核心，促进智慧博物馆的完善。不依托任何第三方平台，即使没有自建机房，采用云服务器进行托管的网站，其基础平台一般也是由博物馆自主管理并进行内容运维，考虑到时间的碎片化和资源的丰富性，并不能确保每个人都会安装博物馆自己推出的手机APP，但每个智能手机和每台家用电脑都免不了安装浏览器，通过H5技术很容易实现将各新媒体平台的内容整合至门户网站，以此为中心可以解决博物馆多平台多部门资源分散的难题。

习近平总书记在十九届中央政治局第十二次集体学习时强调，推动媒体融合向纵深发展，做大做强主流舆论，巩固全党全国人民团结奋斗的共同思想基础。媒体发展关键在"融为一体，合而为一"。作为博物馆自建的官方平台，先天具备打通内容、技术的基础，内容的生产配合技术的实现合而为一，不需要适应第三方平台的规则和方式，一切由博物馆根据观众需求来决定，将内容以门户网站为中心，经过一定的适配分发到各平台。作为唯一中心的门户网站水平就必须做到高于其他各平台。在全力开发各平台内容之前，不妨回归门户网站，思考如何做成一个观众看了忘不了、有特色、品牌性强的官方平台。从根本上认识博物馆自身的品牌定位，制作与自身定位相符合的页面，集成全平台内容，保障服务观众功能。经过长期的推广后再推出专属内容，运用轻捆绑的网站，了解观众、研究观众、吸引观众、留住观众，进而更好地服务观众。

2.2 博物馆门户网站的社会教育功能探索

青少年是博物馆文化传播的重要人群，也是博物馆完成社会教育目标的主要目标人群。一切征集、保管、研究最终要有所转化，让博物馆变得更加有意义。传统门户网站难免会出现"浓墨重彩"的"图文说教"，从而陷入单向传播的泥淖，过分关注内容而忽视了反馈。应该精准把握青少年富有好奇心、求知欲的天性，理解圈层化交往、网络化生存、个性化表达的特征，不能只是将藏品相关内容以简单的图文形式发布为网页，就像学校只发给学生教材，内容深度足够而教育性不足，教育成果不足。教育学讲究多感官学习，尤其是对青少年学生群体，丰富的互动体验会加强参与度，更好地完成教育目标。博物馆门户网站在保证知识内容丰富准确的前提下可以多多引入可感知的方式进行知识传递，丰富用眼睛看到的内容，不仅仅能看到简单的文字、图片、视频，引入更多角度的图片和更具体的图片描述，采用多种人称拍摄的视频，可以模仿第一人称，360度甚至720度拍摄的视频；增加用耳朵听到的声音，利用VR和AR技术模拟上手使用的感觉。同时因为网络的局限性，可以将感官体会用视频的形式呈现出来，类似"直播带货"一样将用和摸等形式的体会传递给网站浏览者。

博物馆社教活动众多，社教课程丰富，经常接待来自全国各地的院校学生，然而无论是在博物馆门户网站上，还是在众多社交媒体上，都很难找到成体系的博物馆课程视频。多个视频账号中的大量零散视频无从搜索，微信公众号中的众多文章无从分类。博物馆门户网站可以利用网站系统化优势，在门户网站开辟专门模块，系统详细地设置相关博物馆课程与活动视频，让观众体会身份转变，从被动体验者转为主动享受者，自己选择从博物馆获取哪些信息，发挥博物馆的社会教育功能，为社会文化发展做贡献。

2.3 博物馆门户网站藏品数据的探索

经过全国第一次可移动文物普查，全国有超过6400万件文物，其中博物馆和纪念馆中收藏文物接近4200万件，仅故宫博物院就有180多万件，每年展出的藏品仅2%左右，有大量藏品由于年代久远、材质容易老化，并不适宜展览或长期展览，甚是可惜。故宫博物院将180多万件藏品分为26大类，建设了数字文物库，公布了全部的基础信息，并精选了5万余件（套）公开了文物影像。这就是一次官方门户网站对藏品数据公开方式的探索。由于门户网站的官方性，博物馆馆藏数据最适宜公开的地方就是门户网站，当网络参观者想了解清晰准确的藏品数据，首先会想到博物馆自建的平台。藏品的数据库就好像数字化的藏品库房，是保存数字化藏品资源、展示数字化藏品信息的基础，必须由博物馆自己公布，才能确保信息资源的准确性和可信度。

博物馆发展门户网站内的藏品数据库是现阶段解决藏品保护与藏品展示之间存在一定矛盾的有效方法，是满足人民群众日益增长的精神文化需求、发挥博物馆传承和发扬文化精神的重要途径。许多博物馆会专题讲解某一个或某几个藏品，做成专题文章或短视频，以《国家宝藏》为代表的传统媒体会制作专题节目和专题报道等多种形式介绍藏品。今后博物馆门户网站应整合多方面数据，归入藏品数据库，在门户网站看到某一件藏品时可以一并看到因她衍生出的视频、短视频、文章等多种信息，让新媒体宣传不只发挥那一时的作用。

2.4 博物馆门户网站中的云展览

"云展览"是博物馆多渠道让文物"活"起来的新颖方式，也是博物馆公共文化服务的发展趋势之一。逐渐缓解的疫情并没有让云展览消失，而是通过新媒体技术的加持成为常态，博物馆不应担心云端展览的推出会减少观众到场馆参观的动力。云端展览即使做得再完美，也与到博物馆参观体验不同，云展览更多是为无法到博物馆参观的观众提供机会，同时是对到场馆参观的观众一种体验的扩展。如今，探索线下展览与线上展览相结合，实现线上展览的便捷性、易扩展性与线下展览的体验性、实际互动性相互补充并发挥各自优势成为博物馆制作展览的新课题。

在今后，博物馆门户网站中的展览不再是简单的展览信息或几个藏品图片，而是对线下展览的有效延伸，博物馆展线内的布局可以有效地平移到云端，展柜内放不下的藏品会出现在云端，各类介绍视频和图片成为藏品的延伸资料，720度拍摄的藏品照片甚至三维建模都可以搬到浏览器中，同时为了便于手机浏览，会专门优化云展览设计，满足各种观众需求。

时至今日，博物馆已经不再是传统意义上的简单的收藏、陈列和科研了，而是功能更全面，是深入到社会每一个角落的文化机构，博物馆门户网站也不能只是传统意义上信息传递的工具，而是功能更丰富和更有内涵的文化传播工具。在重视新媒体和移动终端的同时，也要做好基础平台的建设，门户网站是一个可以承载新媒体全部内容并且能以此为核心全方位延伸的数据整合中心。如今博物馆文化和新媒体技术的结合已经成为常态，如何科学合理地做好智慧化核心的门户网站成为让网络参观者切实地体会"互联网＋博物馆文化"的新趋势。

参考文献

[1] 张玲，贾曼，刘颖. 博物馆媒体建设探析[J]. 理论与现代化，2020(06).

[2] 张殊. 疫情之下，博物馆官方网站建设的思考[N]. 中国文物报，2020-08-04.

[3] 陈蕊. 新媒体：博物馆的文化传播新出路——评《博物馆评论》[J]. 中国教育学刊，2021(03).

[4] 徐锦宁. 文物数字化在新媒体下的展示与传播价值——以《每日故宫》APP为例[J]. 美与时代（上），2021(02).

[5] 单霁翔. 关于新时期博物馆功能与职能的思考[J]. 中国博物馆，2010(04).

主题二

人工智能与博物馆教育

智能组网控制系统在数字博物馆中的应用

刘思雨[*]

摘要: 近年来观众参观博物馆的方式发生了很大变化,从传统的陈列式博物馆逐渐发展到现在的交互体验式博物馆,数字博物馆一词应运而生。各种先进的多媒体设备在数字化博物馆中发挥着越来越重要的作用,建立一套高效的中央控制系统可以大大提高数字博物馆的可控制性、可管理性、可维护性。智能组网控制系统采用目前国际上最先进的远程集中控制系统,利用现有的以太网络基础,通过专用网络集控软件实现远程智能组网集中控制以及通信点对点数据传输、控制、监控、远程维护等功能。

关键词: 数字博物馆;智能组网控制系统

数字博物馆通过大量的多媒体设备作为媒介,以人机交互的方式,让观众身临其境,营造了良好的沉浸感、体验感。但与传统的陈列式博物馆相比,众多的高科技设备带来的是更加繁重的运行与维护工作,对管理人员的要求也更高,因此建立一套高

---

[*] 刘思雨,故宫博物院数字与信息部信息网络组工程师。

效可行的中央管理系统已经十分必要。

本文讨论了智能组网控制系统的技术特点以及优势，以故宫端门数字馆为实例，展示了智能组网控制系统应用于数字博物馆的可行性。智能组网控制系统因其可塑性强、兼容性好、操作便捷、中央控制端便携等优点在众多组网控制系统中脱颖而出。

1. 智能组网控制系统技术简介

1.1 概述

为了实现智能中控系统信息化、网络化、远程集中控制的功能，克服传统的中央控制系统不支持远程网络级联操作控制，或因添加其他转换设备而普遍存在的网络控制效果不佳、故障频发等现象，智能组网控制系统采用目前国际上最先进的远程集中控制系统，利用现有的以太网络基础，通过专用网络集控软件实现远程智能组网集中控制以及通信点对点数据传输、控制、监控、远程维护等功能。

1.2 系统网络构架

局域网智能组网控制系统，是在集中控制中心室或总会议室搭建一台安装控制软件的电脑或触摸屏，作为总控制端，可对中央控制的操作进行日志存储、打印等；总控制端与各单点集控网络通过交换机进行互相通讯连接，每个分控点分别配有一个固定 IP 地址，使总控制端可对其分别进行精确控制和管理。

局域网智能组网控制系统的集控功能，主要是将几个独立的中控系统，通过局域网进行连接通讯，就可构成网络化的中央控制系统，可实现资源共享、影音互传和相互监控。整套系统的控制信号走向拓扑结构如下图所示：

主题二：人工智能与博物馆教育

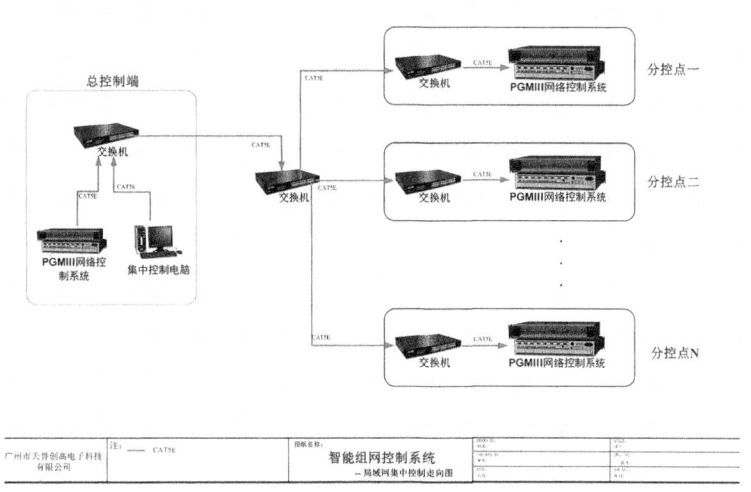

图 1　局域网智能组网控制系统的拓扑结构

实现广域网（以太网）智能组网控制系统的集控功能，除了要有稳定的网络环境以外，还需要专业、稳定的硬件设备支持，解决传统的智能控制系统在实现远程控制功能中因添加其他转换设备而存在的网络控制效果不佳、故障频发等现象。智能组网控制系统，通过广域网的 TCP/IP 通信协议，可与远程分控点的智能组网控制系统进行连接通讯，使远程多个独立的中控系统实现资源共享、相互监控，并可对其进行集中控制管理。整套系统的控制信号走向拓扑结构本地控制主要是针对单个独立的中央控制系统，只需触摸屏或其他系统兼容的设备便可轻松进行相应操作。手机通信远程控制管理，是基于 GSM 网络，通过短信方式与远程智能组网控制系统进行连接通讯，可以实时对整套系统进行监控、管理，方便快捷地获取各项数据。

1.3　系统安全

智能组网控制系统采用 128 位验证加密技术，保证了用户在操作智能组网控制系统时的安全性。智能组网控制系统采用自主协议，其中本协议外来入侵模块不对外开放，保证用户公共财产的安全。

1.4 系统兼容性

智能组网控制系统的所有硬件设备接口为通用接口，符合国际标准。智能组网控制系统具备良好的系统兼容性。系统采用先进的集成技术，提供高速准确的集中控制环境，开放式的编程系统，通过配备拓展卡，可完美准确地控制周边设备，包括灯光照明设备、投影机、电源、矩阵、播放器等常见设备。系统可兼容 iPhone 以及 iPad 作为控制端设备。

1.5 系统设计

智能组网控制系统，主要应用于实现不同地区或不同会议室之间进行远程会议，对各会议室的设备进行集中控制管理，同时也要面对单一的使用场景，比如数字博物馆设备的集中控制管理。系统要求稳定、安全，同时对网络稳定性、安全性的要求也极高。在观众参观期间，不能因为网络带宽问题而影响整套系统的发挥，因此，搭建一条安全、稳定、快速的网络拓扑系统尤为重要。

2. 智能组网控制系统应用于故宫端门数字馆的实例分析

2.1 应用背景

故宫端门数字展厅众多的多媒体设备通过交换机和电脑终端形成单一局域网，运用智能组网控制系统实现本地控制功能。建立独立的本地控制系统，通过一个平板设备即可达到对展厅内的设备、灯光等的实时控制。控制终端可以选择 iPad 和 iPhone 等移动设备。采用智能组网控制系统的优势在于可以根据展厅内的多媒体设备定制化控制系统，同时因系统良好的兼容性，在移动设备端就可以轻松使用该系统，这就大大提高了管理人员的工作效率和灵活性。

2.2 系统开发

2.2.1 系统结构

通过开发将智能组网控制系统应用于端门数字馆。端门数字馆是坐落在传统建筑中的数字博物馆，展厅内有大量多媒体设备、灯光照明设备、音响设备。根据智能组网控制系统的应用，本方案根据单一本地控制系统进行分析。系统的总控制端位于端门数字馆控制室，在控制室搭建一台安装控制软件的电脑或触摸屏，总控制端通过路由 TCP 协议通讯接入端门数字馆局域网。各个多媒体设备、灯光照明设备、音响设备为分控点，如下图所示：

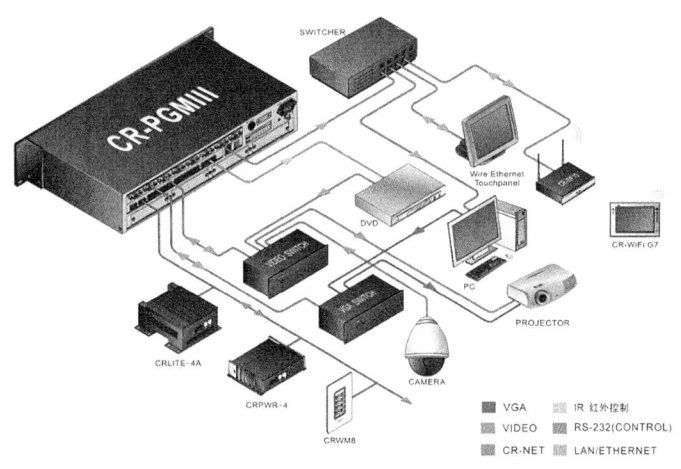

图 2　端门数字馆中央控制系统的拓扑结构

2.2.2　灯光控制

端门数字馆灯光系统由 CR-LITE-4BII、CR-LITE-4 Ⅳ四路调光模块组成，具有 0—220V 交流电压调节功能以及 0—12V 直流电压调节功能，用于调节可调灯光的亮度，可四路单独控制，也可四路一起控制。跟主机的网络接口（CR-NET）或者通过 ZigBee 无线网络相连，实现环境灯光明暗控制效果。

2.2.3　串口控制

端门数字馆拥有众多的多媒体设备，都需要集成在中央管理系统内，以随时进行管理与操作。智能组网控制系统通过 RS232、RS485、RS422 等众多串口来控制串口设备，其中就包括音视频矩阵、LED 大屏、剧场投影机等设备。

2.2.4　音量控制

智能组网控制系统对端门数字馆的音量控制，通过 CR-VOL Ⅱ音量控制器来实现，配合 PGM Ⅲ中控主控机使用，跟主机的 CR-NET 口相连，用于系统总音量或者某单路音量的调节。

2.2.5 串口编程

通过智能组网控制系统先进的集成技术、开放式的用户编程界面,完成各个控制接口的编程。如下图所示:

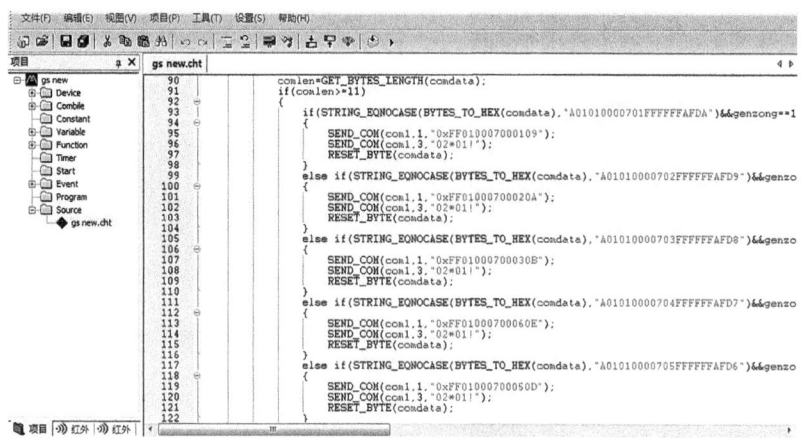

图3 对各独立接口编程

2.2.6 效果展示

端门数字展厅中央控制系统集成了灯光控制、投影机控制、中央区域控制、音量控制等多种功能,将系统软件安装于端门控制室的触摸屏上。如下图所示:

图4 端门中央控制系统界面

以音量控制界面为例，在主菜单页面中，点击"音量控制"，进入音量控制页面，在音量的控制菜单页面中，有各个区域的音量控制按钮"音量＋、音量－、静音、取消静音"。点击相应的按钮就可以控制相应区域的音量大小和静音与否。点击"下一页"进入下一个区域的音量控制。如下图所示：

图5　端门中央控制系统音量控制界面

2.2.7　应用智能组网控制系统的技术优势

集成化的设计使端门数字展厅中的所有设备有机地统一在一起，从而提高了管理人员对整个端门数字馆的控制程度。多媒体设备、灯光的明暗以及声音的大小均可以通过位于控制室的触摸屏控制、调节，同时因为该系统的可延展性强，后期还可以增加设备的温湿度监控、远程监测、控制等功能。应用智能组网控制系统可以实时掌握设备的运行状况，延长设备使用寿命，大大提高管理人员的工作效率。

智能组网控制系统弥补了传统的中央控制系统不支持远程网络级联操作控制，或因添加其他转换设备而普遍存在的网络控制效果不佳、故障频发的缺点。该控制系统的可塑性强，可以应用于各种数字博物馆，降低了设备运行维护难度，延长了设备使用寿命，提高了管理者的工作效率。同时智能组网控制系统，也可以通过广域网的 TCP/IP 通信协议，与远程分控点的智能组网控制系统进行连接通信，使远程多个独立的中控系统，实现资源共享、相互监控，并可对其进行集中控制管理。这样就实现了大型数字博物馆设备管理的高度集成化，实现了远程控制、远程管理、远程维护。

参考文献

[1] 蒋巍.定制型虚拟展示系统研究[D].浙江大学，2011.

[2] 王晓玲.良渚文化数字博物馆设计与实现[D].浙江大学，2012.

[3] 陈国梁，童茵，胡江.数字博物馆应用研究[J].计算机应用与软件，2004.05.

基于物联网技术的博物馆机房动环监测系统

齐 心 赵 泽[*]

摘要： 信息中心及机房对现代的数字化博物馆的正常运行起到关键的保障作用，机房中各种设备运行状态的监测就显得至关重要。本文介绍了故宫博物院机房中建设的基于物联网技术的机房动环监测系统，该系统以物联网、大数据以及云计算技术的结合为基础，实现了无须人工值守的自动化、智能化动力环境监测。本文从系统建设方案设计、主要特点、各部分功能部署以及整体实现效果几个方面进行了详细介绍，展示了部分建设成果，并对系统所发挥的作用及意义进行了总结。

关键词： 动环监测；博物馆；机房；物联网

物联网技术在我国各领域发挥着越来越重要的作用，广泛应用于工业、农业、政府办公等应用场景。同时，随着国家信息化的高速发展，数据中心机房已成为各大公司以及企事业单位不可缺少的重要组成部分。作为支撑故宫博物院信息化及日常办公

---

[*] 齐心，故宫博物院数字与信息部，高级工程师。
赵泽，中国科学院计算技术研究所泛在计算系统研究中心，高级工程师。

的基础核心的数据中心机房坐落于古建筑群院落内，占地面积达 200 多平方米，机房内部署大量的服务器、网络交换机、UPS 不间断电源、空调以及存储设备等各类电子电器设备，由于大量的设备需要 24 小时不间断地运行，给古建筑防火安全保护以及机房用电安全运维管理带来了现实性的压力。为能提早发现机房安全隐患，实现机房安全运行环境的全面监测，采用集中监控管理模式，以物联网、大数据以及云计算技术的结合为基础，设计实现一套无人值守的智能化动力环境监测系统成为必不可少的机房运维辅助手段。本文浅析了故宫数据中心机房动环监测系统的设计与实现。

1. 系统建设目标

系统的总体建设目标是基于故宫数据中心机房现有运行环境，采用基于物联网大数据智能化无人值守的"智慧机房"理念，设计建立一套具有高可靠性、高安全性、高兼容性、高实时性、模块化支持多种报警功能，实现对机房的环境参数、供电电力、UPS 不间断电源和空调运行等状态全面监测和管理的一体化综合管理和服务平台。系统能够实现机房中重要运行参数的在线检测和实时信息掌控，以便设备故障的早期诊断和预警，方便机房运维人员及时处理排除异常，确保机房服务器、网络交换设备、存储设备等安全稳定地运行。

2. 系统设计方案

2.1 方案概览

系统的整体架构如下图所示：

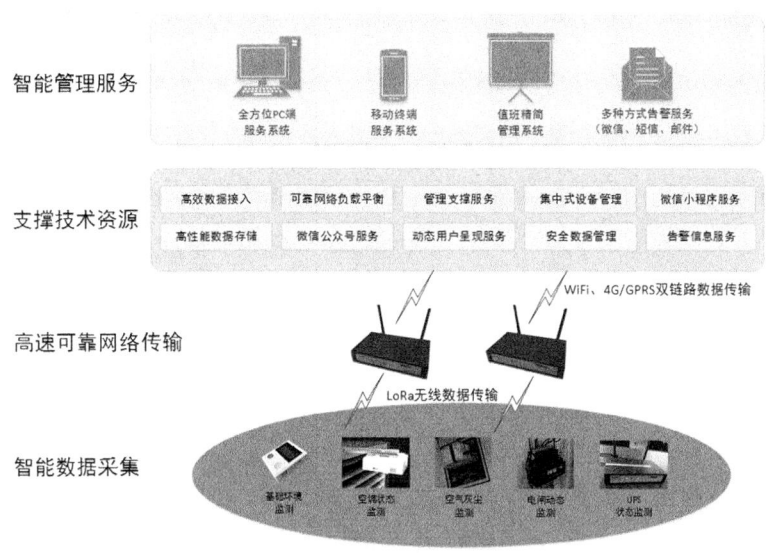

图 1 系统整体架构图

整个监控系统包括智能数据采集、高速可靠网络传输、支撑服务平台以及信息发布服务几个基本部分，其中：

系统的智能数据采集现场位于监测的机房及配电室内，监测终端设备位于机房与配电室中用于监测的位置，监测机房与配电室内的基础环境数据、空调状态、粉尘值以及 UPS 不间断电源工作状态等。监控现场内的监测终端设备同时还具有无线传感网络的迅速自组织和自修复以及监控策略的远程调整等功能。

在监控现场的监测终端设备可根据需要选用不同传感器，如温度、湿度、粉尘等，对不同环境参数进行采集，同时以近距离无线传输的方式，将数据传输至接入网关，接入网关则根据网络组成结构，将多个无线节点传输来的无线数据信息通过故宫已建成的内部光纤局域网和无线局域网或公共移动网络集中传输至管理中心服务器。

系统支撑服务平台位于数据中心工作区内或云服务端，数据中心为监测任务专门提供大型服务器设备、网络通信设备等，并提供一套由多个软件组成的服务器端设备管理和数据管理以及 Web 服务平台。主要功能包括：监测终端及网关的设备管理、网络数据接入、智能数据存储与处理以及告警信息管理等功能。

用户信息发布服务主要向用户提供可视化的管理信息服务功能，用户可以通过网页、手机微信端等查看机房的实时动力环境状态、历史数据等。系统运用多种可视化技术实现数据展示，支持大屏展示，监测界面可以实时查看系统的各项状态参数，支持数据统计和导出功能，方便数据深度处理利用。同时，系统支持异常数据 24 小时监测报警，后台可配置报警范围功能，灵活实用。

采用物联网技术的终端设备能够很好地解决无线网络接入和数据路由的难题，在网络能量成本和网络布控成本上均有较大的优势。终端能够在无有线网络和无线网络覆盖薄弱区域采用多跳方式进行数据中继，直至将数据传输至接入网关，并能够根据无线网络通信质量动态地调整数据传输方法，采用最优方案接入互联网。在无法进行数据传输的极端情况下，节点能够本地缓存数据，在通信条件恢复后，再进行传输。因此，本系统工作稳定、寿命长、持续长时间监测下数据丢失率较低。

2.2 系统主要特点

本物联网监测系统是具有高度可扩展性的综合物联网信息管理平台，其中环境监测部分的监测目标是故宫数据中心机房及配电室的综合环境参数。因此，该监测系统的运转过程和结构设计也与普通环境监测系统有很大的差别。从对各种物联网信息的接入、数据采集、传送和分析的角度来看，本系统具有以下的创新点：

（1）高度可扩展性的物联网信息管理架构。系统设计有标准物联网信息接入单元，能够动态可扩展地接入各种智能物联网设备，使得系统信息管理形成具有统一性、实时性和易用性的整体管理平台。

（2）全面的监测指标。针对系统中不同监测目标的需求，能够对温度、湿度、粉尘、电力状况等进行全面立体的监测。

（3）零物理破坏系统部署。监测现场内所有监测设备均采用无线自组网技术，系统全生命周期内支持设备自由放置和移动，能够进行零破坏系统部署，部署成本低，实施时间短，实施方式灵活。

（4）高可靠性网络传输。专门针对物联网数据采集设计自组网通信协议，能够在复杂网络环境中实现高可靠性的数据传输，保证数据的准确到达率。

（5）完善的远程维护策略。系统使用中应尽量避免人员进入现场，以免带入灰尘或影响主要设备运行，因此在系统中设计了完善的远程维护策略，使得管理人员能够在不到达现场的情况下对系统运行状态进行远程调整，适应系统与环境的变化需求。

（6）丰富的信息发布形式。系统可以支持在电脑、手机、平板等多终端平台上进行监控与管理，同时，系统的报警信息可以通过邮件、短信、微信推送等多种灵活方式到达管理者，有效提升了系统的使用体验，提高了管理效率。

3. 系统方案实施

3.1 基础环境监测终端设备部署

通过在数据中心机房内相应机柜上方布置监测终端和接入网关来构建基础环境数据采集功能。监测终端负责温度、湿度以及灰尘等传感数据的采集，短距离无线射频通信以及实现对其他传感节点的数据转发功能。接入网关主要负责收集来自监测终端的传感数据，并将数据传输至服务器端，同时接入网关还能够实现对网络中与其连接的传感节点的状态管理和控制功能。

基础环境监测终端设备部署方案如下图：

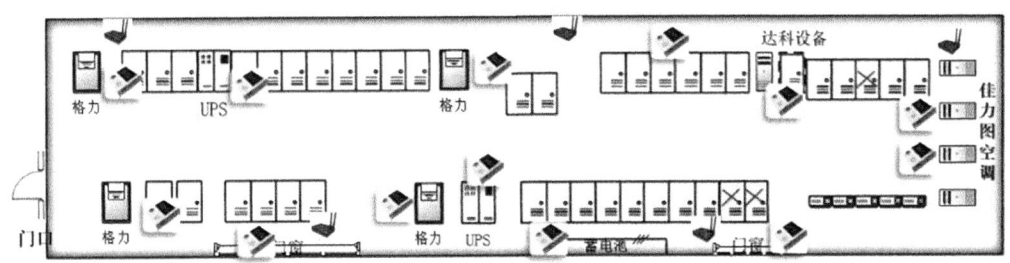

图 2　基础环境监测终端设备在实际应用中的部署

监测终端设备主要部署在环境变化较敏感的位置及有可能存在隐患的位置。主要包括：（1）空调附近，空调异常状态监测；（2）门窗附近，容易受外界天气影响；（3）UPS 不间断电源、蓄电池附近，异常发热情况；（4）一些通风孔旁边。

3.2　空调状态监测设备部署

从节约成本以及实用效果考虑，空调的监测采用了温湿度监测设备采集空调出风口的环境，此方式能够准确快速地确定降温系统是否正常运行，达到响应速度快的要求。当然，如果需要更精确地了解空调机自身的内部运行状况，也可以通过空调内部预留的标准通信接口协议，实现对空调的运行状态等参数进行采集。

3.3 UPS 不间断电源供电状态监测部署

由于故宫数据中心机房服务器必须不间断运行，存在必须带电施工实施改造难等情况，因此，创新采用监测终端与 UPS 系统通过 RS-485 接口连接读取 UPS 工作状态数据的方式来获取信息。监测终端将采集的数据通过自组网传输至网关并上传至云端服务器。通过与 UPS 设备的连接，能够获取 UPS 设备中的基本参数，包括：相电压、相电流、频率、有功功率、视在功率、负载率、负载峰值比、功率因数等。

图 3　监测终端与 UPS 设备的连接

3.4 电力电闸状态监测部署

电力电闸监测是机房环境监测重要的一部分，电力系统是机房服务器等运行的保障。经过多次的技术论证，故宫数据中心机房配电柜电闸监测成功借助电管部门的智能电力系统，采用直接通过云端网络获取配电柜电闸监测信息并无缝对接到系统的方式，实现对配电间 52 路电闸的工作状态的实时监控。

下图为配电室电柜电闸箱与监测管理示意图：

主题二：人工智能与博物馆教育

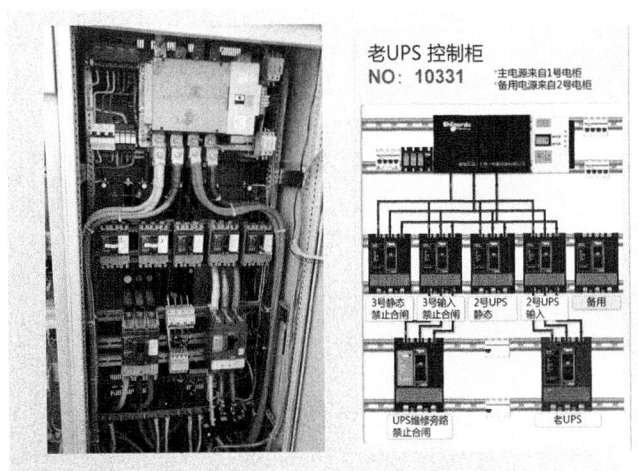

图 4　电闸箱与监测管理示意图

4. 系统管理服务平台

本系统管理服务平台采用 B/S 架构（Browser/Server，浏览器/服务器模式），可支持多平台浏览器以及移动终端 APP 的访问，管理人员可以在个人 PC 终端或手机上实时查看机房的各项实时监测信息，同时能够接收监测指标超标时的报警消息，并且能够对监测期间的数据进行分析和统计。

系统管理服务平台部署于阿里云高性能服务器上运行并进行信息发布。其主要系统架构图如图 5 所示。管理服务平台主要功能包括：（1）网络服务器负责监测设备的入网认证、数据接入以及管理与维护；（2）数据库服务器与数据处理服务器实现对全部监测数据的存储与分析处理；（3）信息发布服务器向用户提供管理服务访问接口，使得用户能够在电脑、手机等终端进行数据及设备的查看、管理统计等，并能够接收异常数据产生的告警信息。

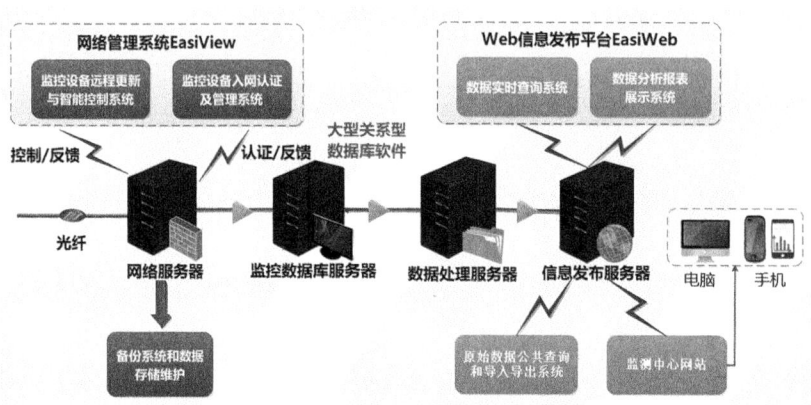

图 5　管理服务平台架构

通过上述架构，提供基于网页的实时数据查询、历史数据查询、基本时空数据统计与分析功能，借助系统可以直接看到机房监测的实时数据。通过数据监测平台可查看数据详情，运用多种可视化技术进行数据展示，并且支持大屏幕显示，直观形象；提供数据统计和导出功能，方便用户对数据的深度处理；同时，系统支持异常数据 24 小时报警短信、邮件以及微信推送，功能强大且实用。

5. 系统实现效果

系统平台进入采用专有账号登录方式，图形化展示模式，借助数据可视化技术，将监测位置实时展现，美观直接。管理模块分为机房环境、空调状态、机房 UPS、电闸状态，数据归类显示清晰明了。系统还采用了数据异步加载主动推送技术，结合终端自动刷新浏览操作，提升用户使用的功能体验。

系统采用 https 进行传输，Web 前端通过 Javascript 对需要输入密码位置（登录、修改密码、管理员创建新角色）进行 MD5 加密并传输，并采用 RSA 非对称式加密方式同时对用户名和密码进行加密。即使用户加密信息被劫持，仅有公钥与信息也无风险，因为仅有系统内配置私钥才能进行解密验证，防止了信息内容的泄露，使得系统具有更高的安全性。系统的 PC 终端访问界面如下图所示：

主题二：人工智能与博物馆教育

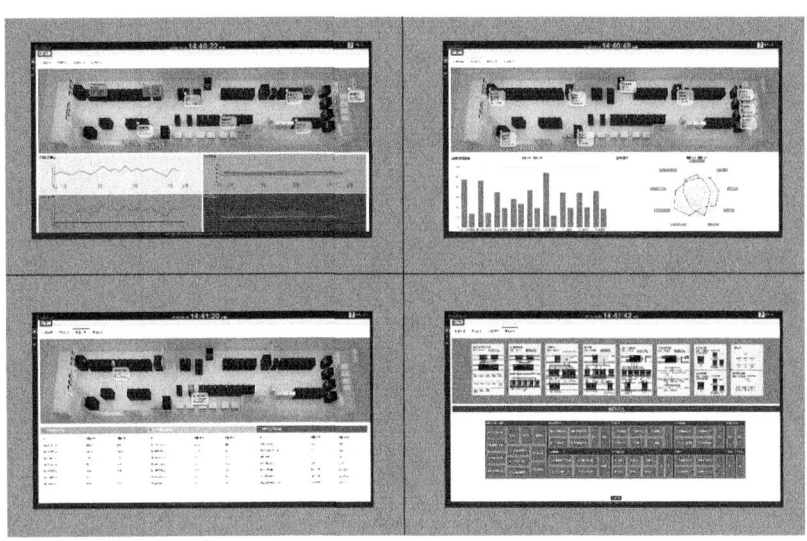

图 6　系统的电脑访问界面

本套系统不仅支持 PC 端实时访问，也支持手机、平板移动端，同时更是设计增加了微信小程序的同步显示，更加提高了系统应用的灵活性和实用性。下图为微信小程序客户端的访问界面：

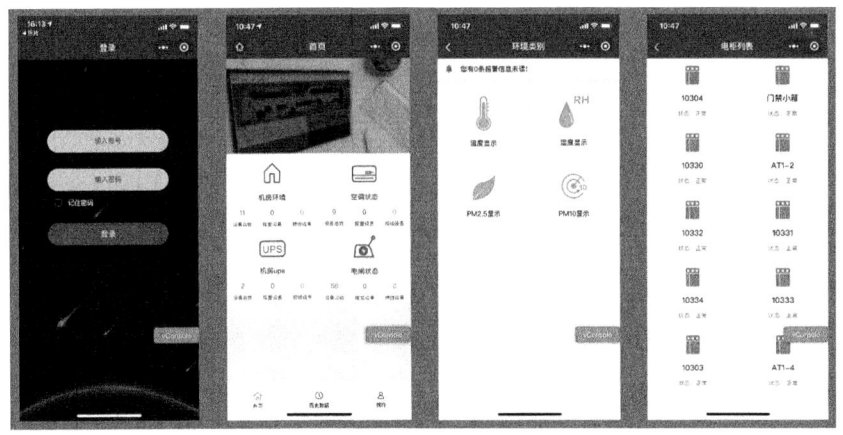

图 7　微信小程序客户端访问界面

6. 系统建设意义

为提早发现用电防火安全隐患，确保故宫数据中心机房稳定运行，实现无人值守、科学化、规范化、智能化的机房运维管理的目标,建立一套完整的机房动力环境监测系统是势在必行的有效手段。

采用本套物联网应用与大数据及云计算技术相结合的机房动力环境监测系统能够做到对机房中重要运行参数的在线检测和实时信息掌控,包括数据的记录和分析以及可靠的状态报警功能。能够有效地进行设备故障的早期诊断和预警,提高机房工作环境的安全性。运维值班人员除了通过值班室大屏外,还可随时随地通过手机微信端灵活快捷地获取机房温湿度及灰尘环境、空调运行状态、机房 UPS 工作状态以及配电室电闸状态实时信息,显著提高了机房网络运维的工作效率,使机房的运行维护从被动的分散式人工轮巡方式变为集中监控、集中维护、集中管理,减轻了维护强度,提高了维护质量。在 2020 年新冠肺炎疫情期间,除机房运维值班人员外,其他网络系统管理人员以及相关负责人员即便在弹性办公的情况下,也能通过系统平台远程了解到机房的动力环境实时工作状态,可见基于物联网技术的机房动力环境监测系统对于辅助提升机房的安全运维管理、丰富用电安全监测手段可起到事半功倍的作用。同时,本套系统的建成对故宫博物院文化遗产监测也具有不可或缺的参考价值。

参考文献

[1] 胡向东.物联网研究与发展综述[J].数字通信,2010(02):17-21.

[2] 黄墨樵,张小古.世界文化遗产数字化监测体系构架路径分析——以故宫博物院为例[J].中国文化遗产,2017(01):70-75.

[3] 宗凌.基于物联网及云计算的广东电信省级动环监控系统设计思路[J].电信科学,2017,33(s2):90-97.

[4] 焦俊一,闵浩.基于物联网技术的智慧博物馆综合管理系统[J].物联网技术,2014,4(5):70-72.

[5] 陈旭.故宫博物院用电节能措施的研究[J].山西建筑,2021(01):165-167.

科普场馆中开展 STEAM 综合课程的可行路径研究

褚 莹[*]

摘要：科普场馆的教育职能的发挥基于馆内课程设置的专业程度。STEAM 综合课程打破了学科之间的壁垒，尊重知识的综合性，旨在培养学生运用综合知识进行实践操作的能力。科普场馆场域内的教学活动具有更好地帮助学生获得直观经验的优势。将 STEAM 综合课程引入科普场馆中，不但可以提升科普场馆教育职能的专业性，还可以充分发挥 STEAM 综合课程在培育学生核心素养方面的能力。具体而言，可以通过三种可行路径将 STEAM 综合课程渗透于科普场馆课程设置中：第一，构建综合课程生态圈，促进理论与实践有机融合；第二，运用 VR、AI 等先进技术，不断激发学生的求知欲；第三，本土化 STEAM 综合课程，提升学生人文底蕴素养。

关键词：科普场馆；STEAM 综合课程；科学精神

---

[*] 褚莹，北京自然博物馆科普教育部。

2016年9月,《中国学生发展核心素养》的总体框架及其基本内涵正式公布。文件中指出,科学精神是学生必须具备的核心素养之一,科学精神又包含着理性思维、批判质疑以及勇于探究这三大要点。教育作为一种指向人的全面发展的社会实践活动,它的社会性功能以及本体性功能的发挥需要联动学校、家长和全社会的力量。因此,科普场馆作为社会教育的重要场域之一,有责任担负起学生科学精神核心素养的培育工作。

科普场馆不单单是展示科学技术流变以及最新科学技术进展的场所,它更是一所承担着教育职能的教育机构,有关科普场馆的教育属性,蔡元培先生早就有所论述。然而,科普场馆并没有充分发挥其应有的教育价值,致使它的教育功能很容易被人们忽略。为了提升科普场馆中教育活动的专业度,解除科普场馆教育职能上的遮蔽,科普场馆要自主地研发出科学的、系统的、有特色的教育性课程,利用自身优势,充分彰显科普场馆开展学生教育活动的优势。

1.STEAM 综合课程内涵阐释

为了提升高等教育质量,打破学科之间的壁垒,美国最早提出了 SME 综合课程,随着该课程模式对教育的影响进一步加深,该课程模式的理念也逐步浸润于 K-12 教育(美国基础教育的统称)体系中,并产生了名为 STEM 的综合课程。但是,教育界人士也逐步意识到 STEM 综合课程拘泥于理工科目的局限,于是将艺术相关学科融合于 STEM 综合课程中,形成了最终的 STEAM 综合课程,STEAM 分别指 Science, Technology, Engineering, Arts, Mathematics。

2017年9月,教育部公布了《中小学综合实践活动课程指导纲要》(以下简称《纲要》),《纲要》中指出:"(综合实践活动)课程面向学生完整的生活世界……使学生获得关于自我、社会、自然的真实体验,建立学习与生活的有机联系。"在设计综合实践活动课程时,设计者"要避免仅从学科知识体系出发进行活动设计"。综合实践活动课程的目标是"逐步提升对自然、社会和自我之内在联系的整体认识"。很显然,我国也开始重视学生从真实生活体验中去认识自我、自然与社会。

无论是源于美国的 STEAM 综合课程,还是我国公布的《中小学综合实践活动课程指导纲要》，二者都在强调学科知识的整合以及对学生思维完整性的锻炼，这与传统的学校教育中分科教学有明显差异。实然，人类知识自古即是一套综合性的体系——"然而在从前，哲学不仅是与科学的关系最近，实际上，哲学就是科学"。随着人类分工的精细化，人们开始对知识分门别类，甚至人为地给各类知识之间筑起了高墙。然而，我们在生活中面临的实践问题需要我们调动综合性的知识来灵活运用，因此，学习跨学科的综合性知识更有利于学生实践能力的提升。

为了还原知识本初的状态，帮助学生更好地将知识应用于实践，在科普场馆中开展STEAM综合课程以弥补学校分科教学的不足就显得尤为必要。如此，学生的核心素养，尤其是科学精神核心素养才可以得到良势的培育。

2. 科普场馆场域下开展STEAM综合课程的意义

2.1 增益学校教育，发挥馆校合作优势

毋庸置疑，学校教育是教育系统中的核心要素。在学校教育中，有相对固定的教师、教室、教材，有明确的教育目的和教学目标。但是，我国的学校教育受到以赫尔巴特为代表的传统教育学派影响，在班级授课制弊端的约束下，学生们很容易形成被动地、间接地、孤立地学习知识的习惯。

为了弥补学校分科教学的不足，学校通常以开展校本课程的形式，组织学生实践小组到科普场馆参观。然而，与科普场馆的工作人员相比，学校教师利用科普场馆中科普资源的能力有所欠缺，往往将学习的过程流于形式。

因此，科普场馆一方要主动发挥资源优势，场馆中的科普教师要利用逼真的直观展示以及富有现实意义的学习情境来弥补学生在学校中仅接受间接经验学习的缺失。科普场馆的这一天然优势正符合STEAM综合课程对学习情境的要求，科普场馆是开展STEAM综合课程的优势平台。总之，科普场馆中开展的STEAM综合课程是对学校教育的良好辅助，它不仅能增益学校教育，而且能切实发挥馆校合作的优势。

2.2 培育科学精神，提升学生思维素养

学生的科学精神是指学生在面对现实问题时，运用知识和技能的过程中所展现出的价值判断标准、思维方式以及行为模式。然而，在我们的日常生活中，往往将科学与技术混为一谈，将科学精神片面地理解为技术理性。操作性是技术最突出的特征，而科学不但具有操作性，更具备思想指导意义。另外，我们很容易将科学功利化，学生学习科学是为了今后考取名牌高校，发展科学仅仅是为了促进经济发展，这种价值观念就极易使我们忽略对科学精神的内在培育。

在科普场馆内的每一个不同主题展览中，参观者要想学习到主题精髓，就需要容纳许多新知识，并调动出已有认知中有关数学、物理、生物以及艺术等不同学科的知识，这一要求与STEAM综合课程不谋而合。因此，科普场馆中开展的STEAM综合课程，不仅仅以传授综合知识为目的，更在于帮助学生形成面对实践问题需要的科学精神。

2.3 提升实践能力，发挥综合课程效力

科普场馆中展示出的各种具有教育意义的陈列物品不是某一位科学家的杰作，也不是某一位伟人的成就，它们是人类的每一分子共同努力的结果，是人类文明一点一滴的积累。科学的进步以人们的实际生活需要为动机，它以一次又一次成功抑或失败的实践经验作为铺垫，也正是人们在生活中不断地创新、修正，乃至一遍又一遍的失误，才取得了今天的成就。总之，科学并不是高高在上的学问，它存在于我们生活的每一处角落，它的进步需要人类在生活的点点滴滴中不断地提升实践能力或素养。

在科普场馆中开展以STEAM为代表的综合课程，不仅要求学生掌握并理解综合性的科学知识，更指向于学生实践能力或素养的生发。在科普场馆开展的STEAM综合课程中，教师要给学生布置具有动手操作性质的任务，课程评价也要大多以实物化或形象化的实践结果作为标准，从而使得学生能够将所学内容与实际生活充分地桥接起来。

3. 科普场馆中开展STEAM综合课程的可行路径

知识的掌握是循序渐进的过程，科普场馆工作人员在开展STEAM综合课程时，

课前准备、课中指导以及课后评价缺一不可，这样才可以保证课程的完整性及有效性，起到应有的教育效果。

3.1 构建综合课程生态圈，促进理论与实践有机融合

科普场馆中开展的STEAM综合课程可以分为综合性理论课程与综合性实践课程。需要注意的是，二者并不是分开进行的，而是在同一教学场域内同时开展的课程类型。

教育理论与实践的关系一直是教育界经久不衰的议题，如何做到真正的教育理论与实践的有机融合一直是学者们讨论的焦点。实然，理论与实践本来就是统一的。在古希腊，理论（theorie）一词最早是指亲身参与祭祀活动；解释学家伽达默尔在其著作《赞美理论》中指出："理论是实践的旁观，具有凝视实践的能力。"

STEAM综合课程尤其需要加强对学生知识学习与运用的能力的指导。由于科普场馆场域内教育活动的特殊性，学生很容易将知识的学习零散化，实践活动往往也因缺乏系统性的规划而停留在模仿阶段，这就导致学生的创新意识淡薄，探究能力较为低下，没有起到应有的教育效果。经过培训的STEAM综合课程，科普场馆教师要有意识地帮助学生将学习到的综合性知识与实践活动联系在一起。

以北京自然博物馆为例，馆方可以开展以"蜜蜂的家与我们的家"为主题的STEAM综合课程。在课程中，教师以馆中蜂巢实物为讲解对象，讲述蜂巢构造中巢脾和蜂路等各自的特点，从而让学生感受到蜂巢构造的巧妙之处。然后，展示人类通过从蜂巢构造技术中吸取的建筑经验而建造的建筑，培养学生将自然经验应用于生活实践中的意识。在这个课程中，涉及建筑设计的规划、工程材料的选取、几何图形的分析等综合性知识，同时，也涉及学生审美情趣的培养及对自然和科学热爱之情的培育。教师在讲授过程中，要鼓励学生发挥想象力，运用蜂巢给予个人的灵感，亲自设计自己的家，并向同学们揭示其中奥妙。

生活本就是理论与实践融合的世界，这种综合性的STEAM课程能够带领学生切身在场地感受生活之奇妙，体验基于真实生活的科学、技术、数学、工程、人文等学科，这种将理论与实践有机融合的课程生态圈能够不断地激发学生学习的好奇心，并引领学生将此好奇心落实于探究性学习中。

3.2 运用 VR、AI 等先进技术，不断激发学生的求知欲

在科普场馆中参观的人们没有考试的压力，也没有交流的束缚，参观者可以随时发表对科普展品的观点。我们常常可以看到，人们经常会在展品前进行小声的交流或讨论，因为他们看到的是日常生活中有所耳闻但知之甚浅或者前所未闻抑或与已有认知大相径庭的展品，这就激发了参观者的好奇心，引发了他们自主地、积极地交流或讨论，这种学习的自主性和积极性也正是开展探究性学习的萌芽。由此可见，在场的好奇心是引发自主学习的最大驱动力。那么如何保持这种在场的好奇心？教师在开展 STEAM 综合课程过程中就可以通过合理地运用 VR、AI 等先进技术作为科普教学的辅助手段，从而不断地激发学生学习的好奇心。

由于场地的限制和 STEAM 综合课程对教学场景的要求，相关危险性较大的场景或动植物就无法真正地展示在学生面前，这时通过先进的虚拟现实技术（VR 技术）就可以满足课程对真实情境的需要。另外，运用 VR 技术的 STEAM 综合课程不必担心由于实践耗材带来的资金短缺，学生可以反复利用 VR 中的实践工具来验证已知结论或者自主探究问题的解决方案，获得逼真的学习沉浸感。

2017 年 7 月公布的《国务院关于印发新一代人工智能发展规划的通知》中指出，我国要发展便捷高效的智能服务，尤其要发展智能教育，要利用智能技术加快推动人才培养模式、教学方法改革，构建包含智能学习、交互式学习的新型教育体系。教师在实际操作 STEAM 综合课程的过程中，会引发学生产生许多教师在课前预想不到或忽略的问题，这需要教师运用积累的教学智慧和教学机智来化解这些问题，同时，教师还可以依据 AI 大数据的分析来制订课程实施计划并及时对学生的问题给予反馈。此外，AI 技术还可以通过精准的算法为学生自动匹配课后练习，弥补课上认知上的缺漏。

例如，前面提到的在以"蜜蜂的家与我们的家"为主题的 STEAM 综合课程中教师无法带领学生亲自去感受人类吸取蜂巢建造经验而建造的建筑，这时就可以利用 VR 技术将学生带领到建筑中去体验建筑的奥妙。这种较为新颖的教学技术手段往往比教师的口头讲述更能吸引学生的注意力。同时，教师也可以让学生与 AI 对话，输入自己的实践作品，根据 AI 智能对学生实践结果的分析，制定学生下一步的个性化学习方案。

3.3 本土化 STEAM 综合课程，提升学生人文底蕴素养

在教育部审议通过的《中国学生发展核心素养》中，将核心素养分为文化基础、自主发展与社会参与三个方面。其中，文化基础包括人文底蕴素养与科学精神素养两部分，二者相辅相成构成学生的文化基础。在 STEAM 综合课程中，同样也要求学生的科学精神和人文底蕴齐头并进。

在科普场馆开展的 STEAM 综合课程中，将人文艺术精神渗透于综合课程中的要求极易被教师忽略，使得 STEAM 课程变成 STEM 课程。究其原因，人文艺术学科对学生文化底蕴生成所产生的积极影响是"润物细无声"的，且具有滞后性，为了追求明显的功利性和即时性的教学效果，一些科普场馆不但忽略学生人文底蕴的培养，还将科学精神单纯地理解为"做科学"，一味地追求学生操作能力的训练。

例如，在以"蜜蜂的家与我们的家"为主题的 STEAM 综合课程中，教师在讲解科学技术之余，可以培养学生的审美情趣，引导学生欣赏蜂巢结构的对称美，学习蜜蜂之间分工合作的组织智慧，感受蜜蜂辛勤劳作的奉献精神。在课程教学中，教师还可以本土化地引入"中国梦"的精神，倡导学生努力奋进，发扬科学精神，为"中国梦"的实现贡献自己的力量。

另外，由于我国 STEAM 综合课程可借鉴的实践经验较少，不少科普场馆直接生搬硬套国外的课程教学模式，往往达不到理想的教学效果，也使得中国学生感受到了跨文化背景带来的学习难度。例如，STEAM 综合课程对学生们发言的积极性有很高的要求，这在国外的教学环境中或许不是问题，因为国外学生在发言中不乏对教师所教内容的质疑。然而，中国学生由于受学校教育的影响，潜意识里总会去寻找正确的标准答案，而不去主动提出自己的问题。如果教师一味地按照国外的课程实施计划预设学生的课堂反应，教学活动将会很难顺利进行。如果教师结合我国学生的实际情况，先创设出宽松活泼的学习情境，再利用上述技术手段激发学生的好奇心，如此一来，学生就会放下心理防备，积极主动地提出自己的质疑，进而有利于继续开展自主探究式学习。因此，科普场馆要考虑中国的文化情境，研发出本土化的 STEAM 综合课程。

总之，STEAM 综合课程所需要的教育情境与科普场馆的实际情境相符，在科普场馆中开展 STEAM 综合课程是充分发挥科普场馆教育职能的重要途径。有关

STEAM 综合课程在科普场馆中开展的具体可行路径仍需要在实践中不断拓展和优化。科普场馆应突出主人翁意识，主动加强与中小学以及高等院校的合作，提升科普场馆教育活动的专业性地位，为社会教育作出应有的贡献。

参考文献

[1] 核心素养研究课题组. 中国学生发展核心素养[J]. 中国教育学刊, 2016(10):1-3.

[2] 中华人民共和国教育部. 教育部关于印发《中小学综合实践活动课程指导纲要》的通知[EB/OL].http://www.moe.gov.cn/srcsite/A26/s8001/201710/t20171017_316616.html,2017-09-27.

[3] 陈嘉映. 哲学·科学·常识[M]. 中信出版社, 2018:13.

[4] 薛晓阳. 解释学与教育：教育理论的解释功能[J]. 南京师大学报（社会科学版）, 2017(03):75-85.

九莲菩萨与瑞莲赋碑

孟建鹭[*]

摘要：拓片技术是我国一项古老的传统手工技艺，距今已有千年的传承历史，是记录中华民族历史文化的重要载体之一；在金石领域更是不可或缺的研究、收藏、展示手段。本文通过对北京石刻艺术博物馆馆藏的一张拓片的雕刻技艺的浅析介绍来了解碑刻技法的艺术魅力和作用。

关键词：拓片；碑刻技法；历史传承

石刻的雕刻技术历史悠久，其技法种类多样，基础分类可有六类：圆雕（又称立体雕）、浮雕、透雕（又称镂空雕）、沉雕、薄意、线雕（又称线刻），其中浮雕又分为高浮雕和浅浮雕，线刻又分阴线刻和阳线刻。我国的石雕作品有千年的石窟、佛像等，其造型精美程度令人叹为观止。

本文主要介绍线刻技艺。线刻技艺成熟于唐代，雕刻手法是以刀代笔在石面上刻画出或深或浅、或凹或凸、或粗或细的变换自如的线条。线刻作品呈现出中国人的审

---

[*] 孟建鹭，北京石刻艺术博物馆开放部，馆员。

美品位和东方特有之神韵，在世界文化艺术领域展现了中国人民的智慧与才华。随着时代的发展进步，线刻技艺也逐渐成熟，风格也更加变化多样。本文笔者将借用一张拓片——北京石刻艺术博物馆馆藏拓片"九莲菩萨画像碑"来浅析线刻的艺术魅力。

1. 拓片的制作技艺与历史贡献

拓片是指将碑文石刻、青铜器、甲骨等器物的形状、文字、图案用宣纸、墨汁借助捶拓工具印下来的纸片。

拓片技术是我国一项古老的传统手工技艺，距今已传承千年以上，是我中华民族的先辈在长期生活实践中的发明创造，也是记录中华民族历史文化的重要载体之一。早在南朝虞龢的《论书表》中即有"拓书悉用薄纸"之语；《隋书·经籍志》记载"其相承传拓之本，犹在秘府"，并载梁时已有拓本。这些文献记载中提到的"拓本"就是我们所称的拓片，这些古老的拓片因历史太久，今天我们已无缘相见，到目前为止，拓片第一次出现的年代已无从考证，现存于世最早的拓片是原藏于敦煌石窟"千佛洞"里唐太宗李世民的《温泉铭》，是唐太宗为骊山温泉撰写的行书碑文，该碑立于贞观二十二年（648年），原碑已散佚，拓片末尾有永徽四年（653年）题记一行，证明该拓片是立碑五年后拓印的，这张珍贵的拓片于1900年在敦煌莫高窟"千佛洞"内被发现，只可惜1908年被法国人伯希和获取，现藏于法国国家图书馆。从以上历史文献记载中可以肯定，我国的拓片技艺早在南北朝、隋朝时期就已出现，早于唐代永徽四年。到了宋代，拓片技艺已日臻完善并盛行于世，由于文化的逐渐进步，拓印技艺得到了空前提高，也为后世留下了许多珍贵的拓片作品。明清时期，拓片工艺又进一步发展，拓制的范围、种类更加广泛，方法也更多，从隋唐时期的擦墨拓法，到北宋时期发明了扑拓技法，南宋末年又发明了蜡拓和葛麻拓，明代盛行朱拓、套拓等技法；随着拓片技艺的风靡又产生了摩崖拓，而且所拓器物日增，有金石玉器、甲骨陶器、汉砖瓦当，甚至钱币徽章，无所不包。拓片在历史、地理、政治、军事、民俗、建筑等领域，都发挥过重要作用。现代拓片技术在继承前人的基础上运用新的工具材料推陈出新，使拓片这一古老的传统工艺得到了更好的发展。

拓片传统手工技艺被广泛运用于金石文字、图像上，在金石领域为中华优秀传统

主题二：人工智能与博物馆教育

图1 "九莲菩萨画像碑"拓片全图

文化的传承与发展发挥着重要作用，通过拓印方法可以保存所拓之物原貌，大小比例与原物完全相同，是现代照相、影印等先进技术所不能取代的。

2."九莲菩萨画像碑"拓片的由来

北京石刻艺术博物馆馆藏拓片作品"九莲菩萨画像碑"原碑立于北京慈寿寺。慈寿寺位于北京市海淀区阜成门外八里庄，始建于明万历四年（1576年），建成于万历六年（1578年），由明神宗的母亲慈圣皇太后李氏敕建，据《明史》、清代《日下旧闻考》等史料记载，建寺的起因是"为穆考荐冥祉，皇上祈祚胤"，也就是为已逝去的明穆宗祈求冥界的福祉，为当今皇上后代子孙祈福加运。该寺庙规模宏大，设计精良，李太后使用了当时最好的材料和工匠，寺内建有天王殿、鼓楼、钟楼、永安万寿塔、延寿宝殿、宁安阁等寺庙规制建筑，其中宁安阁匾额是李太后亲笔所书，阁内供奉九莲

图2 "九莲菩萨画像碑"拓片局部，九莲菩萨

菩萨像；寺内所建永安万寿塔（现俗称慈寿寺塔、玲珑塔）为八角密檐式十三层实心砖塔，塔高五十余米，这是李太后倾注巨资和心血之杰作。万历十五年（1587年）立"九莲菩萨画像"与"鱼篮观音放生"两碑，比寺庙初建晚11年，其原始位置在永安万寿塔的东北和西北两侧，"鱼篮观音放生"碑阳面刻鱼篮观音放生图和赞词，碑阴面刻关圣像和赞词。可惜如此规模宏大的慈寿寺在清光绪年间没逃过一场火灾，很多珍贵文物消失殆尽，如今只剩下一塔两碑。本文主要介绍"九莲菩萨画像碑"。

该碑共由碑首、碑身、碑座三部分组成，碑首阳面刻有篆书"御制"二字，两边是线刻二龙戏珠图案，碑身就是九莲菩萨画像，画像左上方有为李太后篆刻印章一枚，上书"慈圣宣文明肃贞寿端献皇太后之宝"，印章下方刻有万历皇帝亲笔书写的赞词："赞曰：惟我圣母慈仁格天，感斯嘉兆，阙产瑞莲。加大士像，勒石流传，延国福民，霄壤同坚。"赞词大意是："唯有我的母亲慈圣皇太后的慈善、仁爱感动了上天，于是才得到了天赐的祥兆，宫里盛开了祥瑞的莲花，因此给她绘菩萨像并立碑以千古流芳，以此来固国根本、造福百姓，使天地永固。"印章左侧刻有"大明万历丁亥年造"（1587年）落款。碑座为方座，上有浮雕二龙戏珠图案；碑阴面额首篆书"瑞莲赋碑"四字，碑身刻有三首"瑞莲赋"赞词，三首赞词因字数太多（6000多字），所以字刻得较小而浅，且因碑年久风化，内容已漫漶无法辨认（三首"瑞莲赋"赞词内容在明《宛署杂记》第二十卷中有详细记录，本文不再赘述），此碑现在依然保存在慈寿寺院内，当然，寺庙殿宇已不复存在。石刻馆藏拓片只有碑身阳面画像部分，是20世纪90年代初拓印的，距今已有近30年的时间。

3. "九莲菩萨画像碑"的历史由来及象征意义

万历皇帝生母李太后笃信佛教，在皇宫里修建了佛堂，此外，她钟爱莲花，在居住的慈宁宫里种养莲花。传说，万历十四年（1586年），太后的宫殿里一夜之间莲花盛开；又一说，此事件发生在万历初年，莲花盛开于慈宁新宫；再一传说，李太后在梦中曾得九莲菩萨传授经文，醒来后按其梦中所见菩萨形貌铸造佛堂宝座，上刻九朵莲花，并绘九莲菩萨像"一凤九首"奉于佛堂，因此才有万历皇帝赞词中的"感斯嘉兆，阙产瑞莲"之内容，也是万历皇帝在慈寿寺为其建"九莲菩萨画像碑"的因由。碑文赞词预示了李太后就是九莲菩萨本尊或者说李太后是九莲菩萨转世，塔西北侧的"鱼篮观音放生"碑也是这个用意。李太后爱莲也因莲生莲蓬而多子，预示着皇嗣不衰，进而有皇权永握、帝业永固之用意。于是九朵莲花及菩萨和李太后就紧密联系在了一起，也就出现了"九莲菩萨"这个称谓，同时也成功地预示了李太后就是九莲菩萨转世，这一用意在民间及宗教界流传甚广，直到清末仍被提及，在我国港台地区影响更为久远。

在明朝万历年间，除慈寿寺外，由万历皇帝的生母李氏皇太后敕建的庙宇在北京还有几处，如：德胜门外的拈花寺，建于万历九年（1581年），当时名为千佛寺，因铸有"毗卢世尊莲花宝千佛"，且佛座周围有千朵莲花而每朵花上都有千佛旋绕，故得名护国报恩千佛寺，清雍正年间因重修改名拈花寺。西城区的长椿寺，建于万历二十年（1592年）。通州永乐店是李太后出生地，建有华平寺。此外，在圣安寺、法源寺、褒忠护国寺也都有"九莲菩萨碑""九莲菩萨"画像轴、"鱼篮观音放生碑"等

图3 "九莲菩萨画像碑"拓片局部,童子

与李太后相关的主题内容,这些都客观证明了在明朝万历年间,朝廷大力推广与李太后有关的"九莲菩萨"信仰,对后世影响很大。

慈圣皇太后李氏是漷县人(今北京通州区漷县镇),出身卑微,15岁进裕王府做"都人"(宫女),后为当时的裕王即后来的隆庆皇帝明穆宗朱载垕(又名:朱载坖)生第三子朱翊钧(也即后来的明神宗),隆庆皇帝登基后李氏被封为贵妃。因前两子早殇,故隆庆二年(1568年)三子朱翊钧被封为太子。万历皇帝登基时年仅10岁,李贵妃升为皇太后,万历皇帝执政前10年都由李太后参政,并倚重内阁首辅张居正治理国家,所以慈圣皇太后李氏位高权重,她参政不乱政,但兴建庙宇耗资巨大,万历皇帝也帮助筹资,有可能动用帑银修建寺庙,首辅张居正曾以财政匮乏为由上书劝诫,但并未被万历皇帝母子采纳。慈圣皇太后李氏钟爱建寺礼佛神化自己,这与她出身平民不无关系。李太后生前加尊号曰:慈圣宣文明肃贞寿端献恭熹皇太后,逝后尊谥号曰:孝定贞纯钦仁端肃弼天祚圣皇后。寺庙建筑多为木质结构,极易失火,随着历史的久远，这些寺庙多毁于火灾或改建他用而不复存在，也有部分经过几朝重修而得以保存。其中慈寿寺规模最大，也是"九莲菩萨"的道场，因此，相比之下，在国内现存的"九莲菩萨画像碑"中，慈寿寺的碑是最早刻立、规模最大且雕刻最精美的一通石碑。

4. "九莲菩萨画像碑"雕刻技法的欣赏浅析

该碑画面的主体为拥袍跌坐在九朵盛开的莲花之中、身材丰满的菩萨；周匝以花丛、翠竹、假山石、石上一只金刚鹦鹉以及祥云所围绕，身后有菡萏、绿植；栏杆的莲花柱头上放置一花盆，盆中有净瓶，内插柳枝；菩萨颈后项光，头绾花冠，身披天衣，饰璎珞，面部丰腴，低眉垂目神态安详，身体微微前倾，左手凭栏；护栏外赤足童子双手合十仰面拜揖于左下侧，颈后亦带头光；池中莲花朵朵盛开。画面主题包括：菩萨、净瓶、鹦鹉、童子、莲花，整体布局规整细腻。

该碑的雕刻主要采用了线雕技法，其中又巧妙融入沉雕、薄意之技法，线条粗细互换，阴阳互倒，深浅交替，变换自如。从拓片中观察这幅画像雕刻作品，更能看清碑刻作者之细腻和高超的雕刻功底。如菩萨与童子的整个面部以沉雕技法低于石面，但又将五官、颈部线纹留白不刻，通过凹凸来勾勒出面部神态，这是此线刻作品中出神入化之笔，再用阴线刻手法绘出发髻头饰来，宝冠上阿弥陀佛像也都可见；再如莲花，池中莲花并非只有9朵，仔细观察有19朵或20朵之多，莲花的形状、品种、大小也不相同，但是运用雕刻手法的巧妙处理，将其中的9朵突显出来。在拓片中观看，可发现：其一，阳线刻的莲花最为明亮显眼；其二，几朵大的团莲花瓣纹路雕刻密实，看起来也较为明显；其三，只用阴线刻手法勾勒出花形未经细雕的莲花、莲蓬最暗沉不显眼。在主次对比之下就凸显出了九朵莲花的主题，这种处理方法是该作品的又一高明之处；菩萨左侧的花丛也是同样处理的，花朵沉雕凹于石面，而叶子采用阴线刻手法只勾勒出线条，从拓片上看，花朵更为明亮清晰、主次分明；菩萨整个身形用阴线刻勾勒，但项戴珠宝、护心锁及锁上香囊则用阳线刻来凸显；栏杆柱头左侧假山石下飞出几缕水草，右侧翠竹有几棵穿过假山石洞，金刚鹦鹉向下探头似乎也在观赏莲花，这些雕刻处理手法都给画面增加了生动感；净瓶下的花盆边沿用两条靠近的粗阴线深深地刻下去，中间的一条阳线被清晰而立体地勾画出来，绘制出花盆的边沿，其手法堪称完美，这些细节都运用了阴阳互倒、深浅交替、沉薄互换之手法；池中童子似有轻功一般，赤足浮踩在荷叶上而荷叶不倒，有的荷叶像是被水流推动而倒向一侧般栩栩如生；金刚鹦鹉及周围的假山翠竹既用沉雕又有薄意之技法，二者交替使用，共同呈现。薄意技法是比浅浮雕还要浅的雕刻技法，此技法成于明代而熟于清代，雕刻因"浅"而"薄"且富有画意，故得名薄意。此处可见作者薄意技法的运用，可以想象作品初成后最清晰时之完美程度。

5. 拓片技术在"九莲菩萨画像碑"保存和收藏中的现实意义

通过文字介绍和拓片欣赏，我们初步了解到"九莲菩萨画像碑"的雕刻艺术以及它背后的历史故事，这通碑至今已有四百多年的历史了，北京石刻艺术博物馆有幸在20世纪90年代初用拓片记录了碑的原貌，当然它的清晰度已不如雕刻初期那么完好，时至今日，此碑的风化程度则更为严重，清晰度远没有30年前的样子，随着时间的

图4 "九莲菩萨画像碑"拓片局部，金刚鹦鹉

流逝，石碑的风化致残程度会更为严重，而拓片则会更长久地将这通碑的原貌保存下来。然而石刻馆的这张"九莲菩萨画像碑"拓片不是唯一的一张，还有一些碑拓流入我国港台地区或海外，有的是碑首、碑身一体拓作品，也许拓印的年代也早于我馆。也正是因拓片的存在，我们才能看出并感受到这一雕刻作品的美和细腻程度，且有机会从不同的角度来探究那段历史时期的社会关系、社会活动以及社会意识形态，并可以通过这一视角来体现拓片的价值和作用。2014 年我馆出版了《北京石刻艺术博物馆藏石刻拓片编目提要》一书，收录馆藏及相关拓片 9 类 1516 种，随着数字时代的到来，信息技术被广泛普及推广，我馆也在跟随时代步伐，已将馆藏及相关碑刻拓片信息进行了数字化技术处理，以便更好地收藏、研究、查找与展示，通过现代化的数字文化平台更好地服务于社会。

滚滚长江东逝水，浪花淘尽英雄，如今，李太后已经远去了，她教子、执政、爱佛、建寺、造神的功过是非已经成为过往，自任人评说，但是，"九莲菩萨"的传说通过这碑、这塔还在静静地诉说，成为历史与当代文明紧密相连的一根链条，成为中华历史文化遗产传承脉络的一部分，同时也在促进我国当代和未来社会的发展。

数字文化空间在中国舞蹈学科建设中的应用
——以"中国民族民间舞数字文化空间展示平台"建设为例

黄奕华 王勇 陈臻 文阳 蒋晓飞[*]

摘要: 本文首先对数字文化空间进行了概念界定,然后对运用这一概念进行建设的"中国民族民间舞数字文化空间展示平台"项目建设背景进行了回顾,详细说明了这一数字文化空间展示平台的三大具体建设内容及其发挥的作用,分析了本项目的创新所在,阐明了数字文化空间建设在中国民族民间舞保护传承中的巨大作用。

关键词: 数字文化空间;中国民族民间舞;学科建设;保护传承

近年来,随着数字化技术的发展,有别于传统文化空间的"数字文化空间"理念不断发展。中国民族民间舞作为我国优秀历史文化遗产的重要组成部分,越来越多的

---

[*] 黄奕华,北京舞蹈学院中国舞党总支书记,教授。
王勇,广州欧科信息技术有限公司副董事长,高级工程师。
陈臻,广州欧科信息技术有限公司软件部副总经理,工程师。
文阳,广州欧科信息技术股份有限公司研究员。
蒋晓飞,广州欧科信息技术股份有限公司营销部总监。

舞蹈教育传承工作者逐渐接受"数字文化空间"这一理念并付诸实践，开始借助数字科技手段寻求对中国民族民间舞项目的多元化保护和活态传承，并在教学实践上加以运用。

在狭义的"文化空间"概念中，"文化空间"是这样一种存在：根据联合国教科文组织通过的《保护非物质文化遗产公约》，"文化空间"可被定义为一种独特的非物质文化遗产重要形态；在 2005 年国务院办公厅颁布的《关于加强我国非物质文化遗产保护工作的意见》中，将"文化空间"作为非物质文化遗产的一个基本类别，综上，可将其定义为"定期举行传统文化活动或集中展现传统文化表现形式的场所，兼具空间性和时间性"。

而广义上的"文化空间"，作为一种文化遗产传承空间的特殊概念，指一切与文化活动有关或保存物质文化遗产的特定场所，在狭义"文化空间"概念的基础上，还包括各类博物馆、美术馆等。本文中的文化空间就是指这样一种广义上的"文化空间"。而"数字文化空间"则是指运用数字手段，建设在虚拟世界，通过互联网手段对传统文化进行保护、管理、传播展示等的"文化空间"。它应当具有最基础的两大作用，一是文化遗产的数字化保存与存档；二是发挥数字化虚拟博物馆的作用。

值得注意的是，我们认为，"数字文化空间"应当是对传统物理文化空间的一种补充，可以为群众提供更多的选择，而不是对传统文化空间的取代；或者在一定程度上，辅助传统文化空间更大程度上发挥出其在保护传统文化，对传统文化进行活化利用，为城市留下记忆，让人们记住乡愁的作用。

本文通过北京舞蹈学院与广州欧科信息技术股份有限公司共同建设的"中国民族民间舞数字文化空间展示平台"项目为例，探讨数字文化空间在中国民族民间舞学科建设和保护传承中的应用。

1. 项目概述

1.1 项目建设背景

北京舞蹈学院是中国唯一一所专门化的舞蹈教育高等学府，也是当今世界规模最大、专业设置全面的舞蹈知名院校，被誉为"舞蹈家摇篮"。

中国民族民间舞是中华民族优秀传统文化的重要组成部分，作为舞蹈高等教育的引领者，北京舞蹈学院中国民族民间舞系与广州欧科信息技术股份有限公司合作，运用地理信息系统（GIS）、VR虚拟实景、数字化三维扫描建模等技术，打造中国民族民间舞数字文化空间展示平台。

在平台构思之初，我们对一些地区和单位的数字文化空间建设、数字化平台建设项目进行了调研，详细了解了这些项目在建设过程中可资借鉴的经验与存在的缺陷、不足。在此基础上，我们与相关专家进行了深入沟通，通过对学校基本定位、服务定位、功能定位、人才培养目标、信息化建设空间基本情况的深入调研，树立了"多媒体互动展示为基础、数字化民间舞学科资源整合为核心、中国民族民间舞资料平台共享、中国民族生态场景搭建、中华传统文化保护与传承"的核心建设理念，旨在构建一个沉浸式的交互智能空间，创新民族民间舞的教学方式和展示传播模式，降低社会大众观赏舞蹈艺术的时间和经济成本。

据此，我们为"中国民族民间舞数字文化空间展示平台"规划了三大建设内容，分别是：中国民族民间舞创意展示地图，实现北京舞蹈学院民族民间舞系师资队伍、学生社团、实践活动等信息呈现，支持全国各地民族民间舞蹈保护及传承信息的二维创意地图空间展示功能实现。中国民族民间舞资源数据库管理系统，根据中国民族民间舞有关的书籍、影视资料、文物、道具、民间艺人等数据内容及虚拟博物馆应用等需求，制定数据库建库标准，之后开发资源数据库管理系统，最后进行数据入库。虚拟博物馆互动展示系统，实现集检索、展示、互动、分享于一体的中国民族民间舞虚拟博物馆平台，实现用户权限管理，支持中国民族民间舞相关资料上传与下载。

在这三大部分中，将"物""人""文化空间"在数字世界中统筹考量。创意展示地图将民族民间舞的地理文化空间与人相结合展示，可视化地呈现了我国民族民间舞的分布特点与地域特色；资源数据库管理系统则是将"物"与"人"相结合，进行数字化高效管理和查询，不仅可以服务于教学目的，同时也可以用于专业人士对民族民间舞的深入研究；虚拟博物馆互动展示系统则将"物""人""文化空间"完全结合，用高清照片、视频、文字结合VR技术进行展示，结合互联网渠道进行传播，最大化发挥数字技术在展示传播方面的优势。

在整个项目建设过程中，时刻牢记"以人为本"的理念，始终围绕着中国民族民间舞传承中"人"这一最核心、最关键的因素来思考如何快捷高效地满足人的需求，无论是在对民族民间舞传承中的传承人，还是服务于舞蹈高等教育教学对象的师生群体，还是宣传展示的对象——广大人民群众，落脚点都在人本身。

1.2 项目建设目标

项目规划之初，本着满足北京舞蹈学院自身文化传播需要、当代社会发展需要，主动承担弘扬优秀传统民族文化精神的责任，实现引领舞蹈领域的发展，实现"民族舞蹈资源"乃至"世界民族舞蹈资源"共享的宏伟目标。在对民族民间舞蹈的审美体验中，一方面将高等艺术院校的研究成果及艺术经验共享社会；另一方面通过艺术与科技的碰撞，更好地激发舞蹈学科内部的发展。在实践中依托中国民族民间舞数字文化空间的搭建，达成推动舞蹈学科体系的现代化建设、转变与发展舞蹈高等教育理念、强化非物质文化遗产保护的目标。

2. 项目内容

"中国民族民间舞数字文化空间展示平台"由中国民族民间舞创意展示地图、资源数据库管理系统及虚拟博物馆互动展示系统组成，详细建设内容如下：

2.1 中国民族民间舞创意展示地图

创意、展示地图主要包括院系介绍、地图展示、地图舞蹈坐标编号、地图舞蹈分类展示。

院系介绍通过文字、图片、音频、视频等多种方式介绍北京舞蹈学院、中国民族民间舞学科发展史、民乐队史等。地图展示以标签形式对北京舞蹈学院中国民族民间舞系传承记录的部分民族传统乐舞分布的地理位置和分布状况进行展示，点击可查看舞蹈详细信息。地图音乐舞蹈坐标编号支持各种舞蹈文化以坐标编号形式容纳到地图当中，用户点击可查看传承项目、流传地区、传承艺人、传习班级、排练教师等更多详细信息。地图舞蹈分类展示支持在地图的基础上以列表方式对各类舞种进行展示，点击可查看舞种详细信息，包括舞种介绍、文化背景、服装道具、艺人介绍、舞蹈动作、排练掠影、采风实录、舞蹈剧照以及舞蹈片段等，方便用户深入了解各类舞种。

整个创意展示地图将院系介绍、中国民族民间舞等相关的基础信息，以地理信息平台为基础，运用"一张图"的思维串联整合起来，方便学生和游客在大脑中快速建立中国民族民间舞的知识框架和脉络，一方面服务了学校的教育教学，另一方面也可以服务于游客。创意展示地图信息含量大且层次分明，既方便了普通游客简单了解民族民间舞的基础入门知识，也可用于不同层次学生的深层次学习。

2.2 资源数据库管理系统

资源数据库管理系统根据资源特点和使用需要，一共构建了8个基础库，分别是：原生态舞蹈动态资料库、舞蹈教材库、最新科研成果库、舞蹈晚会库、舞蹈作品库、专家信息库、毕业人才信息库、舞蹈剧照库。实现了资源入库、资源编目、资源管理、版权保护、资源共享、资源统计、资源参数管理、系统管理等功能。

资源入库主要指图片、视频、音频、三维模型、文档等数字资源逐一或批量上传、删除、下载。资源编目支持数字资源编目，并关联主体（藏品或参考品），支持编目信息保存和提交归档。资源管理支持多种条件检索数字资源。版权保护则针对我国目前的版权保护现状开发，强化了版权保护作用，用户下载数字资源，均需确认授权声明，同时系统通过控制预览图片精度、限制高精度版本直接下载等方式保障版权安全。资源共享支持查看各部门在综合信息管理子系统中的浏览、收藏和申请下载数字资源的详细记录，帮助管理人员分析各部门的需求侧重点，以便于系统开发人员后期进行针对性的维护和功能开发。资源统计可按照资源主体（藏品、资料、复制品、物品等）、资源类别（即按文档、音频、视频等分类）、版本（即源文件、高清文件、普通文件）等维度进行统计分析，统计结果以饼图、柱状图、折线图等常见图表和数据列表显示，可导出分析结果，支持自定义导出数据列表字段。

2.3 虚拟博物馆互动展示系统

虚拟博物馆互动展示系统采用基于图像的VR技术和基于建模的VR技术相结合的方式，利用Web3D技术开发虚拟博物馆平台，实现场景的虚拟漫游和三维仿真，让用户有"身临其境"的真实感受。

展示内容则根据实体博物馆设计理念，结合数字化技术的特点进行设计，主要有展览大厅、办公室、广场、排练教室、舞蹈剧场。

展览大厅作为参观者初始位置，连通所有虚拟展示场景，展览大厅本身展示的内容包括院系介绍及名人堂等。办公室则按照现有的办公室的环境现状，进行三维建模，展示内容包括最新科研成果库、专家信息库、毕业人才信息库、院系组织结构、文化内涵、发展历程等，实现学院虚拟参观。广场展示原生态舞蹈动态资料库，包括各地老艺人信息、原生态传统舞蹈、采风学习视频等。排练教室展示舞蹈教材库，包括民族民间舞系视频教材、各学期期末考试视频（需认证身份）。舞蹈剧场展示舞蹈晚会库、舞蹈作品库、舞蹈剧照库。在数字参观过程中，观众可以根据自己的兴趣和偏好对场景进行放大、缩小、平移，快速切换热点场景、任意切换等，也可以选择不同的场景视图，如3D模型空间、正平面投影地图空间等。

3. 项目功能

3.1 服务高校建设

高等院校是我国科技与文化繁荣发展的基石，是一切人才培养的主阵地。北京舞蹈学院作为我国舞蹈人才培养的高地、行业标杆，运用数字化技术，建设中国民族民间舞数字文化空间展示平台，以数字手段融合艺术与科技，使得该数字空间更好地服务于高校，引领舞蹈课堂教学方式的革新，推动舞蹈高等教育的发展，打造"互联网＋教育"新范式下舞蹈融合创新的标杆，对舞蹈高等教育的现代化专业建设发挥了巨大的作用。此外，该平台的建设和运用，在高等教育领域可以对其他学科门类形成示范效应，也是对运用数字化技术服务高等教育、服务高校进行探索，对于高校在高等教育事业中运用现代化技术具有一定的引领效应。

3.2 推进学科建设

3.2.1 教育资料的数字化存储与即时更新

该平台将北京舞蹈学院中国民族民间舞系的海量资源进行数字化、系统化与多样化储存，实现了即时更新与管理。一方面，这些海量资源的存储，有利于教学资源的积累、学科的建设和深入研究；另一方面，数字化的存储和更新，可以让学生不受时间和空间的限制，更便于这些数字资源的广泛传播和学生的学习。

3.2.2 专业教学方法与理念的革新

该平台方便以线上线下相结合的方式，利用网络访问的即时性，令传统的课堂概念得到延伸和转化，让学生随时随地访问"数字平台"进行自主补充学习，弥补在舞蹈课堂教学中不能满足的舞蹈文化学习需求，强化了专业学生掌握民族民间舞蹈及其文化精髓，以此推动舞蹈高等教育方式的革新和发展，拓宽舞蹈高等教育的概念与教学手段。

3.3 非物质文化遗产传承与保护

中国民族民间舞作为中华优秀传统文化的重要组成部分，在现有管理体制下，一部分民族民间舞被作为非物质文化遗产进行保护，这对于我们做好非物质文化遗产保护工作具有一定的启迪作用。北京舞蹈学院在非物质文化遗产的传承与保护中，做出了专业路径上的贡献。

在非物质文化遗产的数字化保护过程中，一些学者提出需要根据非物质文化遗产的传播方式特征和传承模式特点，对原有非物质文化遗产的文化空间进行转换，以构建非物质文化遗产的数字文化空间为切入点，对非物质文化遗产数字文化空间的概念进行界定，在对"物""人""文化空间"的总体统筹考量过程中，探讨重构途径。

该平台的建设，正是在这样一种重构理念指导下的具体实践。该平台在一定程度上承担了非物质文化遗产传承与保护的责任，充分发挥了"数字文化空间"在保护和传承非物质文化遗产项目中的作用。一方面，在"舞蹈地图"中以地图坐标的方式对各民族民间宝贵乐舞资料进行展示；另一方面，将会在虚拟博物馆的"民族展厅"中开设 56 个民族知识相关网站链接端口。同时运用这些宝贵的非物质文化遗产资源反向滋养于中国民族民间舞专业建设，丰富学科内涵与知识积累。此外，北京舞蹈学院于 2020 年获批的"全国普通高校中华优秀传统文化传承基地（中国民族民间舞）"将实现与该"数字文化空间展示平台"的在线联动，将为其专门开设漫游端口，储存基地数据资源，实现传统文化的智慧发展与转化。此举在非物质文化遗产的数字化保护方面是一次有益的探索，尤其是"数字文化空间"理念的运用，助力了非物质文化遗产的传承保护与智慧转化。

3.4 面向社会

3.4.1 文化传播平台建设与对外交流渠道构建

"中国民族民间舞数字文化空间展示平台"的建设，运用数字化的技术手段，对各种类型的民族民间舞元素资料，如文字、视频、音频、照片等数据进行整理汇总并进行关联，用可视化的手段进行展示呈现，运用互联网媒介面向全社会进行传播，实现了世界舞蹈资源共享的概念，不仅保护了中国民族民间舞，同时，建立起对外传播渠道，也架起中外交流传播的双向平台与渠道，有助于中华文化影响力的提升。

3.4.2 扩大民族民间舞蹈文化的社会认知度与受众基数

该平台在建设过程中，综合运用地理信息系统（GIS）、多媒体等技术手段，以5G新一代网络服务为基础，通过虚拟空间中智慧文化场馆搭建和中国民族民间舞蹈数据资源科学管理两者的结合，建立了一个以"多媒体互动展示为基础、数字化民间舞学科资源整合为核心、中国民族民间舞资料平台共享、中国民族生态场景搭建、中华传统文化保护与传承"为整体理念的沉浸式交互智能空间，让更多人了解北京舞蹈学院院系信息和教育信息，了解民族民间舞传承与保护现状及民族民间舞相关传统文化知识，有效激发了公众的民族自豪感，为中国民族民间舞蹈的保护、传承提供了更加肥沃的土壤，大力弘扬了中华优秀传统文化，有效扩大了民族民间舞蹈文化的社会认知度与受众基数。

4. 项目创新性

4.1 理念创新

将舞蹈资源数字化规范管理与舞蹈教育教学及传承保护相结合，基于统一的数据、应用等技术标准，以中国民族民间舞蹈数字资源作为今后民族民间舞创新发展的重要战略资源，实现从文化遗产到数字资源的转变，沿着"资源化、系统化、大众化"这一主线发展，创新民族舞蹈文化艺术及其资源的"活化"的理念、路径、技术与方法，将中国民族民间舞传承发展融入学科建设、教育教学、大众生活中，引领国内民族民间舞蹈保护传承的数字化、智慧化教学进程。

4.2 服务创新

将中国舞蹈学科建设与数字化博物馆的收藏、展示、研究、教育、推广功能相结合，凸显教育、服务功能，达到学术、思想与科技在全国的引领作用。以中国民族民间舞为例，一方面实现了教学方式创新，利用虚拟、多媒体技术打破传统教学中时间和空间的限制，搭建了以即时性和互动共享为特征的数字教学方式，构建了一个全三维可视化的教学平台，让学生更加立体、多维地接触并了解民族民间舞蹈及其文化精髓，并进行自主学习、研究和创作，突破了时间和空间的限制，从而实现舞蹈高等教育教学手段的拓宽和教学效率的提高，提升舞蹈表演、教育、创作和研究能力；另一方面实现了民族民间舞展示传播创新，利用虚拟现实技术构建虚拟博物馆，促进多种展示传播方式的优势融合，降低社会大众观赏舞蹈艺术的时间和经济成本，极好地促进舞蹈艺术走进大众的日常生活，扩大舞蹈艺术的受众群体。

4.3 技术创新

将舞蹈文化动态体验与科技创新相结合，开创舞蹈领域前沿研究，搭建线上线下一体化互动体验平台。融合数字信息、地理信息及媒体融合等智能技术，实现中国舞蹈与中华民族优秀传统文化在资源采集、分类、储存与研究阐发、传播利用等方面的全面覆盖，提升中国民族民间舞蹈文化资源保护的有效性及深度，实现中国舞蹈学科知识成果的"智能+"教育传承。

目前，一些传统舞蹈传承与保护囿于传承人的日益匮乏而日渐式微，因而"数字文化空间"理念在中国民族民间舞的保护传承中应当发挥重要的作用，以应对这一困境，更好地保护我国的传统舞蹈，突破目前中国民族民间舞保护过程中"人走艺失"的困境。在中国民族民间舞项目仍有传承人的时候，在"数字文化空间"建设理念的指引下，统筹考量中国民族民间舞传承过程中的"人""物""文化空间"，建设独具特色的"数字文化空间"，对中国民族民间舞项目涉及的各个层级的物质资料、人的技艺、展示表演空间等元素进行多样化保护、多元化管理、多渠道传播，以保护和传承中国民族民间舞项目,一方面满足了公众的文化需求,吸引更多的群众了解中国民族民间舞项目;另一方面,在宣传展示过程中,也可以吸引更多人的目光,更有利于从广大受众中寻找到真正热爱、愿意主动学习传承这些中国民族民间舞项目的人。此外,数字文化空间还可以实现辅助数字化教学的作用,推动教育传承转型,更好发挥教学效果,以让不同种类的中国民族民间舞代代传承,留住民族记忆,展示传统文化的魅力。

"数字文化空间"以"人"为中心的整体建设理念,有别于传统数字化工作中围绕"物质实体"的数字化保护、管理、展示,与中国舞蹈资源保护传承工作十分契合,在中国舞蹈学科建设、中国民族民间舞专业建设及传统乐舞保护传承中具有十分重要的推动作用,这样一种具有一定规模性的建设,体现了北京舞蹈学院在当下舞蹈高等教育领域的担当与创新。

参考文献

[1] 彭冬梅,潘鲁生,孙守迁. 数字化保护——非物质文化遗产保护的新手段[J]. 美术研究,2006(01):47-51.

[2] 姚华容. 传承历史留住乡愁——文化遗存保护及数字化建设[C]// 北京数字博物馆研讨会,2015.

[3] 张翠翠,李英,吴健. 贵州红色文化资源的数字化研究与应用[J]. 计算机时代,2020(10):3.

[4] 王梦玉,李旭. 非物质文化遗产在数字文化空间中的重构研究[J]. 文化月刊,2020(9):3.

[5] 贺怡,傅才武. 数字文化空间下公共文化服务体系建设的创新方向与改革路径[J]. 国家图书馆学刊,2021.30(2):9.

主题三

博物馆与红色文化传播

浅谈博物馆与红色文化传播

黄 潇*

摘要：红色文化蕴含着丰富的革命精神和厚重的历史文化内涵，大力弘扬红色文化，将为我国今后的发展提供强大的精神力量。博物馆作为公共文化服务机构，在红色文化传播中必定要发挥举足轻重的作用。在做好展览和传统社教工作的基础上，博物馆还应创新传播方式，跨界融合，通过与融媒体平台合作、与高校合作、积极参与到文旅融合之中等方式，增加红色文化传播的广度与深度，让革命文物凝结的红色基因融入人们的精神血脉，并从中汲取奋进力量。

关键词：博物馆；红色文化；跨界融合

现今，我国正处于"两个一百年"奋斗目标的历史交汇期，在奋力实现第一个百年奋斗目标的过程中，我国实现了经济社会的跨越式发展，2019 年，新中国成立 70 周年，GDP 实际增长 174 倍，人均 GDP 实际增长 70 倍，全国财政收入增长近 300 倍，人均预期寿命从 35 岁上升为 77 岁，教育、文化、医疗卫生、体育、社会保障、扶

---

* 黄潇，北京古代建筑博物馆人保部，副研究馆员。

贫脱贫、生态环保等事业全面发展，中国经济增长对世界经济增长的贡献率居世界首位。实现第一个百年奋斗目标之后，我国将进入新发展阶段，事业越前进、越发展，新情况、新问题就会越多，面临的风险和挑战就会越多，肩负的任务就会愈加艰巨。此时，就更加需要精神的支持，人无精神则不立，国无精神则不强。通过弘扬以爱国主义为核心的民族精神、以改革创新为核心的时代精神来凝心聚力，不断增强团结一心的精神纽带、自强不息的精神动力，使每个人都朝气蓬勃、充满自信地迈向未来，为实现把我国建设成为富强、民主、文明、和谐、美丽的社会主义现代化强国的第二个百年奋斗目标而贡献力量。

1. 传播红色文化的意义

红色文化是在革命战争年代，由中国共产党人、先进分子和人民群众共同创造并极具中国特色的先进文化，蕴含着丰富的革命精神和厚重的历史文化内涵。

1.1 传播红色文化，筑牢理想信念

中国共产党团结带领人民造就了历史悠久的中华文明新的历史辉煌。一切向前走，都不能忘记走过的路，走得再远、走到再光辉的未来，也不能忘记走过的过去，不能忘记为什么出发。要通过红色文化的传播，让公众了解党团结带领人民为中华民族作出的伟大贡献和根本成就，认清当代中国所处的历史方位，增强历史自觉，把苦难辉煌的过去、日新月异的现在、光明宏大的未来贯通起来，在乱云飞渡中把牢正确方向，在风险挑战面前砥砺胆识，激发为实现中华民族伟大复兴而奋斗的信心和动力，风雨无阻，坚毅前行，开创属于我们这一代人的历史伟业。

信仰信念任何时候都至关重要。在新时代，坚定信仰信念，最重要的就是要坚定中国特色社会主义道路自信、理论自信、制度自信、文化自信。党的百年奋斗历程和伟大成就是我们增强"四个自信"最坚实的基础。深刻认识红色政权来之不易、新中国来之不易、中国特色社会主义来之不易，深刻认识中国共产党为什么能、马克思主义为什么行、中国特色社会主义为什么好，不断坚定"四个自信"，不断增强历史定力，增强做中国人的志气、骨气、底气。

1.2 传播红色文化，培育新的民族精神

红色文化是在中国共产党领导人民为争取民族独立、人民解放和实现国家富强、人民幸福而不懈奋斗的过程中培育、形成和凝结而成的。中国共产党在领导中国革命的征程中形成了井冈山精神、长征精神、延安精神和西柏坡精神，这些精神是红色文化的精髓，是激励人们开拓进取、矢志不渝的强大精神支柱，实现中华民族的伟大复兴需要弘扬这些红色精神。和平建设时期形成的大庆精神、"两弹一星"精神、抗洪精神、抗震救灾精神、载人航天精神，就是红色文化得以传承的体现。这些宝贵精神财富跨越时空、历久弥新，集中体现了党的坚定信念、根本宗旨、优良作风，凝聚着中国共产党人艰苦奋斗、牺牲奉献、开拓进取的伟大品格，深深融入我们党、国家、民族、人民的血脉之中。在"两个一百年"奋斗目标的历史交汇期，我们更加需要大力发扬红色传统、传承红色基因，始终保持革命者的大无畏奋斗精神，鼓起迈进新征程、奋进新时代的精气神。

1.3 传播红色文化，用红色传统滋养时代新人

青少年是祖国的未来、民族的希望，是爱国主义教育的重中之重。而红色文化又是爱国主义教育中至关重要的组成部分，革命先辈们怀着深厚的爱国情怀，为拯救中国人民于水火，建立新中国，不畏牺牲、挺身而出，百折不挠战胜千难万险，视死如归付出巨大牺牲，他们用自己的鲜血和汗水为我们留下了宝贵的红色文化财富。

引导青少年重温红色记忆，了解红色政权是从哪里来的、新中国是怎么建立起来的，在历史与现实的对比中坚定理想信念、厚植爱国情怀。通过红色文化激励他们勤奋学习、向上向善，努力成长为担当民族复兴大任的时代新人。

2. 博物馆与红色文化传播

文物藏品蕴含着丰富的历史文化信息，为中华优秀传统文化的传承提供了坚实的物证基础，为社会主义核心价值观的塑造提供了丰富的精神滋养。进入新时代，博物馆不仅是中国历史的保存者和记录者，也是当代中国人民为实现中华民族伟大复兴的"中国梦"而奋斗的见证者和参与者。加强近现代文物、20世纪遗产、当代遗产实物

资料的收藏成为对综合性博物馆完善藏品体系的新要求与新途径。这其中的革命文物承载着党和人民英勇奋斗的光荣历史，记载着中国革命的伟大历程和感人事迹，是党和国家的宝贵财富，是弘扬革命传统和革命文化、加强社会主义精神文明建设、激发爱国热情、振奋民族精神的生动教材。作为收藏着革命文物的博物馆，可以说是传承红色文化最直接的资源。

截至目前（2021年4月），全国革命文物资源家底基本摸清，北京、上海等20个省（区、市）相继公布第一批革命文物名录。以北京市为例，名录中包括不可移动革命文物158处，可移动革命文物2111件/套。收藏上述可移动革命文物的有中国国家博物馆、首都博物馆、老舍纪念馆等10余家博物馆、纪念馆。

2.1 红色文化展览

博物馆的陈列展览可以看作是它最主要、最直接的宣传方式，其余的社教活动、云展览等都是依托于博物馆内的展览开展的，所以博物馆在传播红色文化方面首先就是要做好相关陈列展览的策划工作，讲好文物背后的故事，使得观众从展览中切身感受到蕴藏在文物中的红色精神。

从内容设计上来说，相较于历史文物来说，大部分革命文物都十分朴素，一份文件、一本书或是一支笔、一副眼镜、一个水杯等日常用品，所以在展览中要更加突出"以小见大"，从很普通的一件小物件出发，详细讲述它背后的故事，揭示它所蕴含的革命精神。例如，在中国国家博物馆主办的《信念·精神·传承——纪念红军长征胜利80周年大型馆藏文物展》中展出了半根皮带，这是任弼时同志在长征途中"吃剩下"的皮带。当时，他和警卫员拿小刀将皮带切成若干段，然后再将其烧焦、刀刮和水煮，虽然味道难闻，他却风趣地称之为"吃煮牛肉"。这段皮带在过草地时没有吃完，后来被任弼时同志交给警卫员保存，并语重心长地说："留下皮带，以后还要吃呀！"警卫员李少清同志一直牢记着这意味深长的话语，一直将这段皮带带在身边，直至1978年捐赠给了博物馆。短短的半根皮带，见证了长征的艰苦岁月，同时也折射了无数革命先辈们坚韧不拔、百折不挠的革命意志和"一不怕苦、二不怕死"的长征精神。

以革命文物为主的主旋律展览通常具有较强的政治性与教育性，所以在内容创作上容易变得枯燥，此时就更加需要在展览中增加互动性，使用情景复原、引入数字化等互动手段，使得观众对红色文化的理解更加生动具体。以首都博物馆主办的《伟大征程——庆祝中国共产党成立 100 周年特展》为例，展览在不同单元设置了中共一大会址石库门、中央党校校门、西柏坡中央军委作战室等复原场景，巧妙地对展区进行了分隔，同时也使观众有了身临其境的感觉，在展览中体验了历史。在"经典有回声"互动体验区中可以选择播放自己喜欢的红色歌曲，重温经典之声，同时设置有英雄形象的海报"互动合影"，观众往屏幕前一站，就可以收获一张专属的展览留影，再用手机扫二维码就可以领取。作为留念的同时，还可以发送朋友圈，起到宣传推广展览的作用。

2.2 革命文物建筑的活化利用

随着国家对文物保护工作的高度重视，很多长期以来不合理使用的文物建筑被解放出来，为了更好地保护这些文物建筑，同时满足人民群众的美好生活需要和精神文化需求，腾退后的文物建筑的活化利用既是重要的时代课题，也是全社会广泛关注的热点，保护好文物要借助多方资源，注重多元化参与，不仅要依靠政府引导，更要鼓励社会组织和机构参与，形成合力。在坚持国有不可移动文物所有权不变、坚守文物保护底线的前提下，探索社会力量参与国有不可移动文物使用和运营管理，释放社会参与文物保护和利用的新潜力和动能。

在这方面，历史文物建筑已经有了很多成功的尝试，除了改建成博物馆外，还有很多新的文化业态出现。例如，已成为"大杂院"的沈家本故居，经过历时两年的腾退、修缮之后，成为中国法治名人博物馆；又如，北京市西城区的万松老人塔在完成文物修缮、院落腾退等工作后，由政府选定了主营北京历史文化书籍的民营书店正阳书局入驻于此，在促进公众阅读的同时，又有效保护和利用了文物场所。经过多年的悉心经营，这里已成为京城新晋的网红打卡地。

随着近年来对革命文物工作的愈发重视，适逢中国共产党成立 100 周年这一契机，革命文物建筑的保护和利用也逐渐受到关注。例如，作为共产党诞生摇篮之一的北大红楼，于 2002 年 4 月作为北京新文化运动纪念馆的一部分向公众开放了红楼一层，随后直至 2019 年 9 月，完成旧址复原和陈列布展工作的红楼二层才首次向公众开放。

3. 创新红色文化传播方式

面对我国经济社会进入新发展阶段,博物馆要做好文化传播工作,比以往任何时候都更加需要创新。有些做法过去有效,现在未必有效;有些过去不合时宜,现在却势在必行;有些过去不可逾越,现在则需要突破。随着信息化的高速发展,在传统社教活动的基础上,基于新媒体平台的传播方式与手段得到广泛应用,建立"两微一端"、入驻短视频平台,举办云展览、开通视频直播等已经逐渐成为一种常态。在此形势下,博物馆的文化传播要想进一步创新,就需要扩大"朋友圈",进行跨界融合,实现优势互补。

3.1 融媒体

随着基于网络的新媒体崛起及不断壮大,电视、广播、报纸等传统媒体似乎受到一些冲击,很多优质的作品被忽视,优质的资源没有得到充分利用,此时为了实现新老媒体之间的互促互融发展,融媒体应运而生。融媒体通过新老媒体之间在人力、内容、宣传等方面进行的整合,在宣传效果方面实现了"1+1大于2"的效果。传统媒体通常具有较强的人力、物力和社会资源,出品作品具有品质保证和一定的权威性;而基于互联网的新媒体,拥有着无限空间、无限时间、无限作者、无限受众的特点,可以助推优质作品传播得更广,特别是深入青少年之中。而上述这些特点,正是博物馆在文化传播中所需要的,与融媒体平台合作,深入挖掘博物馆藏品的文化内涵,使其直观、立体地呈现在公众面前,并且让更多的人了解文物背后的故事及其所承载的文明和中华文化延续的精神内涵。在创新红色文化传播方式上也是如此。

中央广播电视总台就推出了融媒体报道《红色印记——百件革命文物的声音档案》,节目在中央广播电视总台《中国之声》播出的同时,同步在总台央视新闻、云听等新媒体平台上线。节目精选建党百年历程中的百件代表性革命文物,邀请文物所藏博物馆的讲解员、馆长,以及虹云、康辉等老中青三代播音员,韩童生、宋春丽等实力派演员,乔榛、李立宏等声音"大咖"倾情献声,通过极富感染力的真切表达,附以珍贵的历史原声等声音元素，带领听众重温中国共产党带领中国人民波澜壮阔的奋斗历程，生动传递文物所承载的革命精神。

此外，由国家广播电视总局、国家文物局组织创作，由湖南省委宣传部参与指导，湖南省广播电视局、湖南广播电视台主办的革命历史文物主题节目《闪光的记忆》也已启动摄制，节目以红色文物及其承载的故事为切口，邀请各地红色纪念馆的年轻讲解员和各界青年代表作为"志愿讲解员"，与全国各地红色文物一起组成"红色巡展团"，前往红色纪念馆和知名院校，以贴近年轻人的表达方式，讲述红色文物背后的历史故事，让革命精神代代相传。

3.2 跨界融合

3.2.1 红色文化战略联盟

2019年，中共一大会址纪念馆、井冈山革命博物馆、遵义会议纪念馆、中国人民抗日战争纪念馆等全国25所革命纪念馆和北京大学、上海大学、南开大学等23家"红色学府"结成联盟，成立了全国红色文化战略联盟，开展理论探讨、学术交流、文物征集、成果展示、思政实践和文化创意传播等。博物馆不再"单打独斗"，与高校、党史研究机构优势互补，有利于挖掘和弘扬红色文化。

3.2.2 文旅融合

文旅融合这一命题近年来备受关注，其实文化和旅游本身就是密不可分的，人们在外出旅游的过程中很大一部分体验都是在感受当地的文化，通过旅游体验作为文化传播衍生发展的载体，通过文化升华旅游体验的内容深度。在这一背景下，"研学游"日渐升温，而作为历史文化集纳地的博物馆，自然成了"研学游"重要的目的地之一。所以博物馆在传播红色文化时，也要积极主动同旅游部门合作，成为红色旅游的重要目的地。

据人民网报道，近年来红色旅游的规模和热度不断攀升。2019年全国红色旅游人数超过14亿人次、红色旅游收入超过4000亿元，不少红色旅游目的地成为民众出游的重要选项和网红打卡地，年轻人成为红色旅游的主力军。而在红色旅游线路中，革命博物馆、纪念馆是必不可缺的要素，一个个革命旧址通过精心规划的旅游线路被串联起来，而想要深入、系统地了解它们背后的故事及所承载的革命精神，很大程度上还是需要博物馆中的展陈来揭示与解读，使观众真正学习与理解革命精神，让革命文物凝结的红色基因融入人们的精神血脉，从中汲取奋进力量。就像在《北京市推进全国文化中心建设中长期规划（2019年—2035年）》中提到的，推进革命文物集中连片主题保护，打造红色文化弘扬传承重点品牌。以北大红楼及其周边旧址为重点，形成中国共产党早期北京革命活动主题片区；以卢沟桥和宛平城、中国人民抗日战争纪念馆为重点，形成抗日战争主题片区；以香山革命纪念地和香山革命纪念馆为重点，形成建立新中国主题片区。推动红色旅游内涵式发展，加强对从业人员的管理培训，规范旅游项目、解说词等，形成红色旅游经典品牌，让游客在游览中领略红色传统。

文化传播是博物馆的主要属性和基本功能，因此博物馆在红色文化传播中必定要发挥举足轻重的作用，通过策划展览，讲好革命文物背后的故事，宣扬其中所蕴含的革命精神，是最基本的方式，在此基础上，博物馆还应该走出固有的圈子，跨界融合，积极利用各类融媒体平台，深入挖掘博物馆藏品的文化内涵，使其直观、立体地呈现在公众面前；积极参与到文旅融合之中，使自身成为红色旅游的重要一环，推动红色旅游内涵式发展，吸引更多的观众走进博物馆。通过上述一系列举措，增加红色文化传播的广度与深度，让革命文物凝结的红色基因融入人们的精神血脉，并从中汲取奋进力量。

参考文献

[1] 习近平.习近平谈治国理政（第三卷）[M].外文出版社，2020年.
[2] 习近平.在党史学习教育动员大会上的讲话[J].求是，2021（07）.

博物馆文化服务体系建设与红色文化空间拓展

董 芳[*]

摘要：北京地区红色文化积淀深厚，但如何让这些红色文化转化为公众可以接受的文化内容，提升地区的文化内涵和群众的精神层次，进而拓展本土红色文化的空间，是一项关键性的课题。新媒体传播手段的运用，聚落文化的发展壮大，是博物馆文化服务体系建设不断进展的见证。凝聚人心、创新载体、坚持不懈、深入公众，是工作格局形成的关键基础。

关键词：文化服务体系；红色文化；文化空间

如果说公共空间是城市的"眼睛"，具象而浓缩地揭示了每个城市的地方精神、人群和文化，那么公共文化则是城市的"灵魂"，其重要性无论怎样强调都不过分。从满足基本文化需求来看，城市居民既利用公共文化充实自己的精神生活，也在公共文化场所进行展演、交流文化成果。此外，公共文化还是城市环境的精神地标和象征文化或政治理想的仪式空间。由于公共文化的公共性和开放性，它通常能够为大多数

---

[*] 董芳，北京石刻艺术博物馆开放部，社会教育岗。

城市居民所享用。

博物馆作为公共文化的重要供给主体，应充分发挥自身优势，与时俱进、开拓创新，为社会公众提供更高品质的公共文化服务。与此同时，也应高度重视历史文化的挖掘积累和传播拓展工作，探索将公共文化服务体系的建设与本土文化空间的拓展结合起来的新途径。

北京历史悠久，拥有深厚的历史文化积淀，其红色文化是中国共产党在北京的活动、工作、斗争中培育、形成和展现出来的，是广大民众关注的精神家园。

1. 红色文化空间拓展的背景

文化建设是中国特色社会主义事业总体布局的重要组成部分，尤其是对于北京这种具备丰厚历史文化内涵的区域来说，文化的建设与发展不仅是重视祖国悠久历史、优秀文化的体现，也是当前社会经济转型时期文化发展的必需，是保障人民全面健康发展的必要条件。

红色文化是北京文化乃至中国文化的一朵奇葩。在这里，所说的北京红色文化主要是指1921年中国共产党成立至1949年中华人民共和国成立之间，中国共产党在北京地区领导人民群众为争取民族独立、人民解放而斗争所培育、形成和展现的革命文化。往前，回溯到五四运动前后红色文化的萌发；往后，延伸到1949年后到1966年前所创作的反映新民主主义革命的主要作品、建筑，如人民英雄纪念碑等。在这有限的时期内，呈现多元文化互补并存、累积叠加的特征，不同类型的文化交相辉映，共显峥嵘。这一特征源于时代的变迁和文化的演进创造。北京的红色文化既是朝堂的，也是市井的；既是精英的，也是大众的；既是传统的，也是现实的。这就决定了在高雅之外，还有一种通俗的存在；在精致审美之外，还有一种大众式的简易逻辑。

正是由于红色文化的这种特殊文化属性以及在北京文化中占有的特殊文化地位，北京地区各博物馆一直在挖掘历史文化内涵方面坚持不懈，经过多年的积累，努力打造出一批精品红色展览，积累起一套拓展本土红色文化空间的做法和经验。并且通过不断征求公众意见，向公众进行全方位、立体化的推广和宣传，以生动的方式让红色教育深入人心，同时带动了博物馆文化服务体系建设的不断发展。

2. 红色文化建设的基本思路

2.1 坚持覆盖全面

文化有物质和非物质两类基本形态。所以，北京红色文化既包括精神领域的红色文化，也包括物质形态的红色文化。这种物质形态的红色文化，就是指蕴含在这些物质形态之中，以物质形态表现出来的红色精神文化。比如中共中央在香山的办公旧址，表现为物质形态，但包含有丰富的文化内容。所以，我们将北京的红色遗存、红色地标等均纳入了北京红色文化的范围。

总的来说，物质形态的北京红色文化，主要有三类。

第一类是红色地标。所谓红色地标，就是指北京区域内具有地标性的红色遗址、遗迹和纪念建筑。如北大红楼、卢沟桥、天安门广场、中国国家博物馆、毛主席纪念堂等，它们有些是原先就有的，有的是1949年之后建立起来的。这些地标性建筑，都具有特别重大的意义，甚至从某个角度可以代表中国共产党、代表中华人民共和国。

第二类是红色遗址遗迹。主要是除红色地标外反映革命斗争历史和精神的大量遗址遗迹。红色地标不少也是遗址遗迹，但因为其特别重要，就单列出来了。除此之外的大量红色遗址遗迹，也蕴含着丰富的红色文化。其中不少已经被列入不同级别的文物名录，有的还没被列入。

第三类是可移动红色文物。包括红色文献，如党创办的很多杂志、出版的各种书籍；红色艺术品，如木刻、标语、宣传画、摄影作品、美术作品等。1949年及之后设计的国旗、国徽也是红色艺术品。它们具有可移动性的物态，也是北京红色文化的重要载体。

其实还有一类，兼具物质形态和非物质形态。主要是红色的文学作品、音乐作品、戏剧作品、舞蹈作品、电影作品、民间文艺等。就其内容和表现形式而言，应该属于非物质文化形态，但它们也以一定的物质形态存留于世。其中有的是原生态的历史作品，也有的是1949年后创作的反映1949年之前革命斗争的作品。

精神领域的北京红色文化，主要是指在长期革命斗争中表达和反映的思想、理论、路线、政策、主张、观点、口号、精神、规范、要求、价值取向、道德要求等。它们总体上都可以归入红色文化的范畴。如果是直接在北京区域内形成和表现出来的，就是北京红色文化。

我们在深刻了解北京地区红色文化的基础上,在"保护为基、发展是本"思想的指导下,勇于破除制约文化发展的体制与机制障碍,广泛吸收借鉴其他地区、单位经过事实验证的、成功的先进文化建设经验和优秀文化发展成果,增强红色文化的生命力,将红色文化的鲜活化推向新的发展高度。

2.2 坚持大小结合

北京红色文化不是孤立的地域文化,而是党和国家整个红色文化中一个特殊的重要组成部分。

中国共产党这艘红船,在上海制造,在南湖启航。追根溯源,首先是在北京孕育的。北京地区的党组织,是中国共产党的地方组织,但某些时期也超出了地方的范围。如李大钊领导的北方区委,曾负责当时北方十几个省(区、市)党的工作。北京发生的许多事件,如五四运动、"一二·九"运动等,都在全国产生了重大影响,起到了引领作用。特别是1949年年初,北平和平解放。中共中央决定定都北平,改名为北京。随即从西柏坡迁驻香山,9月正式入驻中南海。在这期间,党中央、毛主席运筹帷幄,指挥夺取了中国革命的最后胜利;筹备和召开中国人民政治协商会议,建立了中华人民共和国。北京历史翻开了新的一页,中国的历史也翻开了新的一页。所以,从1949年年初起,北京就实际上发挥了首都的作用。中华人民共和国成立之后,北京作为中华人民共和国的首都,围绕大局,服务中央,一直到今天,都发挥着特殊的作用。

所以,北京是地方的北京,但也是全国的北京。北京的红色文化,既具有地域性,也具有全局性。北京的红色文化,在党和国家整体的红色文化中,发挥着一定程度上的全局性的作用;对全国的红色文化建设,也在一定程度上发挥着典型、示范和引领的作用。

我们在研究北京红色文化时,既要坚持立足于北京,又要坚持着眼于全党全国,把北京红色文化放在全局中来认识和领会,充分反映党中央对于北京党组织和北京地区革命斗争的领导,反映党中央在北京对于全国革命斗争的领导和指挥;同时,又充分反映北京地区革命斗争的实际,充分反映北京地区革命斗争在全局中发挥的特殊作用,从而正确地反映北京红色文化与党和国家整体红色文化的关系。

2.3 坚持以人为本

北京红色文化是北京文化的重要组成部分，具有十分重要的作用和价值。我们大力建设红色文化，为的是传承红色基因，弘扬社会主义核心价值观；为的是挖掘红色文化，助力全国文化中心建设；为的是厘清历史真相，反击历史虚无主义；为的是开发红色资源，促进地区经济社会发展。

红色文化建设是一个系统性工程，涉及方方面面的工作。在博物馆的定位上，不仅要重视收藏和研究，更要把公共教育功能放到重要位置，真正实现三足鼎立。要做好红色文化的守护者和传播者，必须要在以往文化建设的基础上，汲取养分、寻找亮点、突出优势，要加强红色文化建设的针对性，着力解决制约其发展的瓶颈和难点，不断提升红色文化的社会认可度。这就要求我们把服务观众需求作为出发点和落脚点，提升公共文化服务水平，致力于实现和保障人民群众的文化权益。要明确服务方向、服务目标，创新服务形式；要相信群众、依靠群众、教育群众、服务群众；要用先进文化武装人、引导人、塑造人、鼓舞人，不断满足人们的精神文化需求，不断丰富人们的精神生活，增强人们的精神力量。

3. 总结和思考

3.1 公共文化服务体系的建设，人是最主要的因素

我们在开展红色文化建设的过程中发现，人的因素非常关键。一些真正有学识、有激情的社会各界人士，给予我们的高度关注和大力支持，是一笔宝贵的财富。而如何将红色文化聚落实体化，让大家凝聚起来，更好地为今后的工作开展献计献策，是下一步的重中之重。

公共文化服务体系的建设，不是立竿见影的一蹴而就，而是润物细无声的潜移默化，更是不积跬步无以至千里的漫长积淀。2021年恰逢中国共产党百年华诞，北京作为首都，社会各界组织开展了形式多样、内容丰富的学习教育活动，作为文博工作者，我们把学党史焕发出的热情转化为发扬传播红色文化的动力，在这期间，越发觉得可以挖掘的实在太多太多。博物馆的公共文化服务体系建设，也逐渐从因地制宜转向了多点突破，从各自为战转到资源整合。越是深入红色文化的建设中，越能感受到它的

博大精深，越能体察红色文化建设工作的意义重大。

3.2 文化空间对城市发展具有重要的意义

文化空间是在文化理论视角下观察城市的一种尺度，体现了对文化空间与城市发展的再认识。具象地讲，"文化空间"指各类公共文化生活涉及的场所，如博物馆、图书馆、艺术画廊、影剧院、音乐厅和文化广场等，公共文化服务体系中的文化设施部分可归于此；抽象地讲，"文化空间"指弥漫于城市中的一种文化氛围，公共文化服务体系中的凝聚方式、传播过程以及打造的市民精神世界可归于此。文化空间依托于具体位置，既具有物理形态，又蕴含象征意义，构成了城市的文化氛围与气质，深刻地影响着城市的日常生活，它同气候、地理、经济、政治等条件一样，对于一个城市的成长及其风格的形成，以及其在区域文化中的地位意味悠远。

红色文化建设正是在打造这样的一种文化空间。从具象看，公共文化服务设施使用率较高，博物馆举办红色展览，使得社会各界和广大市民开展红色活动有了更好的场所。从抽象看，红色文化是市民的一种精神寄托，是历史文化对接现实中市民文化的一个窗口。红色文化的发展壮大，不但提高了博物馆公共文化服务的水平，更营造了市民积极向上、回归本土的精神家园。前来参观的群众反响热烈，充分说明了我们所创造的文化空间对群众的吸引力。

3.3 公共文化服务体系对文化空间的形塑作用

城市经济空间、公共空间、社会结构等早已引起学术界的注意，并取得了相当的成果，但是城市发展过程中文化空间的力量却被有意无意地忽略了。学者们考察都市文化生活，习惯将其作为城市社会经济生活的衍生物来探讨，关注的是文化生活怎样反映城市的经济、政治和社会状况等。而事实上，由于城市文化空间里弥漫着权力结构和社会关系，它不仅被权力和社会关系生产、支持，也生产着新的权力和社会关系。因此，文化空间不仅仅是城市发展的产物，它还是一种生产力量，参与城市的成长，是衡量城市精神世界与神圣空间的尺度。从另一个意义上讲，它形塑了城市空间和社会生活。由于公共文化服务体系集中体现了我们国家的文化关怀和公民的文化权利诉求，凝结着国家权力和各种社会关系，所以，它是构建我国现代城市文化生活极其重要的生产力量，其对城市文化空间的形塑作用意义巨大。红色文化正营造了这样一种文化空间，使参与的群众在红色文化体系里凝聚成了新的社会关系。从社会管理角度讲，用文化空间凝聚的社会关系往往比较纯粹和非功利，更加有利于社会的稳定。而这种关系本身，也使群众在精神层面能够更好地相互理解。

参考文献

[1] 葛佳琪，于炜，王婷.故宫文创产品设计解析及借鉴意义研究[J].设计，2018(05).

[2] 熊雯.博物馆文创产品开发的几点思考[J].科学咨询（科技·管理），2016(08).

[3] 李忠杰.写好北京红色文化[N].北京日报，2020-06-29.第12版.

基于 LDA 的博物馆中红色文化元素分类

周靖宇　李豪东[*]

摘要：红色文化是实现中华文明伟大复兴"中国梦"的精神力量，立足当前，在已有的研究中，红色文化元素的分类系统并不完善，如何准确地对红色文化元素进行系统的分类，对推动中华民族优秀传统文化传承、创新，对博物馆的发展具有重要的影响作用。

本研究以中国 14 家博物馆中红色文化展品的介绍为主要资料来源，利用关键词共现网络和 LDA 分类模型，引入了一种利用自然语言处理技术，探究博物馆中红色文化元素分类的过程。

实验结果表明，本文提出的模型可以形成一个有效的、完整的、客观的红色文化元素分类体系。本研究为中国传统红色文化元素的分类提供了一种定量、可靠的方法，为以后的博物馆数据分类提供了一定的理论依据。

关键词：红色文化；博物馆；LDA 分类

---

[*] 周靖宇，北京信息科技大学经济管理学院硕士研究生。
李豪东，北京信息科技大学经济管理学院硕士研究生。

在中国的伟大建设和改革中，红色文化见证了中国的进步和中国共产党的发展历程。红色文化是指导中国革命取得卓有成效进展的执行力，是近代以来加强社会稳定和民族团结的凝聚力，是实现中华民族伟大复兴的战斗力。红色文化是实现中华文明伟大复兴"中国梦"的精神力量，同时发展社会主义先进文化的过程也离不开对红色文化的理解，其卓有成效的进展充分代表了中国先进文化全方位的发展。因此对红色文化进行分类具有重大的研究意义。

在研究红色文化的定义上，中国共产党用红色博物馆、革命纪念博物馆等方式推进说明，其中博物馆内的红色文化文物，承载了红色革命的历史，承载了红色革命的精神，承载了红色革命先驱者的英勇事迹。在学习和贯彻习近平总书记关于推动中华优秀传统文化传承、创新和博物馆发展的一系列重要论述的基础上，科学把握新发展阶段，认真贯彻新发展理念，持续推进探讨博物馆中红色文化元素是现实的选择及未来的方向。博物馆中的红色文化包含着中国先进文化的结晶，蕴含着浓郁的革命精神，是传播与传承中国文化的一个重要的载体。

在复杂的知识网络平台的背景下，有效提取、合理利用及实现传统文化元素现代化，其重要前提是对中国红色文化进行分类和检索。在已有的研究中，红色文化的分类系统并不完善，大部分研究根据主题、文化遗产和产业等属性进行分类，传统的分类方法和分类体系仍然存在着很多不足。本研究通过 LDA 主题模型分析出最优的主题数进行分类，在对博物馆中红色文化元素进行分类的过程中形成了一个中国博物馆客观、完整、有效的红色文化元素分类体系。这为全面推进红色文化的有效传播提供了理论参考和实践指导。

1. 数据采集和预处理

数据集包括中国 14 家博物馆内带有红色文化元素的馆藏文物的名称、介绍及分类，其中包括土地革命时期、抗日战争时期、解放战争时期、抗美援朝时期和社会主义时期，本研究使用 Python 软件爬取数据，经数据清洗后所采用的博物馆名称及数据量如表 1 所示。

表1 博物馆中的红色文化数据

博物馆名称	采集数量	网址
中国人民革命军事博物馆	574条	http://www.jb.mil.cn/
中国人民抗日战争纪念馆	120条	http://www.1937china.com/
瑞金中央革命根据地纪念馆	104条	http://www.rjjng.com.cn/
重庆红岩革命纪念馆	69条	https://www.hongyan.info/
中国电影博物馆	21条	http://www.cnfm.org.cn/
浙江革命烈士纪念馆	813条	http://www.zjgmls.net/
延安革命纪念馆	316条	http://www.yagmjng.com/
西安事变博物馆	10条	http://www.xasb.net/
武汉革命博物馆	30条	http://www.whgmbwg.com/
苏州革命博物馆	14条	http://www.szgmbwg.org.cn/
上海革命历史博物馆	17条	http://www.shh-shrhmuseum.org.cn/
井冈山革命博物馆	80条	http://www.jgsgmbwg.com/
四川建川博物馆	116条	https://www.jc-museum.cn/
广东历史革命博物馆	9条	http://www.gdmuseum.com/

本文先进行数据去重，然后使用jieba分词对数据进行分词处理，根据分词效果扩充自己的停用词典和自定义词典（如表2所示）。最后使用TextRank算法提取关键词，TextRank算法是由PageRank算法改进而来的，二者的思想具有相同之处，主要的区别是PageRank算法是根据网页之间的链接关系构造网络，而TextRank算法是根据词之间的共现关系构造网络。参数如表3所示，其核心公式为：

$$WS(V_i) = (1-d) + d \times d \times \sum_{V_j \in In(V_i)} \frac{W_{ji}}{\sum v_k \in out(v_j) \omega_{jk}} WS(V_j) \quad (1)$$

表2 停用词汇表

停用词典
聂荣臻摄、苏静摄、童小鹏摄、陈德林捐献、上一篇、下一篇、陆彬良捐献、撰稿：汤根姬、制作：邹文波、编辑：admin、更新时间……

表3 参数表

参数名	描述
$WS(V_i)$	句子i的权重
d	阻尼系数，一般为0.85
W_{ji}	表示两个句子的相似度
$WS(V_j)$	上次迭代出句子j的权重

2. 中国红色文化元素构建的关键词共现网络

共现矩阵可以统计出关键词出现的次数，然后可用于 PMI 值计算，PMI 算法的基本思想是统计两个词在文本中出现的概率，如果概率越大，则其相关性越紧密、关联性越高。其核心公式为：

$$\mathrm{PMI}(\mathrm{word}1,\mathrm{word}2) = \log_2\left(\frac{p(\mathrm{Word}1\&\mathrm{Word}2)}{p(\mathrm{Word}1)p(\mathrm{Word}2)}\right) \quad (2)$$

因此计算关键词共现矩阵对于本文分析关键词之间的联系有着非常重要的作用。

本文采用 ROSTCM6 软件对提取的关键词进行社会网络和关键词共现网络分析。生成的关键词共现网络图如图 1 所示。关键词共现网络分析以图形化的方式揭示词与词之间的结构关系。基于这样的一个关键词共现网络图我们可以直观地看出高频词之间的层次关系、亲疏程度。通过对关键词共现网络图中心节点的研究，可以更具体地分析出其特征。

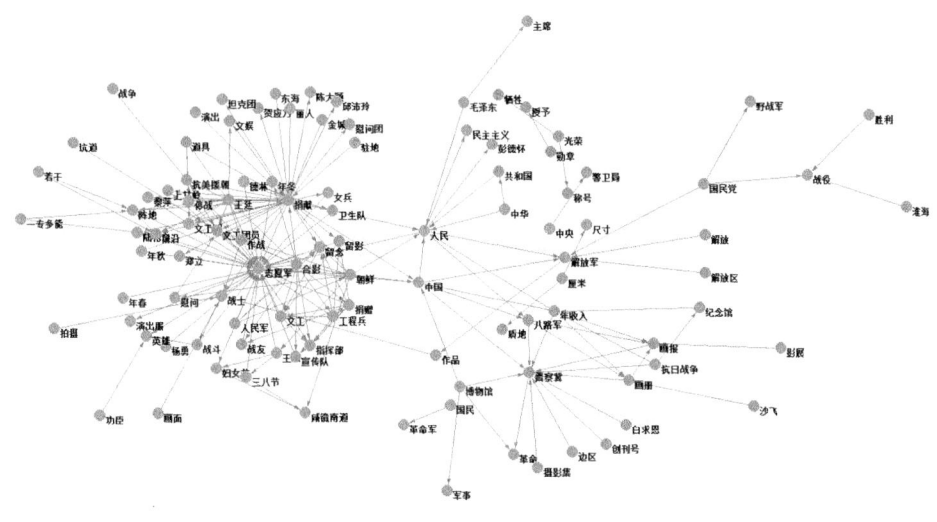

图 1　关键词共现网络图

基于关键词共现网络图可以看出文物、革命、井冈山、博物馆、苏维埃等是藏品描述中出现频率较高的词。我们通过对语义网络图的整理，联系不同范畴间的关系，形成更具有概括性的范畴，得出较为联系紧密的六个领域。这为我们的LDA主题分类提供了参考依据。

3. 中国红色文化元素的分类

3.1 主题分类模型设计

本文将LDA主题模型和TextRank算法相结合生成博物馆红色文化分类标签，即基于LDA主题挖掘的红色文化分类模型。该模型主要是进行文本的聚类和主题的挖掘，将抓取到的博物馆红色文化文本进行预处理和关键词的提取，对关键词进行相似度计算，最终生成与红色文化相关的主题，如图2所示。

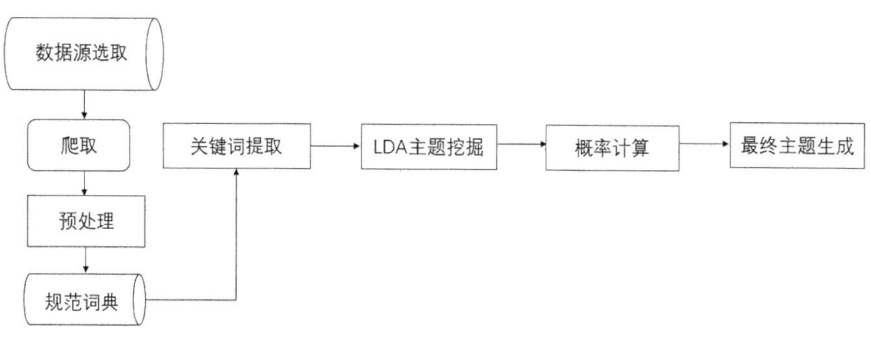

图2 LDA主题挖掘模型

3.2 LDA模型的基本原理

LDA模型是一种主题生成模型，主要包含词、主题和文档三种结构，是一个层次贝叶斯模型。所谓的生成模型就是以一定概率选择某个主题，并从这个主题中以一定的概率选择某个词语。文档到主题服从多项式分布，主题到词服从多项式分布。每一篇文档代表了一些主题的概率分布，而每一个主题又代表了很多个词所构成的概率分布。其主要原理如图3所示，LDA参数如表4所示。

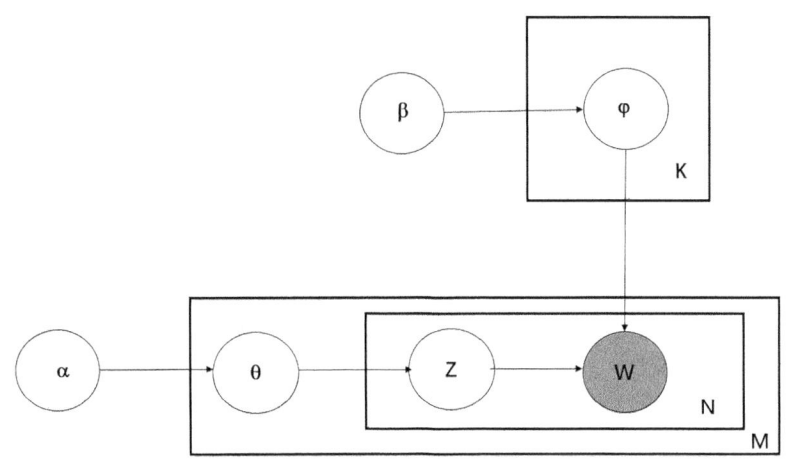

图 3 LDA 模型的主要原理

表 4 LDA 参数表

参数名	参数含义
空心圆	隐含变量
实心圆	可观察变量
α	文档主题分布参数
β	文档的词语分布参数
θ	文档—主题的概率分布
φ	主题—词的概率分布
W	文档的基本单元
M	文档总数
Z	同一类语义
N_m	第 m 个文档的单词总数
K	主题数

为了了解各个主题下的红色文化特征,我们将从各大博物馆爬取的数据进行预处理,并将处理后的数据作为本次实验的语料库,再使用 Python 中的 gensim 包中的 LDA 模型分析所得到的语料库,我们将 LDA 模型中的参数设置为:K=10,迭代次数 150 次,参数 α=50/K+1,β=0.01,对本次的主题挖掘结果进行整理得到各个主题中的主题词列表,主题词按照重要程度排列,得到如表 5 所示的主题到词语的概率分布。

表 5　主题—词的概率分布表

Topic 1 延安时期	概率	Topic 2 国共合作时期	概率	Topic 3 解放战争时期	概率	Topic 4 抗日战争时期	概率
人民	0.085	时期	0.133	群众	0.044	中国	0.211
委员会	0.078	八路军	0.127	战争	0.021	部队	0.154
问题	0.060	担任	0.034	秘密	0.016	革命	0.059
发展	0.047	县委	0.022	革命	0.005	征集	0.036
成立	0.044	西安	0.020	组织	0.002	银圆	0.007
延安	0.033	成立	0.007	电台	0.001	游击队	0.002

根据挖掘的主题信息概率，我们大概能够了解到该主题下所代表的信息，这些信息也更能体现主题的特征。如延安时期的"王伟真连环画""旅菲华侨青年王唯真回国抗战父亲临别赠言""李天佑将军在苏联伏龙芝军事学院学习时的笔记本"等。国共合作时期的"贺龙佩戴的'八路'臂章""国民革命军第十八集团军军医处国防卫生编辑委员会编《国防卫生》""柯棣华等赴解放区时国民政府内政部卫生署开具的证明书"等。解放战争时期的"淮海战役中的支前小车""朱瑞的怀表""任弼时印章"等。抗日战争时期的"邹韬奋为曾生题词'保卫祖国 为民先锋'""新四军司令部证章""刘少奇关于《中国革命的战略策略问题》的讲稿"等。

本文通过对博物馆红色文化数据的爬取与分析，采用 TextRank 算法进行关键词的提取之后，再进行 LDA 模型主题挖掘，通过计算其概率分布，得到不同主题下所代表的信息，并根据概率差异突出主题的侧重点，为今后的博物馆数据进行汇总分类、检索筛选提供依据，提高分类效率和检索的匹配度。

参考文献

[1] 周艳红. 中国红色文化演进与发展的历史评价和现实启示 [J]. 赣南师范大学学报，2019,40(02):35-39.

[2] 冯东飞，韩琳. 延安红色文化资源在思想政治理论课中的育人功能 [J]. 思想

政治教育研究,2011,27(01):72-74.

[3] 张泰城.论红色文化资源的分类[J].中国井冈山干部学院学报,2017,10(04):137-144.

[4] 庞小云.红色文化资源的分类及价值实现[J].广西教育学院学报,2020(02):106-110.

[5] 王博,刘盛博,丁堃,刘则渊.基于LDA主题模型的专利内容分析方法[J].科研管理,2015,36(03):111-117.

讲述中国景泰蓝艺术博物馆文化

董艳娜*

摘要： 中国景泰蓝艺术博物馆体现景泰蓝的历史文化、学术和工艺价值，并对景泰蓝技艺的物象进行不断的积累和保存，为全社会和行业专业技术人员搭建起一个良好的学术平台，营造浓厚的文化艺术气氛，这将对景泰蓝技艺的保护传承、创新发展有着重要的历史和现实意义，并为国家级非物质文化遗产的弘扬发挥更大的作用。

关键词： 中国景泰蓝艺术博物馆；文化；传承；发展；创新；作用

中国景泰蓝艺术博物馆在2010年筹建，2012年6月6日一期建成并开馆，二期于2015年10月1日建成。该博物馆是在北京市文化资产监督管理办公室和东城区国资委的支持下和上级主管单位的帮助下，由北京市珐琅厂有限责任公司主办的国内首座景泰蓝艺术博物馆。

中国景泰蓝艺术博物馆建筑面积4000平方米，展示面积1000平方米，配套有

---

* 董艳娜，北京市珐琅厂有限责任公司副总经理。

图 1　北京市珐琅厂有限责任公司大门

1000 平方米的参观制作区域、1000 平方米的互动体验区域和 1000 平方米的展示厅，馆藏展品达 2000 余件（套），配套设施齐全，有 100 平方米的报告厅、100 平方米的图书室和 4000 平方米的停车场，方便参观客人出行并且长年对外开放，残疾人无障碍设施完善。专业讲解员能够提供双语讲解，以满足世界各地旅游参观者、国内外各大院校的参观、学习交流等活动，每年接待万余人次。

中国景泰蓝艺术博物馆近几年来在陈列、展览展示景泰蓝传统技艺文化、保护文化遗产、创新应用领域、促进区域经济发展等方面有着不可替代的作用。

1. 中国景泰蓝艺术博物馆的建成

为符合首都发展功能定位，更好地传播景泰蓝文化，北京市珐琅厂有限责任公司建设了我国首座景泰蓝艺术博物馆。博物馆定位于公益性博物馆，长年免费对外开放。近年来企业在东城区国资委、上级主管单位的正确领导下，有了长足发展。

北京市珐琅厂有限责任公司于 2002 年在当时的崇文区转制而成，其前身北京珐

图 2　中国景泰蓝艺术博物馆楼

琅厂,成立于 1956 年 1 月,由"德兴诚""德昌""杨天利""景泰诚""明顺诚"等 42 家始创于明清时期的私营珐琅厂和专为皇宫制作的造办处合并而成。郭沫若同志题写了厂名。公司是全国景泰蓝行业中唯一的一家中华老字号、国家级非物质文化遗产——景泰蓝制作技艺生产性保护示范基地,还是全国民族特需商品定点生产企业、北京市外事接待单位、北京市科普教育基地、北京工艺美术院校实习培训基地。2016 年 2 月 2 日,公司被中国商业联合会、中华老字号工作委员会评定为"中国景泰蓝第一家"。

2.弘扬保护国家级非物质文化遗产的基地作用

中国景泰蓝艺术博物馆的建立,为东城区南城区域文化提供了一个新的文化体验、科普教育场所。为发挥中华优秀传统文化和爱国主义情操对学生群体的辐射作用,将传承和弘扬中华优秀传统文化融入学校美育,中国景泰蓝艺术博物馆针对青少年推出

图 3　中国景泰蓝艺术博物馆厅内

了一系列有教育意义的活动，如与北京服装学院、清华大学美术学院、东城区东四九条小学等学校进行景泰蓝制作技艺的交流与培训。通过引导学生参加具有北京特色的非物质文化遗产教育传承活动，让青少年感受中华优秀传统文化的价值和魅力，增强保护和传承非物质文化遗产的责任感。中国景泰蓝艺术博物馆已被评为北京市东城区爱国主义教育基地。

2015年12月4日，博物馆举行了以"传承非遗经典文化，共筑景泰蓝溢彩流光"为主题的传承非物质文化遗产——景泰蓝制作技艺大会。2016年，博物馆又与北京市非物质文化遗产保护中心合作，组织北京市教育系统20所小学的200名学生走进国家级非物质文化遗产——景泰蓝制作技艺生产性保护示范基地，在非遗传承人的指导下，深入了解景泰蓝传统技艺流程，学习并亲身体验设计、绘图、掐丝、点蓝等主要制作环节。于2016年6月1日至6月19日在国家大剧院举办了"童趣景泰蓝——儿童非遗作品专题展"。其目的就是引导少年儿童感受景泰蓝传统技艺文化的传承和发展，加强景泰蓝的知识传播，让景泰蓝传统文化"活"起来，融入大众的生活方式与理念中去，更好地走向社会，让企业借助景泰蓝艺术博物馆平台，扩大品牌影响力，走文化发展之路，确保企业可持续发展。

中国景泰蓝艺术博物馆馆名由北京市珐琅厂有限责任公司国家级大师景泰蓝"终

身成就奖"获得者钱美华的生前好友、艺术设计教育家、原中央工艺美术学院院长、中国美术家协会副主席、景泰蓝"终身成就奖"获得者常沙娜先生题写。另外，博物馆还聘请了国内10余位专家、大师、学者担任顾问，不定期为来宾提供景泰蓝历史、文化、鉴别、收藏、保养等方面的知识讲座。2016年，3D博物馆网上展示项目制作完成，由第三方实地拍摄了景泰路、公司大门、一层至三层实体店、景泰蓝制作技艺展示厅、中国景泰蓝艺术博物馆等。开发了实景漫游功能模块、多维产品展示功能、热点互动功能、影音功能、场景及地图功能、电子图册功能、电子离线功能等。博物馆有视频解说景泰蓝的发展历史、简介以及景泰蓝行业老艺人、国家级大师、优秀技师的从艺故事；博物馆内配备免费无线WiFi，供游客浏览景泰蓝相关知识、产品和公司发展信息等。中国景泰蓝艺术博物馆东厅，是景泰蓝历史文化资料展厅，涵盖了景泰蓝发展史、珐琅厂珍贵历史发展资料、大师文稿、图纸、书刊、手迹、各时期经典代表作品、原始工具、重大景泰蓝工程项目、企业荣誉等。博物馆西厅是博物馆"珍宝馆"，这里以高仿元明清时期制作风格的珐琅器为主，同时陈设有公司自建厂以来部分经典作品、老艺人作品及大师代表作品。

2019年，为庆祝中华人民共和国成立70华诞，为祖国母亲生日献礼，呈现新中国成立以来景泰蓝发展的伟大成就。北京市珐琅厂在景泰蓝艺术博物馆内举办"追忆峥嵘岁月·再现历史经典"艺术精品红色主题展暨国庆期间系列活动。红色主题展通过展现新中国成立后，凝聚几代"京珐"人在不同时期文化和时代特色背景下，所创作的近百件景泰蓝艺术珍品，回顾景泰蓝制作技艺自中华人民共和国成立以来在政府的扶持与帮助下，所取得的蓬勃发展和伟大成就。

3. 保护与开发的桥梁作用

博物馆建立以来，长年免费接待国内外各大院校、团体、个人的学术交流、参观体验、科普教育、爱国教育、调研考察。展览展示、学术讲座及交流研讨活动的开展，使更多的国人了解、喜爱景泰蓝这一中国传统文化技艺，也有更多的社会各界人士加入保护、传承、发展景泰蓝文化的行列中来。

众所周知，景泰蓝制作技艺是具有600余年历史的国家级非物质文化遗产。这

图 4　中国景泰蓝艺术博物馆厅内

种金属与"火"的艺术,长期以来一直深藏闺中,鲜为人知。为提高中国景泰蓝艺术博物馆的社会影响力和景泰蓝的艺术魅力,珐琅厂通过平面媒体、网络、电视媒体,对景泰蓝文化进行宣传报道,并开通了微信、微博等,让公众通过多渠道深入了解景泰蓝历史文化,提升企业知名度和影响力。自 2011 年开始,北京市珐琅厂有限责任公司先后成功举办了"首届钱氏景泰蓝作品展""追本溯源——仿宫廷景泰蓝艺术精品展""走进珐琅厂,探秘景泰蓝""景泰蓝老物件淘宝大集""景泰蓝皇家艺术庙会""'京珐'老艺人历史作品重现展"等展览展示活动。这样的特色活动为企业迎来了较大的带动效应,不仅"京珐"景泰蓝作品得到了充分的展览展示,还进一步提升了"京珐"品牌的知名度、美誉度,使企业获得了无穷的潜在资源。同时,提升了景泰蓝文化面向周边地区的辐射力和影响力,在北京南城形成了独有的景泰蓝文化区域。

4. 景泰蓝传统技艺文化走出国门、走向世界的窗口作用

具有悠久历史的景泰蓝艺术品以家居摆件为主,近年来由于景泰蓝色彩丰富、不褪色、庄重大方等特点,深受各界人士的喜爱,随之而来的个性化需求越来越多,应用领域也在不断突破。这对企业从造型上、色彩上和结构上都提出了更新更高的要求,有些老的、传统手工制作方法已无法满足需要,企业需要不断探索利用现代科技手段,创新工艺、更新观念,在确保景泰蓝制作技艺传承保护的前提下,推动景泰蓝制作技

艺和跨界融合手段的创新。

2014年，公司汲取其他工艺特点，将传统的木制斗拱，利用现代设备手段，研发、设计、承接并完成了北京APEC会议雁栖湖国际会议中心集贤厅内景泰蓝装饰工程，工程包括18个2米见方的大型斗拱（522件）、0.6米见方的48个灯池周边小斗拱（960件）以及门口壁饰324件，共1806件组装而成。此工程是公司承接的景泰蓝室内装饰工程中结构组合最为复杂、工艺难度最大、散件数量最多、制作时间最短，同时也是对产品质量、环保要求最严格的一个项目。集贤厅的设计制作得到了中央领导的高度评价：在北京这个明清建筑成群的地方，有这样一个代表国家形象的会议大厅，非常震撼！为集贤厅专门制作的小册子，各国元首人手一册，成为此次APEC峰会的永久纪念。

2015年，公司承接了中央政府为庆祝新疆维吾尔自治区成立60周年赠送的1.8米高的景泰蓝大型作品"国泰榴芳尊"的制作；并与工美集团合作，参与深化设计研发和制作完成的"丝路扬帆""和谐共生""和平畅想""和衷共济"等异型景泰蓝大件作品；顺利完成了国礼"四海升平"的复制任务，完成了9·3大阅兵国礼、亚投行礼品金猴献瑞圆盘等一大批重点项目的制作任务。通过这些项目的实现，不仅提高了我们的技艺水平，丰富了制作经验，也为今后拓展景泰蓝应用市场奠定了良好的基础。

2017年1月公司设计制作的景泰蓝1.3米高的"盛世欢歌"大瓶及70厘米高的"兽耳方尊"作为国礼由习主席赠送给联合国日内瓦总部和世界经济论坛组织。

同时企业还凭借景泰蓝制作技艺入选"国家级非物质文化遗产生产性保护示范基地公示名单"。2017年公司国家级传承人钟连盛、市级传承人李静以及高级工艺技师两次在故宫的御花园和畅音阁为"一带一路"高峰论坛的外国首脑配偶和习主席接待美国总统特朗普进行技艺展示和互动，得到了习主席的赞赏。

5. 展望未来

博物馆是保护和传承人类文明的重要殿堂，是连接过去、现在、未来的桥梁，在促进世界文明交流互鉴方面具有特殊作用。近年来，中国各类博物馆在场馆设施建设、藏品保护研究、陈列展品和免费开放、满足民众需求、推动中外文化交流等方面不断取得进展。

中国各类博物馆不仅是中国历史的保护者和记录者,也是当代中国人民为实现中华民族伟大复兴的"中国梦"而奋斗的见证者和参与者。让世界各国博物馆的丰富馆藏都"活"起来,为共同保护文化多样性、增进各国人民相互了解、促进人类文明进步作出贡献。

透视景泰蓝工艺的历史,可以预见,传统手工艺的发展尚有巨大的空间和潜力,作为中华古老文化的重要组成部分,传统手工艺有着不可替代的重要作用,因而具有强大的生命力。重振景泰蓝艺术雄风,必将促进中华民族传统文化更加发扬光大,这是每位从事景泰蓝艺术行业同仁的共同责任和愿望,更是景泰蓝源远流长、永葆青春的希望所在。秉承这一历史使命,中国景泰蓝艺术博物馆将一如既往,认真贯彻落实中央十八大、十九大全会精神,以习近平新时代中国特色社会主义思想为指引,不忘初心,积极进取,努力使景泰蓝这一中华民族艺术瑰宝在传承中不断发展,熠熠生辉。

下一步为增强消费动力,提升开放水平,改善民生品质,聚焦创新发展,优化营

图5 中国景泰蓝艺术博物馆厅内

商环境，要对现有的展览、展示手段进行升级改造。升级中英文导览图、展厅触摸互动系统，通过触摸系统把博物馆基本情况、展览内容以及展品信息等多种与博物馆相关的信息进行数字化处理。根据不同展品需求，在展柜一侧采用橱挂安装或在上方采用吊顶安装语音解说系统，以提供身临其境的定向语音讲解服务，形成不同展品的独立解说音区，且基于定向声技术的应用，使各展品的解说声音互不干扰，并改善公共区域的整体声环境。建设服务中心，服务中心作为博物馆面对参观者的第一场所，包括票务、预约、咨询、帮助和服务等重要功能，是考究博物馆服务意识和服务质量的重要环节。进一步提升中国景泰蓝艺术博物馆知名度，为中华传统文化的传承、保护、发展与运用赋能。

参考文献

[1] 习近平向国际博物馆高级别论坛致贺信. 新华网，2021-05-21[引用日期2021-05-21].

谈中国园林博物馆开放式文物库房探索与实践

李 明 夏 卫[*]

摘要：博物馆文物库房是保藏文物的重要场所，是国家文化遗产、文化财产的保护重地，是博物馆收藏职能赖以生存的"心脏"，同时也是博物馆在公众认知中最为神秘的地方。随着博物馆事业和博物馆学理论的发展，其社会职能重心逐渐从收藏研究转向公共文化服务，而博物馆文物库房的资源创新利用与社会功能也已开始显现。中国园林博物馆作为新时代诞生的国家级园林行业博物馆，将文物库房适度呈现于观众面前，不仅是未来发展的趋势与责任，也是对博物馆开放式文物库房特色活动的一次探索与实践。

关键词：开放式；文物库房管理；预防性保护；"活起来"

中国园林博物馆（以下简称"园博馆"）自开馆以来，精品临展、馆藏外销瓷巡展等园林特色文物展览与活动层出不穷，观众络绎不绝。随着国家提出的让文物"活起来"重要精神，我馆于2017年对公众开放文物库房，将博物馆"心脏"位置的文物库房首次展现在观众面前。本文以传统博物馆库房保管经验与新建博物馆"物、人、

---

[*] 李明，中国园林博物馆藏品保管部馆员。
夏卫，中国园林博物馆藏品保管部助理馆员。

图 1 开放式文物库房实践活动

数据"的信息化和"智慧藏品库区"概念带来的优势相结合,从"如何开放"的角度围绕园博馆在开放式文物库房管理中的藏品预防性保护、库房保管、安全保障、人员保障和技术保障等先行必备条件展开探索,在开放式文物库房工作中加以实践,从而使更多的文物资源、管理模式以及文化传播理念"活起来"。

1. 开放式文物库房在博物馆实践的意义

开放库房的做法在博物馆其实一直都有,但开放人群有所针对,只以库房内藏品保管状态开架展示给研究人员。另外,将库房从幕后移到台前进行公开展示的做法在西方博物馆出现得较早,如英国巴斯的时装博物馆专门举办了"幕后"展览,刻意模糊了传统博物馆中展厅展品和库房藏品之间的概念。2014年南京博物院曾在"国际博物馆日"将库房和展厅相结合展现在观众面前,让少为人知的神秘库房展示在大众面前,令人耳目一新。2017年7月,园博馆为促进自身社会职能的协调发展,首次进行开放式藏品库房实践,揭开博物馆藏品库房的神秘面纱,将"理论知识—藏品观摩—藏品体验—科普活动"相结合融入中小学的课程系统中,极大延伸了园博馆的藏品展示和利用意义,藏品库房从幕后到台前,使藏品从幕后"活起来"。另外,通过开放式文物库房的探索与实践,将园博馆原有的以藏为主转向以用为主,藏用兼顾,实行积极的开放型管理,建立多样、开放、灵活的工作方法和服务形式,建立适合藏品开放的管理制度、管理手段和观摩方式。采用现代化技术手段,简化开放手续,扩大藏品的开放范围,变单一的藏品管理为多层次综合性的服务系统,最大限度地发挥藏品的作用,获取最佳社会效益,便捷地为公众服务(如图1)。

2. 中国园林博物馆开放式文物库房的预防性保护工作

众所周知,将文物库房面向非专业人员开放具有相当的高风险性,不可确定的因素和文物安全风险点较多。为了降低库房开放所带来的风险因素,保证园博馆开放式文物库房工作得以实践,园博馆将开馆以来通过文物普查形成的库房设备设施建设、藏品保管与保护、藏品信息化等文保经验,结合文物展示和宣教活动等探索实践,总结出开放式文物库房以预防性保护为基础的探索之路。

2.1 文物库房基础设施建设

园博馆的文物库房是2013年投入使用的新建库房,具有现代化库房的保存条件。无论是安防设施、消防设施、温湿度环境、无线网络,还是专业文物柜架等均符合现代化库房的文物保护标准。完备完善的基础设施和专业的保存环境是开放式展示库房的重要技术保障。开放式展示库房的区域选定为安全性高、展示性强、信息量大的砖瓦类文物库房,这一库房能够将大量画像砖、铭文砖等文物直观展示,满足库房开放的需求。

2.2 藏品排架与保护工作

2.2.1 藏品科学排架原则

文物藏品科学排架不仅是藏品长期安全存放的有效保证,也是园博馆开放式文物库房内藏品预防性保护规范管理的基础。它既关系到藏品是否能够严谨、方便、有序地管理和利用,充分发挥藏品在研究、展览等工作中的积极作用,同时也直接影响到库房工作的效率和服务质量。如何将馆藏合理、整齐地排列在库房内的固定位置上,形成"藏品定位"也是文物库房开放管理的前提。藏品排架的顺序采用藏品分类号从小到大依次排序，遵从"上小下大、上轻下重、前低后高、高卧矮立"的排架原则，藏品之间的距离以保管员手掌大小作为距离分隔，对于尺寸较大或重量较沉无法顺号排列的藏品，应另放置于库房内特定位置，并标注存放方位做统一管理。

2.2.2 藏品排架的保护工作

（1）藏品囊匣的应用。

囊匣的应用为藏品排架与库房开放的藏品工作提供了便利性与安全性，囊匣内囊定制的尺寸可比囊匣内所装藏品尺寸稍大，如遇不规则形状，还需详细测量藏品腹径、双耳间距等数据。具有防尘、防虫、防潮、防污、防震等保护功能的藏品囊匣不仅利于库内保管，还为开放式文物库房的藏品利用创造了便利条件（见图2）。

（2）重、大型藏品做好基础性保护工作。

较重、较大件的藏品文物拍子做底，用紧绳器固定，藏于文物架的下格位置，通过软性材料隔离文物及固定材料，做好防尘、防潮、防虫、防震、易搬运等基础性保护措施（如图3）。

2.2.3 藏品信息化与二维码标签的应用

（1）信息化"智慧藏品库区"概念。

"智慧藏品库区"是中国园林博物馆在实体库房基础结合数字博物馆的概念基础

图2 藏品囊匣的应用

图3 藏品基础性保护措施

之上，利用"人为中心"的信息传递模式，通过"物、人、数据"三者之间的双向多元信息交互通道，使藏品与藏品、藏品与库房、藏品/库房与提用等元素之间的联系达到智慧化融合，实现基于PC端与移动端双平台的记录藏品管理工作流程，并且能延展到开放式文物库房工作的"园博馆藏品库区管理系统"（见图4）。

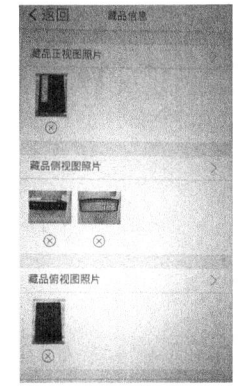

图4 "园博馆藏品库区管理系统"移动终端

（2）基于"园博馆藏品库区管理系统"的二维码标签应用。

二维码标签属于实物标签的一种，通过印刷或者条码打印的方式将二维码固定印制在标签纸上。以中国园林博物馆为例，基于"园博馆藏品库区管理系统"构成的二维码标签可以存储图像、声音、文字等多样化信息，保密防伪性强。同时，二维码标签作为唯一身份标识，通过手机或平板电脑等移动终端设备中的客户端软件，现场扫描二维码获取身份标识，传回服务器端，调取身份标识相关属性信息、管理信息等并返回到客户端软件，供开放式文物库房管理者在不触及文物的前提下进行管理性操作（见图5）。

图5 藏品标签绑定

2.3 开放式文物库房活动管理的必备条件

2.3.1 藏品观摩审批与进库程序的管理保障

为了使观众能进入库房内直观感受珍贵文物与库房陈列，了解到文物的幕后故事，保证开放式展示库房活动的安全，对进库人员的严格把控和观摩审批程序是开放式文物库房活动管理的必备条件之一。园博馆制定提前预约进库参观制度，利用北京市社会大课堂博物馆教育资源单位中小学课堂的优势，将藏品库房的展示和利用面向北京市丰台区小学生这一特定人群，选取安全性高、展示性强、教育意义丰富的藏品库房开放，在专业安全保障和技术保障的基础上，将藏品知识课堂、观摩互动、课下答题和科普互动相结合。在库房开放的前10个工作日，园博馆确定观众人数与观众来源，进行"外单位人员进库"的审批程序。

2.3.2 排查内、外盗隐患的安全保障

排查内、外盗隐患的安全保障同样是园博馆开放式文物库房活动管理的必备条件之一。园博馆文物库房实行保管员双岗制规范出入库管理，库房门沿用较为复杂的锁具。所有人员从库房入口进入库区需要通过多道门的防护，并且在门开启的每个环节均设有24小时监控摄像头、红外双监探测器、库区管理系统等防止外盗与内盗的环节点。在开放式文物库房实践期间，安全保卫部等部门必须做到最高风险等级和防护等级，加强库房巡逻和值守，做好检查与登记等工作。开放式文物库房活动人群进入库区就等于进入了库区监控体系，所有人员必须遵守园博馆安全保障规章制度，防止任何有损文物的事情发生。

2.3.3 特定人群的人员保障

园博馆文物库房从幕后走到大众视野中，将选择特定人群作为一项重要的人员保障。在如今的大数据时代下，园博馆通过数据资源库对曾经参加园博馆科普活动、有意向了解中国园林发展史、对博物馆文物库房感兴趣等人员数据进行分析，将开放式展示库房实践的人群选定为北京市社会大课堂博物馆教育资源单位中小学课堂的师生们。中小学课堂的师生们以学校为单位参加开放式展示库房活动，互动人群比较稳定，文物风险可控。

图 6 开放式文物库房利用展示

2.4 园博馆开放式文物库房的工作亮点

2.4.1 文化传播方式"活起来"

园博馆打破了传统的仅限展厅展示的模式,建立了基于藏品观摩与藏品展示的新的传播方式,利用北京市社会大课堂博物馆教育资源单位中小学课堂的优势,将藏品库房的展示和利用向北京市丰台区小学生开放,选取安全性高、展示性强、教育意义丰富的藏品库房开放,在专业安全保障和技术保障的基础上,进行藏品知识课堂、观摩互动、课下答题以及科普互动,反响良好。开放式藏品库房的文化传播方式不同于普通的藏品展示,神秘感强,吸引力强,直观性强,是藏品"活起来"的另一种展示方式(图 6)。

2.4.2 保管员专业技能"活起来"

在将保管员最熟悉的家——藏品库房向社会教育大课堂开放的过程中,保管员的专业技能可以得到充分发挥。藏品保管员最了解和熟知藏品,是最好的藏品讲解员,也是最好的藏品科普老师。在开放式展示库房活动中,无论是课堂教育环节还是观摩过程及藏品体验等内容的设定都可以充分发挥保管员的主观能动性,集保管员的专业技能与热情于一体,集专业讲解与科普活动于一体,集专业性与趣味性于一体,真正将文物"活起来"的理念发挥到极致(图 7)。

图 7 拓展文物保护专业技能

2.4.3 藏品管理模式"活起来"

在园博馆开放式展示库房内,文保柜架与文物藏品均标配有藏品信息的二维码。藏品保管员可通过 PC 端或移动端的二维码扫描功能即刻查找、快速定位,二维码标签的信息量远远大于传统藏品卡片,藏品管理与统计效率大幅提升,展藏文物安全系数得到加强。园博馆文物管理在制度健全、账目清楚、鉴定确切、编目详明、保管妥善、查验方便的基础上延伸出的大数据信息时代产物——二维码,既能满足专业保管员在工作中的实际应用,又能满足开放式展示库房活动中人们对藏品知识的需求,形成了园博馆创新发展的藏品管理模式和适度开放的藏品展示与利用的新模式(图 8)。

2015 年 3 月 20 日开始施行的《博物馆条例》中的第二条规定:"本条例所称博物馆,是指以教育、研究和欣赏为目的,收藏、保护并向公众展示人类活动和自然环境的见证物,经登记管理机关依法登记的非营利组织。"《博物馆条例》明确将博物馆的教育功能列在第一位。园博馆在短短几年的开放运行中,社会职能重心逐渐由传统收藏研究深入面向公共文化服务,将博物馆"心脏"位置合理对外开放是园博馆对文物库房继收藏功能以外的藏品展示功能、科普教育功能、文化传播理念的探索与实

图 8 藏品管理模式"活起来"

践,是在国家改革开放以来大力加强文物利用和展示的大好形势下,对文物库房资源创新利用的一项开创性工作,同时在实践过程中也带动了园博馆更多的专业资源"活起来"。

参考文献

[1] 黄洋.从幕后到台前 让博物馆库房的文物"活"起来[N].中国文物报,2016,10(25):7

[2] 丁步平.略论库房藏品排架的合理性对文物保护和研究的作用及其应用[J].上海文博论丛,2014(01):66

革命石刻文物传播推广策略研究

——以"北京地区革命石刻文物信息化采集及系列展教活动"志愿服务项目为例

闫 霞*

摘要： 革命石刻文物，是指1840年鸦片战争以后至1949年中华人民共和国成立的百余年间，历次革命斗争遗留下来的，与特定革命事件、革命运动和革命文物有关的，具有重要纪念意义、教育意义和史料价值的石刻实物。北京地区革命石刻文物分布于全市16个区，涵盖了新旧民主主义革命的各个历史时期，全面反映了北京革命文物资源的珍贵与厚重。革命石刻作为近代石刻，不少石刻地处荒郊野外没有得到妥善保护，在传播方面也面临着系统谋划不足、创新性不强、融合领域不多等诸多问题。研究好、保护好、传承好、利用好革命文物，挖掘革命文物蕴含的炽烈的爱国主义和革命主义精神，讲述革命文物背后的历史故事和感人事迹，教育和引导广大群众特别是青少年增强民族自信心和自豪感，是包括文博工作者在内的全体中国人的历

---

* 闫霞，北京石刻艺术博物馆开放部，馆员。

史使命。北京石刻艺术博物馆在多年的实践工作中，摸索出了一套将本职工作、文博专业、知识基础紧密结合、充分结合的创新策略。通过对京华大地上众多革命纪念碑、烈士墓碑的搜集、整理和展示，精心选取典型文物，整合创新传播资源，进行直观化、形象化、感人化展示，做到"有址可寻、有物可看、有事可做、有史可讲"，增强了革命文物的感染力、说服力和影响力，收到了较好的展示效果和教育目的。

关键词：革命石刻文物；传播现状；创新策略

北京是一座历史悠久、文脉丰盛的文化古都，也是一座具有光荣革命传统的革命城市。北京地区革命石刻文物是中国革命的重要历史见证和物质载体，是弘扬革命传统和革命文化、激发爱国热情、振奋民族精神的生动教材。随着社会经济快速发展，这些革命石刻文物面临着保护工作没有得到足够重视、拓展利用不够、管理能力建设有待加强等问题和困难。面对新形势、新问题，必须增强紧迫感和使命感，采取切实有效措施。有选择、有目的地展出一些革命石刻文物，把一些有代表性和教育意义的革命人物、历史事件，有意识地向观众进行讲解和宣传。结合当下社会发展的形势任务，辅以一定的宣传展览手段，使之呈现于广大观众的面前，把北京红色遗存利用好，把红色传统弘扬好，把红色文化传承好。

1. 北京地区革命石刻文物概述

树碑立传是中华民族褒扬和纪念先贤的传统，北京地区革命石刻文物不仅形式多样，而且内涵丰富，艺术价值极高，在中国文化史上具有不可替代的重要地位。

北京地区革命石刻文物种类齐全，在京华大地上，有200余处战斗遗址、烈士墓及纪念塔、碑亭、纪念碑、石幢、碑屏、墓碑、墓志、摩崖石刻等革命文物，见证了革命先烈为民族独立、人民解放做出的巨大牺牲和立下的不朽功勋。八宝山革命公墓还有众多形制不一的现代碑刻，其内涵也非常丰富。近代人偏好隶书，张海若书写的孙岳墓碑，冯玉祥书写的辛亥滦州起义纪念园摩崖、门额等，均为隶书。宛平县人民抗日战争为国牺牲烈士纪念碑和李大钊墓碑均为利用古碑重刻，出现了一些复古倾向。

1912年以前，北京作为帝都，其墓碑形制规矩，遵守礼制，形式有螭首龟趺、螭首方座、主首方座、圆首方座等。1912年以后，体现专制和等级的碑制已不复存在，墓碑的形式开始多样化，有塔幢式的，如三一八烈士公墓；也有组合式的，如辛亥滦州起义纪念园；还有立碑、幢、卧碑、塔等。

20世纪初处于新旧社会交替之际，中西文化不断碰撞交流。作为文化载体之一的石刻，在形式和内容上脱离了封建帝制的阴影，摆脱了等级制度的束缚，自由创作之风日盛。方尖碑最早出现于埃及古王国第四王朝，新王国时广为流行，多成对立于神庙庭院中或王宫大门两侧，碑上刻有象形文字和图画。西方现存的方尖碑大多立在教堂、广场之前，作为一种纪念性建筑，它要求能够唤起或保持人们的思念、回顾、敬仰和膜拜之情。方尖碑这种折中与融通产物的出现，正是这一时期东西方文化交流与影响的集中体现。方尖碑外形呈尖顶，方形柱，由下而上逐渐缩小，顶端形似金字塔尖。20世纪初，西方文化以前所未有的强度和力度进入中国，方尖碑这一形制也在这一时期为国人所接受，并在碑的建造方面大量借鉴和使用。目前北京地区革命石刻文物中比较知名的方尖碑有孙中山先生奉安纪念碑、刘和珍君碑、高君宇碑、石评梅碑等。

中国共产党北京历史在中共党史上的重要地位，造就了北京红色遗存在全国红色遗存中的独特地位。北京地区革命石刻文物完整地涵盖了新民主主义革命的各个历史时期，即党的创建时期、大革命时期、土地革命战争时期、抗日战争时期和解放战争时期的北京革命历史各个时期。卢沟桥抗战成为中国全民族抗战的开端，由此开辟了世界反法西斯战争的东方主战场，清华大学施滉烈士纪念壁碑、北京大学烈士纪念碑、北京师范大学五四纪念碑等红色遗存，见证了轰轰烈烈的五四运动。在全民族抗战烽火中，北平地区涌现出八路军第10团团长白乙化、冀东军分区副司令员兼第13团团长包森、房山十渡老帽山六壮士、英雄母亲邓玉芬等众多英雄人物、英雄群体。1760名房山儿女参加八路军，480人牺牲；3000多名密云儿女参加八路军；延庆抗日烈士达508人。中共中央香山红色遗址群、中南海、天安门、天安门广场、四九一电台旧址等北京红色遗存，记录了中国共产党领导全国人民解放全中国、筹建新中国、成立新中国的光辉历史。北京地区革命石刻文物突出反映了中国共产党北京历史在中共党史上的重要地位，历史记录信息丰富，为研究北京革命史提供了大量的第一手素材。

2. 北京地区革命石刻文物传播推广中亟待解决的问题

当前，北京地区革命石刻文物工作虽然不断开创新局面，却仍存在着保护薄弱、挖掘不足、利用浅显等情况。就目前石刻学的整体研究状况而言，学界普遍比较重视对早期石刻的著录、整理和研究，但对近现代文物的认知重视不够，经费投入、人员配备、研究动力都还存在一些问题，对革命石刻文物的搜集、整理、收藏和研究有待加强。如何使北京地区革命石刻文物保护工作常态化、挖掘工作制度化、传播推广创新化，任重而道远。

2.1 北京地区革命石刻文物还需要进一步核定和细化

根据 2018 年北京红色遗存最新普查成果，北京市共有红色遗存 227 处，其他相关遗存 34 处，纪念展示教育基地 9 处，合计 270 处。北京地区革命石刻文物分布范围广，据不完全统计，北京 16 区革命石刻文物约三四百处，大部分为田野文物，主要形式为纪念塔、纪念碑、石幢、碑屏、墓碑、墓志、摩崖石刻等。2021 年 3 月 27 日，北京市文物局公布了《北京市第一批革命文物名录》，其中包括不可移动革命文物 158 处（其中包含革命石刻文物 64 处）、可移动革命文物 2111 件/套。其中，八宝山革命公墓、辛亥滦州起义纪念园、李大钊烈士陵园、万安公墓、北安河烈士纪念堂、窑上英烈园、良乡烈士陵园、交道后街烈士陵园、昌平烈士陵园、桃林烈士陵园、上店烈士陵园、顺义烈士陵园、大汤山烈士陵园、桃山刘玉林烈士陵园、岔道烈士陵园等处大多保存有革命石刻文物，第二批革命文物名录核定工作还需要进一步细化。

随着保护理念的不断拓展和深化，文物保护管理的精细化程度和质量要求也越来越高，要积极组织开展文物保护制度的相关学习，进行文物保护单位、革命石刻、革命石刻文物的认定、分类等方面的探讨和研究。1961 年颁布实施的《文物保护管理暂行条例》第二条明确规定，与重大历史事件、革命运动和重要人物有关的、具有纪念意义和史料价值的建筑物、遗址、纪念物等；具有历史、艺术、科学价值的古文化遗址、古墓葬、古建筑、石窟寺、石刻等属于文物。革命文物是指 1840 年鸦片战争以后至1949年中华人民共和国成立的百余年间，历次革命斗争遗留下来的，与特定革命事件、革命运动和革命文物有关的，具有重要纪念意义、教育意义和史料价值的文献和实物。石质文物是指各级文博单位收藏或保存的，在人类历史发展过程中遗留下来的具有历史、艺术、科学价值的，以天然石材为原材料加工制作的遗物。主要包括石刻文字、石雕（刻）艺术品与石器时代的石制用具三大类别，以及各类文博单位收藏的建筑石构件、摩崖题刻等。文物保护单位是指具有历史、艺术、科学价值的古文化遗址、古墓葬、古建筑、石窟寺和石刻等不可移动文物的统称，并对文物保护单位本体及周围一定范围实施重点保护的区域。文物保护单位分为三级，即全国重点文物保护单位、省级文物保护单位和市县级文物保护保护单位。1961年3月4日国务院公布的第一批全国重点文物保护单位依据这个分类标准，将文物保护单位分为"革命遗址及革命纪念建筑物""石窟寺""古建筑及历史纪念建筑物""石刻及其他""古遗址""古墓葬"等六大类。代表近现代中国人民反帝反封建的革命文物受到了充分重视，如三元里平英团遗址、江孜宗山抗英遗址、武昌起义军政府旧址、井冈山革命遗址、延安革命遗址等，这类文物在首批全国重点文物保护单位中占比近20%，共计33处。由于革命文物时间并不久远，因此对于革命文物的认定并没有受到传统文物认定上的年代限制，如年代最近的人民英雄纪念碑是1958年建成的，距离1961年正式被公布为全国重点文物保护单位相隔仅3年而已。2002年修订的《中华人民共和国文物保护法》在不可移动文物的分类上，用"近现代重要史迹和代表性建筑"代替了此前的"革命遗址"和"纪念建筑物"。关于革命文物是否一定要具备现存的文物"本体"，意见并不统一，这也造成了不同批次文物保护单位的评审结果因为专家的评判标准不一致而有很大的差别，导致一些基层文物管理的工作者产生了一些困惑和疑问。

2.2 北京地区革命石刻文物保护和传播推广中面临的挑战和问题

北京地区革命石刻文物除少数收藏于北京石刻艺术博物馆、各区文物保护单位外，大多处于室外露天、半露天状态，日晒雨淋，酷暑严寒，受自然因素(温度、湿度、酸雨、生物等)和社会因素的影响，表层物理、化学、生物风化明显，不少石刻有贯穿性裂隙。加之文物保护部门经费、机构、人员、设施等严重不足，各区文物保护力量不足，文物在荒郊野外缺乏专人管理。大部分革命石刻文物保存面临着种种困境，难以得到有效保护，现状堪忧。要保护革命石刻文物，就要先进行考古调查，进行科学保护。通过环境的研究和整治，进行历史价值、艺术价值的评估，遵循"最小干预"的原则，从石刻的保护范围、保护措施、保护展示等多方面综合考虑。

目前北京地区在革命石刻文物的传承和传播过程中存在着一些问题。比如，在思想认识上存在静止、僵化、泛化、简单化地看待革命石刻文物的问题，把革命石刻文物的地位看低了、作用看小了、影响辐射看浅了，对北京地区革命石刻文物的思想政治教育功能重视不够；在传播方式方法上，欠缺对大众传播规律特别是"90后""00后"年轻人心理特点的了解和把握，往往重视政治性、理论性的"布道式"说教、单方面的"灌输"，单纯强调思想宣传，单纯强调严谨的叙事和逻辑，减弱了传播的感染力、影响力和生命力，甚至使受众产生逆反和抵触心理，实际效果与预期设想差距较大。此外，由于存世时间较短，还有文物背后故事挖掘不够等问题，北京地区革命石刻文物的外在显现形态上也存在着特色性缺失，差异性不明显，雷同度高，模式化、程式化、脸谱化色彩浓厚等问题。以上这些问题既有主观上思想认识不高、不深、不远、不到位的问题，也有革命石刻文物在物理形态和艺术表现形式方面的问题。

3. 优秀传播个案分析——"北京地区革命石刻文物信息化采集及展教活动"志愿服务项目

做好革命文物宣传推广工作是贯彻落实习近平总书记"要让文物留得住，就要让文物活起来"重要讲话精神的实际举措和现实要求，特别是在融合发展背景下，要顺应革命文物保护和活化利用的融合发展趋势，以革命文物的活化利用为目标指向，建立革命文物保护和活化利用体系。目前，此方面还面临整体性不足、创新性不强、融合领域不多、体系不健全的问题。必须通过深化研究、加强阐发、展示升级、传播创新、领域扩展等方式丰富革命文物保护与活化利用融合发展路径。

图 1 北京石刻艺术博物馆志愿者熊炜在展区进行数字化采集教学培训

3.1 积极开展北京地区革命石刻文物的数字化采集

革命石刻文物的价值主要体现在纪事铭史的历史作用，它们记录了近代北京历史的变迁，勾勒出百年近代史发展之脉络。任亮墓碑记载了1860年英法联军火烧圆明园时，任亮奋起抵抗、英勇牺牲的经过；辛亥滦州起义纪念园是1936年冯玉祥为纪念滦州起义殉难烈士而建，是辛亥革命的历史见证；长城抗战古北口战役阵亡将士公墓碑是为纪念抵抗日本侵略的古北口战役阵亡将士，铭刻了长城抗战的历史。

北京石刻艺术博物馆志愿服务团队突出自身特点，抓住革命石刻文物这一重要资源，在两年时间内走访北京的16个区，系统搜集、梳理、展示京华大地上众多的纪念碑、烈士墓碑和摩崖石刻等革命石刻文物，进行摄影、摄像、拓片、测绘、线描，留存珍贵资料和档案。采集的方式和手段更加全面，从传统的文字、照片采集内容，增加了摄像、拓片、测绘、三维激光扫描等方式，使得收集的第一手资料更加全面系统完整。

3.2 系列展教活动增强传播推广效果

北京石刻艺术博物馆志愿服务团队将"入耳入脑入心"设定为系列展教活动教育

的目标，把如何讲述好历史，如何改进和增强传播效果，以达到预期的教育目标，作为最核心的任务。

3.2.1 小拓片，大历史，讲好碑文背后的故事

1927年4月28日，革命先驱李大钊壮烈牺牲后，自1933年至1983年的50年间，中共党组织和人民群众团体以秘密的或公开的方式，先后为李大钊修建了六座墓碑，撰写了六篇内容长短不同的铭文。李大钊灵柩多年寄厝北京宣武门外妙光阁浙寺。6年后，始得安葬于北京香山万安公墓。1933年4月23日公葬李大钊灵榇时，与棺木一起埋入地下的墓碑，即是中共地下党组织秘密为李大钊镌刻的墓碑。为防止敌人破坏，石碑当时就被埋在棺柩的西边。墓碑高183厘米、宽46厘米、厚16厘米，碑首刻有一颗红五角星，五角星中央刻有黑色的镰刀斧头。碑的正面是"中华革命领袖李大钊同志之墓"13个大字。1983年4月3日出土于李大钊烈士及夫人赵纫兰的原墓地，挪动时墓碑从中间断裂了。

2019年9月25日至12月31日，北京石刻艺术博物馆举办"丰碑不朽——庆祝中华人民共和国成立七十周年北京地区红色石刻展"，以时间为叙事纵轴，汇集历史照片、文献资料、珍贵石刻拓本等，系统呈现北京地区的红色石刻资源。2021年6月，西城区图书馆和北京石刻艺术博物馆联合主办的"初心如磐·砥砺未来——庆祝中国共产党成立100周年北京地区革命石刻展"，采用石刻拓片与历史图片相结合的方式，以镌刻烈士英名和事迹的碑铭、刻石为载体，集中展出了新民主主义革命时期（1919—1949年）北京地区的众多革命石刻文物。这两次展览都重点展出了李大钊同志墓碑的拓片，并且多次向媒体和观众讲述拓片背后诸多感人至深的往事，表达对革命先驱李大钊的深切景仰、爱戴与怀念之情。

3.2.2 小人物，大情怀，讲好名碑背后英雄的故事

人民英雄纪念碑是为纪念1840年至1949年间为国牺牲的人民英雄而建立的巨大石碑，耸立在北京天安门广场的中央。下层大须弥座束腰部四面镶嵌8块巨大的汉白玉浮雕，分别以虎门销烟、金田起义、武昌起义、五四运动、五卅运动、南昌起义、抗日游击战争、胜利渡长江为主题。在胜利渡长江的浮雕两侧，另有两幅以支援前线、欢迎解放军为题的装饰性浮雕，生动地表现出我国近百年来人民革命的伟大史实。

图 2 北京石刻艺术博物馆志愿者陈光铭讲述人民英雄纪念碑背后的故事

北京石刻艺术博物馆志愿者陈光铭先生是三代碑刻世家，京城多处都有陈光铭的祖父陈云亭的手迹。1949 年 9 月 29 日，陈光铭父亲陈志敬带领全家人镌刻了人民英雄纪念碑奠基碑。碑文由毛泽东同志起草，名士叶恭绰书写。"父亲看到的版本和现在人民英雄纪念碑上的略有不同，多了'为国牺牲的'五个字，毛主席在奠基仪式上念的就是这个版本，现在广场上纪念碑的碑文是后来修改过的。"在北京石刻艺术博物馆的公益讲座及爱国主义教育活动中，陈光铭多次通过手工碑刻技艺讲述这段名碑背后鲜为人知的故事，受到大家的热烈欢迎。

北京石刻艺术博物馆经过持续不断的总结梳理和大力宣传，进一步完善、丰富和发展革命文物的传播方式，对收集的资料全面进行展示利用，如红色故事撰写、音频制作、拓片教学、专题讲座、党建进校园、进社区等形式，讲述石刻文物背后的党史故事，让文物活起来，向社会特别是青少年弘扬传播了革命文化，取得了良好的社会反响，在革命文物保护利用工作中具有较强的建设性和示范作用。

百年历史激荡，文物见证荣光。首都北京是全国的政治中心、文化中心、国际交往中心和科技创新中心，在博物馆建设上具有很强的区位优势和资源优势。北京地区革命石刻文物凝结着中国共产党的光荣历史，展现了近代以来中国人民英勇奋斗的壮丽篇章，是革命文化的物质载体。研究好、保护好、传承好、利用好革命石刻文物，对于挖掘革命文物蕴含的炽烈的爱国主义和革命主义精神，讲述革命文物背后的历史故事和感人事迹，把更多文物的历史和人文价值精神展现给当代观众，分析和思考其中亟待解决的一些问题，希望能有所裨益。

参考文献

[1] 陈颖丽，王昆．革命文物的多重现实意义[N]．中国社会科学报，2021-6-10(007)．

[2] 丁燕，于冰．文物保护单位名录汇总情况分析与规范化探讨[J]．中国文化遗产，2021(03)．

主题四

社会应急（疫情）状态下的博物馆服务

疫情期间社交隔离下博物馆虚拟社交的发展[①]

罗诗赟　郑　霞[*]

摘要： 自2019年12月新冠肺炎疫情暴发以来，社交隔离措施（social distancing measures）有效地控制了疫情，也极大地影响了人们的社交活动。长期居家隔离可能会影响身心健康，具体体现在会带来孤独感、焦虑、抑郁等，还可能会影响记忆力。在疫情大背景下，全球关停了90%左右的博物馆。与此同时，博物馆的线上交流活动增加了至少15%，尤其是增加了社交媒体活动。贯穿其中的博物馆虚拟社交呈现出基于云导览、社交平台、视频会议软件等的多种社交类别。这些形式多样的博物馆虚拟社交活动，通过增强观众参与感、加强社会互动、发挥艺术的疗愈作用等方式，帮助观众应对疫情期间长期社交隔离状态所带来的负面影响。

关键词： 新冠肺炎疫情；社交隔离；数字博物馆；虚拟社交

---

① 本文为国家重点研发计划课题"智慧博物馆建设标准体系构建与应用示范"（项目编号：2019YFC1521105）的阶段性研究成果。

* 罗诗赟，浙江大学文化遗产与博物馆学研究所，研究生。
　郑霞，浙江大学文化遗产与博物馆学研究所，副教授。

1. 疫情期间的社交隔离

1.1 疫情期间的社交隔离措施

自新冠肺炎疫情在全球蔓延以来，各国采取了不同程度的公共卫生干预措施，其中既有彻底的封锁政策、旅行限制，又有关闭公共场所、号召居家隔离等①。这些限制措施旨在通过控制人员流动来防止交叉感染、遏制病毒扩散。这些非药物的干预措施在中国、韩国、意大利、伊朗、美国和法国等六个国家避免了约 5.3 亿人感染新冠肺炎。

随着中国疫情有所好转，自 2020 年 2 月以来，国内严格的干预措施逐渐放松。然而在全球范围内，疫情仍将长期存在。哈佛大学研究团队预测未来新冠肺炎可能成为一种季节性威胁，人们可能需要在全球范围内实施间歇性的"保持社交距离"政策直至 2022 年。

1.2 疫情期间社交隔离措施的负面影响

社交隔离措施有效地控制了疫情，也极大地削减了人们的社交活动。研究人员在跟踪调查了武汉、深圳、上海、长沙四个城市的接触者后发现，在实行社交隔离措施期间，人们的社交联络减少到了原来的八分之一到七分之一，且绝大多数互动仅限于家庭内部。

社交隔离限制了现实当中的社交活动，有些人转向在线社交网络寻求安慰。但研究表明，使用社交媒体可能反过来制造了距离感和焦虑感。每时每刻都在更新的新闻和不实的流言会给人带来不必要的压力。例如在英国，虽然人们的焦虑水平和抑郁水平在 2020 年 3 月"封城"措施开始时达到顶峰，其后逐渐降低，但平均水平仍然比平时高②。

---

① 应对疫情，各国的干预措施不尽相同。以中国为例，从 2020 年 1 月 23 日到 4 月 8 日，武汉市"封城"76 天；以澳大利亚为例，从 2020 年 3 月 30 日起，澳大利亚限制公共场所聚会在 2 人以内，并关闭户外公共区域，70 岁以上的公民被敦促居家自我隔离。

② 日常报告中的英国人平均焦虑水平是 2.7—3.2，平均抑郁水平是 2.7—3.7。

主题四：社会应急（疫情）状态下的博物馆服务

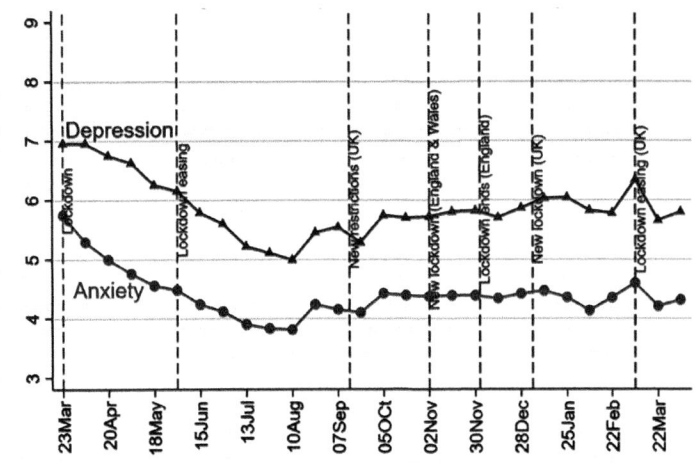

图1　疫情期间英国人的焦虑水平和抑郁水平变化图
（2020年3月23日至2021年4月23日）

社交隔离还可能会影响记忆力。居家隔离的日子单调重复，用来记住新信息的海马体被较少地使用。由于缺乏有助于记忆的线索，使得记忆变得更加困难。专家们建议，居家隔离期间可以通过有意识地回忆和记录、经常性的走动、多尝试新鲜事来增强记忆力。

1.3 人类社会中日常的"社会隔离"状态

早在新冠肺炎疫情出现之前，"社会隔离"就已经是重要的公共健康问题。疫情期间的社交隔离状态可以被认为是人类社会中日常"社会隔离"状态的扩大化。在非常态时期，社交隔离措施扩展到了社会中的每个人。除了老年人、残障人群外，更多的年轻人正面临着社交隔离政策下长期社交隔离状态所带来的风险。

"社会隔离（social isolation）"状态是指远离社会，缺乏与他人互动、缺少与外界联系的状态。社会关系网络的缩小或者缺失，进而会引发心理上和生理上的消极结果。WHO（世界卫生组织）在2002年提出，"社会隔离"是反映公共健康的一个重要指标。根据欧盟2006年的统计，超过7%的欧洲居民正处于极端的社会隔绝状态中，每年与亲友会面不足一次。近年来，中国的人口研究学者重点关注的是老年人等易感人群的"社会隔离"问题。

"社会隔离"影响身心健康。科学研究表明，"社会隔离"与认知功能下降、孤独等负面情绪、抑郁等精神问题、高风险的健康状况都具有相关性。对"社会隔离"进行预防和干预是国内外研究者的普遍共识。鼓励参与社会活动、促进社会联系、获得社会支持，是解决"社会隔离"问题的重要思路。

由于艺术具有认知复杂性和创造性，参与文化活动被认为是一种积极参与社会的有益方式，可以防止认知能力下降，从而应对"社会隔离"带来的风险。

2. 疫情期间博物馆发起的虚拟社交

2.1 疫情期间博物馆的数字化转型

联合国教科文组织（UNESCO）在2020年发布的报告中指出，疫情期间全球约有90%的博物馆（超过8.5万家机构）受封锁政策影响而关闭。与此同时，许多博物馆加强了数字化活动。国际博物馆协会（ICOM）在2020年发布的报告中指出，疫情期间博物馆的线上交流活动增加了至少15%，且近一半的博物馆增加了社交媒体活动。

联合国教科文组织将博物馆在疫情期间发展的线上交流活动分成五类：①使用以前的数字化资源；②将原定于在疫情期间举办的活动进行数字化；③增加社交媒体上的活动；④为疫情期间设计专门性活动；⑤在疫情背景下组织专业的科学活动。

在中国，根据疫情防控工作需要，绝大多数博物馆同样不得不暂时关闭。面对闭馆政策，国内博物馆迅速做出反应，向公众提供丰富的数字化资源。在线上展览方面，为便于公众查询浏览，国家文物局组织对各地制作的网上博物馆展览进行了汇总，整理出六批共251个网上展览资源。在社交媒体活动方面，各地博物馆也积极与社交媒体平台合作，通过VR、AR、直播和360度全景等技术手段实现"云观展"和"云听讲"，将虚拟游览在社交媒体上推广。

据不完全统计，闭馆防疫期间，全国各地博物馆共推出2000余项在线展览，访问量突破50亿次，极大丰富了公众的文化生活。博物馆"云展览"依托数字网络和融媒技术，多维度展示传播绚丽多姿的文化遗产。

2.2 疫情期间博物馆发起的虚拟社交类型

"虚拟社交"是指将人类社会关系延续到虚拟网络空间后的交往行为。

世界各地的博物馆在疫情期间发展的大部分数字化活动，尤其是社交媒体平台上的传播活动，都包含了线上虚拟社交的内容。观众在观看直播、参与云游览的同时，可以和其他观众建立互动。全世界博物馆丰富多样的虚拟社交活动，集中表现出以下几种类型：

（1）基于云导览的博物馆虚拟社交。

一般的云观展以观众自主查看图文资源、音视频内容为主要形式，属于观众与物的直接对话。直播、播客等形式的兴起和成熟，让博物馆在线上参观中引入云导览服务成为可能。相比于观众在网站上自行浏览，云导览为观众与导览者和其他线上观众的交流提供可能。

如中国国家博物馆官方微博发起的"国博邀您云看展"活动，聚合了中国国家博物馆60余个精品展览专题网页、40余个虚拟展厅、50多部展览相关短视频的优质内容，以"每日一展"的形式和观众在线上守望相助，成就了疫情以来漫长的云端陪伴，话题阅读量在微博迅速突破1亿。

2020年4月24日，"永远的东方红"云展览在中国国家博物馆云展厅启幕并进行了5G导览直播。导览直播在快手、微博直播、腾讯新闻直播、人民视频、央视频、微信公众平台等多平台同期上线。网友们在弹幕区、评论区、留言区积极参与互动，对直播导览给予鼓励和支持（如图2(a)(b)）。

（2）基于社交平台的博物馆虚拟社交。

大多数的博物馆在疫情之前已经开始使用社交媒体。疫情的暴发更是刺激了博物馆在社交媒体上的活动的发展。国际博物馆协会（ICOM）2020年发布的报告显示，近一半的博物馆在疫情暴发后增加或开始了在社交媒体上的活动。在微博、facebook、twitter等社交平台上，由博物馆发起的活动亮点频出。

如意大利锡耶纳地区的博物馆发起的"almuseocomeacasa（在博物馆就像在家一样）"项目，观众只需要在instagram或facebook平台上，以照片或视频的形式发表一件家中的"博物馆藏品"。它或许是一件保存了很久的物品，或许是一件对个人有特殊价值的东西。观众可以用几句话来讲述背后的故事和情感动机。除了设置标签参与

(a) (b) (c)

图 2 疫情期间全球各地博物馆发起的虚拟社交活动界面

活动外,最重要的是标记朋友,邀请他们也参与到这一挑战中来。

(3)基于视频会议软件的博物馆虚拟社交。

随着 Zoom、腾讯会议等视频会议软件的普及,博物馆能够跨越地理隔绝,灵活地组织线上讲座、交流讨论等在线教育活动。

如新加坡国家美术馆的慢艺术(Slow Art)项目,每周在 Zoom 平台上召开视频会议(见图 2(c)),参与者们围绕着博物馆的艺术品开展各种观察练习,Zoom 平台则为线上小组讨论提供了便利。这是一个高度互动的视频会话活动,参与者们被鼓励打开视频和音频,以便与指导者和其他参与者进行互动,享受一种独特的博物馆体验。

3. 博物馆虚拟社交在应对"社交隔离"时的作用

3.1 博物馆虚拟社交可以增强观众参与感

虚拟社交本身具有突破时空限制、互动性强、参与性强等优势。博物馆在疫情期间发起的虚拟社交,吸引了众多观众的参与。这种参与体现在观众突破了原先"沉默的观者"的角色,可以在线上自由选择观赏展品和藏品,实现虚拟参观。观众和博物馆在拥有发声渠道和受众上的权利是平等的,观众的声音可以对其他人甚至对博物馆产生影响。

国内疫情防控工作从应急状态转化常态化后,国家文物局计划继续加大"云展览"推进力度,搭建"二度创作"的云上平台,广泛动员全社会参与,将新技术、融媒体与博物馆知识生产充分结合。博物馆重视观众的创作、分享和交流,这与美国博物馆学家妮娜·西蒙(Nina Simon)在《参与式博物馆:迈入博物馆 2.0 时代》一书中将"参与式博物馆"界定为"一个观众能够围绕其内容进行创作、分享并与他人交流的场所"是相符的。

观众通过博物馆发起的虚拟社交来增强社会参与,这样的生活方式丰富了居家隔离期间观众对日常生活和自身的认知与感受。

3.2 博物馆虚拟社交能够加强社会互动

博物馆虚拟社交既能建立起观众之间的社会联系,又能加强观众与艺术家之间的社会互动,还包括了观众与藏品之间的体验互动。多向的互动营造了一种强黏性的虚拟社交场景。

观众之间的社会联系体现在两点:观众可以随时对内容点赞评论,观众之间也可以进行讨论和交流。数字化活动中交互式的信息传播还能让博物馆馆方更加深入地了解观众的需求,第一时间解答观众的疑惑。观众与艺术家之间的社会互动体现在两方面,在视频频道中,策展人、艺术家和研究人员进行线上的导览或分享。在播客频道中,艺术家接受采访提问,一起讨论展览。有些线上展览还包括研究人员的照片,帮助观众了解为展览作出贡献的研究团队。观众与藏品之间的体验互动体现在人们在虚拟社交中可以参与模仿名画、对艺术品进行二次创作等。在参与创作中实现与艺术作品的互动,并将艺术和日常生活融合起来,进一步体现了艺术源于生活的文化特质。

疫情期间,人与人之间的线下社会互动受到限制。建立起观众之间、观众与艺术家之间、观众与藏品之间的关系,促进以艺术为载体的社会互动,有助于缓解观众的社会孤独感。

3.3 博物馆虚拟社交可以发挥艺术的疗愈作用

艺术疗愈主要是以艺术品为介质进行心理辅导与治疗的方法。长期的新冠肺炎疫情给人带来了如焦虑失眠、抑郁燥闷等症状，也包括自闭症和精神疾患等。艺术疗愈作为非言语的表达沟通方式，被实践研究证明具有揭示潜意识的功能。当艺术疗愈和以言语为媒介实施的现代心理治疗相结合，在应对社交隔离时就可能会发挥出独特的作用。

博物馆虚拟社交是围绕艺术开展的社会交往行为。疫情下的人们参与艺术事件，获得移情共鸣，将潜意识与艺术相关联，用艺术表现使其升华、释放。观众欣赏多元化的艺术形式和文化内涵，获得艺术疗愈带来的临时性精神愉悦与满足。

截至2021年11月1日，全球累计新冠死亡病例超过500万例，全球性大流行病尚未结束，全球各地间歇性实施的不同程度的社交隔离措施将继续影响人们的生活。同时身处"互联网＋"时代，"云展览"作为博物馆服务的新形态也将继续发展。博物馆发起的虚拟社交如何能够更好地帮助人们应对社交隔离状态？在新冠肺炎疫情常态化防控的大背景下，借助新技术、融媒体，艺术除了带给人们心灵慰藉和关怀，还可以发挥怎样的作用？在全球多样化的文化背景中，博物馆虚拟社交是否总是能够发挥预期的积极作用？这些问题都值得我们继续去思索、去了解。

参考文献

[1] 程新峰，刘一笑，葛廷帅.社会隔离、孤独感对老年精神健康的影响及作用机制研究[J].人口与发展，2020，26(01)：76-84+96.

[2] 冯淑梅.云游VS在场：后疫情时代 看线上直播如何为遗产旅游助力[N].中国文物报，2020-08-14(005).

[3] 盖娅丽丽（叶丽）.疫情下浅析当代艺术的艺术治愈性[J].大众文艺，2021(02)：83-84.

[4] 高申杨.疫情下艺术的视觉文化传播：游戏、治愈与记忆[J].东南传播，2021(01)：27-31.

[5] 国家文物局.【网上展览】国家文物局推送第六批全国博物馆网上展览资源[EB/OL].（2020-03-03）[2021-11-04].http://www.ncha.gov.cn/art/2020/3/3/art_722_159004.html.

[6] 妮娜·西蒙（Nina Simon）著；喻翔译.参与式博物馆 迈入博物馆2.0时代[M].浙江大学出版社,2018.

[7] 聂槃.艺术的疗愈性——专访孟沛欣[J].美术观察,2020(08):8-10.

[8] 王昊翔,曾珊,刘挥扬.虚拟社交网络中节点重要度分析[J].上海交通大学学报,2013,47(07):1055-1059.

[9] 文博圈.刘玉珠:"云展览"开启博物馆服务新形态[EB/OL].（2020-05-28）[2021-11-04].https://mp.weixin.qq.com/s/TGFsHU8XDWvAFQ9_OpeERg.

[10] 张鲁.社交媒体时代的中国博物馆传播模式研究[D].浙江大学,2016.

[11] 张硕,陈功.中国城市老年人社会隔离现状与影响因素研究[J].人口学刊,2015,37(04):66-76.

[12] 张文娟,刘瑞平.中国城市老年人的社会隔离现状及影响因素分析——基于迁移和非迁移老年人群的比较[J].调研世界,2018(06):8-17.

[13] 章昀.疫情影响下博物馆社会责任的体现——以网站和社交媒体应用为例[J].博物馆管理,2020,No.5(04):54-62.

[14] 中国国家博物馆.5G云游国博,拥抱星辰大海"永远的东方红"云展览在中国国家博物馆启幕[EB/OL].（2020-04-25）[2021-11-04].http://www.chnmuseum.cn/zx/gbxw/202004/t20200425_218790.shtml.

[15] 中国国家博物馆.刘玉珠:"国博邀您云看展"微博话题阅读量破亿[EB/OL].（2020-03-10）[2021-11-04].http://www.chnmuseum.cn/zx/gbxw/202003/t20200311_205590.shtml.

[16] Catherine Offord.How Social Isolation Affects the Brain[EB/OL].（2020-07-13)[2021-11-04].https://www.the-scientist.com/features/how-social-isolation-affects-the-brain-67701.

[17] Claudia Hammond.Lockdown has affected your memory – here's why[EB/OL].（2020-11-17）[2021-11-04].https://www.bbc.com/future/article/20201113-

covid-19-affecting-memory.

[18] Coronavirus – COVID-19; Findings from Harvard University T.H. Chan School of Public Health Provides New Data on COVID-19 (Projecting the transmission dynamics of SARS-CoV-2 through the postpandemic period)[J]. Medical Letter on the CDC & FDA,2020.

[19] Hsiang, S., Allen, D., Annan-Phan, S.et al.The effect of large-scale anti-contagion policies on the COVID-19 pandemic[J]. Nature: International weekly journal of science,2020,584(7820).

[20] ICOM.《博物馆、博物馆专业人员和新冠肺炎》(Museum, Museum Professionals and COVID-19) [EB/OL]. (2020-05-26)[2021-11-04].https://icom.museum/wp-content/uploads/2020/05/Report-Museums-and-COVID-19.pdf.

[21] Museisenesi.Al museo come a casa: la sfida social da vivere insieme 意大利#almuseocomeacasa（在博物馆就像在家一样）项目[EB/OL].（2020-03-17）[2021-11-04].https://www.museisenesi.org/notizia/2020/al-museo-come-a-casa-la-sfida-social/.

[22] National Gallery Singapore.Slow Art Online 新加坡国家美术馆的慢艺术项目 [EB/OL].（2020-04-26）[2021-11-04].https://www.facebook.com/events/2756312094657225/?event_time_id=2756312097990558.

[23] No Isolation.What is the prevalence of social isolation in Europe?[EB/OL].（2021-03-29）[2021-11-04].https://www.noisolation.com/research/what-is-the-prevalence-of-social-isolation-in-europe.

[24] Report of the World Health Organization. Active ageing: a policy framework.[J]. The aging male : the official journal of the International Society for the Study of the Aging Male,2002,5（1）.

[25] The impact of relaxing interventions on human contact patterns and SARS-CoV-2 transmission in China.[J]. medRxiv : the preprint server for health sciences,2020.

[26] UNESCO.《面对新冠肺炎的全球博物馆》(Museums Around the World, in the

Face of COVID-19）[EB/OL].（2020-05-27）[2021-11-04].https://unesdoc.unesco.org/ark:/48223/pf0000373530.

[27] United Nations Educational, Scientific and Cultural Organisations（UNESCO）.Museums around the world in the face of COVID-19[C]. France: UNESCO.2020:4-7.

新冠肺炎疫情下北京地区博物馆数字文化服务现状分析

张子迎 耿燕秋 徐悦洋*

摘要：博物馆数字化已历经了二十多年的发展，2020 年的新冠肺炎疫情为博物馆数字化的建设带来了更多的关注和发展契机。本文以北京地区的 197 家博物馆的数字化建设为例，从博物馆官方网站建设情况、微信公众号移动端建设情况、博物馆数字展示资源总体建设情况以及疫情期间云端文化服务情况等方面进行深入调研分析，并总结北京地区博物馆数字化建设的优势与不足，为数字博物馆下一步的建设提供新的思路和方法。

关键词：新冠肺炎疫情；北京地区；博物馆数字化；现状调研

1994 年，伦敦自然博物馆的网上博物馆上线运营，标志了博物馆数字化工作的开始。进入 21 世纪，博物馆数字化理念在国内落地生根，标志性的事件是故宫博物院开展数字化藏品登记，紧随其后，河南博物馆建设了国内首个博物院网站。自此，博

---

* 张子迎，北京联合大学应用文理学院双中心，讲师。
耿燕秋，北京联合大学应用文理学院历史文博系。
徐悦洋，北京联合大学应用文理学院历史文博系。

物馆开始了数字化进程,并逐渐成为行业共识,越来越多的博物馆关注藏品数字采集与展示。随着新媒体信息技术的飞速发展,我国博物馆数字化建设范围越来越广泛,从藏品高清数字信息采集,到藏品信息管理系统建设;从博物馆官网升级改造,到移动终端应用程序研发;从数字化陈设展览展示,到沉浸式互动体验服务建设。博物馆数字化建设涵盖了藏品保存保护、管理服务、线上线下展示传播等方面。

2016年11月,国家文物局、国家发改委、科技部、工信部和财政部等五部委共同启动《"互联网+中华文明"三年行动计划》,旨在将互联网的创新成果与中华传统文化的传承、创新和发展深度融合,推进文物信息资源开放共享,丰富文化供给。2017年,国家文物局发布的《国家文物事业发展"十三五"规划》,指出要多措并举让文物"活"起来,加强文物科技创新,推动文物信息资源开放共享。近年来,随着新媒体技术、信息化技术手段的不断升级优化,博物馆线上、线下交互、宣传的方式也不断创新,带给观众的传播内容和服务体验得到了进一步的优化。

2019年年底,新冠肺炎疫情突然暴发。2020年1月27日,国家文物局召开会议,部署文物系统疫情防控工作,并针对目前博物馆闭馆防疫的状态,鼓励全国各地博物馆机构因地制宜开展线上展览展示工作。这把包括云端服务在内的数字博物馆线上展示推到前台,并催生出一股"云游博物馆"的热潮,也打开了各地博物馆与公众互动的一扇新窗口。这是数字博物馆发展新的契机,让数字博物馆进入大众的视野。

疫情期间,北京市文物局汇总了100余家博物馆、纪念馆、美术馆推出的系列线上展览展示内容,旨在通过多种线上新媒体手段,实现文博爱好者足不出户在线观展的目的,这开启了博物馆云端展示的新路径。这其中最有影响力的是北京鲁迅博物馆主办的网上直播。从2020年3月18日开始,由鲁迅研究专家带着观众以直播的方式云游览位于北京西三条21号的鲁迅故居。这次直播仅三天就吸引了近百万人次的观看量。

然而,高密度的关注度对国内博物馆的数字化建设来说是一把双刃剑。疫情期间公众的热情与浏览量凸显了博物馆数字展示特别是云端交互展示的重要宣传价值,这也加速了博物馆传播新样态的出现和转型升级。另一方面,也暴露出了近二十多年的博物馆数字化建设过程中存在的一系列问题,如博物馆数字化建设水平的不均衡、数字化建设产品与公众关注点的不对等以及多年建设的大量资金与人力的投入与产出的数字化产品质量的差距等。这些问题不仅长期存在，而且限制了博物馆数字化的进一步建设。

对北京地区而言，截至2021年统计有197家注册备案的博物馆。通过这些博物馆的数字资源建设实际情况及疫情期间的云端展示实际效果，能够全面了解博物馆数字化建设的问题。本文就以北京地区197家博物馆为例，通过深入调研博物馆线上展示的数字资源和疫情期间的云端服务，从供给侧角度分析，为数字博物馆建设提供新的思路和方法。

1. 北京地区博物馆数字化建设线上调研与结果

1.1 调查对象

疫情期间，"足不出户云上参观"变成博物馆领域的新词汇。这不仅考验了博物馆的数字化发展现状，也给博物馆数字化进一步的发展提供了新的契机。在此基础上，通过对北京的197家博物馆的数字资源建设情况及疫情期间云端展示效果进行调研，深入了解北京地区博物馆数字化建设的最新进展。

调研的北京地区的197家博物馆类型丰富多样、资源特色鲜明，既包含藏品丰富的大型博物馆，也包含独具特色的中小型博物馆；既包含纵横广泛的综合类博物馆，也包含内容专精的专题类博物馆。统计出综合类博物馆27家，历史类博物馆56家，艺术类博物馆32家，自然科学类博物馆19家，其他博物馆63家。这些博物馆中包括一级博物馆16家，二级博物馆8家，三级博物馆9家。

1.2 调查内容

针对北京地区的博物馆的数字资源建设以及疫情期间的文化服务情况，采用的调查方法主要是以线上数据、资料调查为主，以线下实地调研为辅。

调查内容主要包括三个方面：其一，博物馆基本信息，包括名称、性质、类别、级别、景点星级等方面；其二，博物馆网站数字文化服务方面的信息，包括是否有博物馆官方网站、网站地址有效性、网站展示框架与主要内容、公众号及移动终端应用建设情况、数字资源量等；其三，疫情期间博物馆网站的云端服务情况，包括疫情期间官方网站、微博、微信、移动终端应用等主流展示渠道的更新频率，以及时下流行的各种直播视频软件服务情况等方面。

1.3 调查结果
1.3.1 总体调查结果
（1）博物馆官方网站建设情况。

统计的北京地区197家博物馆中，建设有官方网站的博物馆有107家，无官方网站的博物馆有87家，另外还有3家博物馆有官方网站，但是无法打开。

建设有官方网站的107家博物馆，网站设计风格与博物馆主题较为一致，博物馆网站的展示框架主要都包括导览、展览、馆藏、学术研究、资讯、新闻等内容，少数博物馆网站的展示框架中还包括具有主题特色的栏目。

（2）微信公众号移动端建设情况。

统计的北京地区197家博物馆中，开通了微信公众号的博物馆有85家。微信公众号内容以展览、新闻资讯、学术研究为主要内容。

在调研中发现大部分博物馆虽然开通了官网和微信公众号，但大多数并没有进行日常维护和管理。总体来说，微信公众号的更新频率普遍比官网高一些，但是公众号的内容没有官网多。除此之外，官网和公众号的关联情况也不好，官网很少有微信公众号的链接，公众号也没有官网的网址。

（3）博物馆数字展示资源建设情况。

结合线上线下的协同调研，对197家博物馆数字展示资源建设情况进行了深入分析。北京地区博物馆在官方网站中有丰富图片、视频资源的有39家，有虚拟展厅的有17家，有详细导览信息的有16家。

数字资源丰富的博物馆在内容展示、展示形式、技术应用上更加灵活，博物馆官方网站与公众号的浏览量也相对较高，社会影响力也更大。

（4）疫情期间云端文化服务情况。

根据调研结果显示，有官方网站的107家博物馆在疫情期间较为活跃的有54家，主要采用的配合云服务的手段是直播或视频介绍的形式，获得了较好的观众认可度。不太活跃的有53家，疫情期间只有闭馆通知、新闻资讯等内容，且更新较慢，甚至不再更新。

1.3.2 博物馆数字化建设典型案例

（1）中国美术馆。

中国美术馆建有官网、公众号，属于行业性质的艺术类博物馆，无级别无星级。官网的建设相对完善，首页设计简洁清晰且富有艺术气息，依次罗列出了近期展览、新闻/公告、开放时间等内容，基本信息完整全面。导航栏设有"首页、新闻资讯、展示鉴赏、传播教育、交流服务、支持我们"几大板块，能够引导浏览者快速定位并找到所需要的信息资讯。中国美术馆的虚拟展览是设置在公众号上的，在公众号导航栏"展览"里嵌有"虚拟展览"的链接。针对不同时间段不同主题的展览设有不同的超链接提示，参观者可以根据自己的喜好以及需要浏览不同的虚拟展览。

中国美术馆在数字资源建设方面与其他博物馆相比较而言发展得相对比较健全完善，虚拟展览馆的展览主题多元、展览画质清晰、讲解全面。而美中不足之处在于，它未将疫情期间的相关展览做成虚拟展览的形式呈现给观众。中国美术馆在疫情期间活动较为活跃，举办了"向捐赠者致敬——中国美术馆藏捐赠作品展"，线上线下看展；开展了"大师讲大美""中国美术馆之夜"系列、中国美术馆"云课堂"活动，从公众号浏览量来看，大众参与度非常可观。

（2）中国人民抗日战争纪念馆。

中国人民抗日战争纪念馆建有官网、公众号，属于文物性质的历史类博物馆，是国家一级博物馆，也是4A级景点。中国人民抗日战争纪念馆的官网隶属于中国抗战胜利网，首页设计简洁明了，配图与网站基本色调切合主题，分为重要公告、时事要闻、各地动态、政策文件几大板块，内容翔实。它的官网更像是一个资源丰富的数据库、资料库、史料库，导航栏设有"首页、权威声音、资讯发布、抗战历史、抗战视频、抗战图片、抗战英烈、东方主战场、抗战展览、抗战文物、学术研究、专题关注、教育活动、志愿加盟、二战纪念馆"，导航栏的每个大标题下面又细致划分了相关主题内容，方便浏览者快速按需索引。

官网上设有VR展厅，包含"伟大胜利 历史贡献""《民族先锋 中流砥柱》中国共产党抗战英烈事迹展""德国死难集中营——奥斯威辛集中营展""伟大贡献——中国与世界反法西斯战争"等主题的线上VR展览。VR展厅画质清晰，内容讲解翔实而生动，能够带给参观者更加沉浸的体验感。疫情期间的线上配合程度也非常高，参与了"博物馆与你在一起"专题直播活动。在公众号"中国人民抗日战争纪念馆"上开展了"抗战云课堂"系列课程内容,同时资讯更新的频率也较高,可供浏览者第一时间掌握信息。

2. 分析与讨论

通过以上调研可以发现,北京地区博物馆数字化建设情况总体较好,特别是中大型博物馆在数字资源建设、文化服务建设方面都有引领带头作用,具有以下几方面的优势:① 数字资源建设及管理相对比较完善,官方网站上的藏品检索功能方便搜索馆藏文物信息;② 数字展示内容丰富,从展品、展厅、展馆到大场景,从文字、图片、视频到三维模型,对内容有全面的展示;③ 数字展示途径多样,有全景漫游浏览虚拟展厅,有视频动画展示文物背景与内涵,同时也有线下交互设备可以让观众深入参与;④ 疫情期间,多个博物馆积极参与,联合推出内容丰富的云展览、云讲座,丰富了疫情期间居家的生活。

虽然有超过一半的博物馆开通了官方网站、公众号等信息传播平台,但疫情背景下能够利用云端平台文化服务宣传的博物馆相对来说集中在几十个中大型博物馆。归根到底,博物馆数字资源的建设水平决定了云端文化服务的深度和广度。同时,北京地区博物馆还存在中大型博物馆资源丰富、小型博物馆资源匮乏的数字资源建设水平不均衡现象。大部分博物馆投入一定资金建设数字化项目,但最终因为不了解公众的关注点而收效甚微,存在数字设备闲置、数字资源重复浪费的问题。

北京地区博物馆数量众多,类型丰富,数字化建设开始较早。通过对北京地区注册备案的197家博物馆的官方网站建设情况、微信公众号移动端建设情况、博物馆数字展示资源总体建设情况以及疫情期间云端文化服务情况等方面开展的深入的调研分析,总体来看,北京地区博物馆数字化建设情况较好,但也明显存在一些问题。本文总结了北京地区博物馆数字化建设的优势与不足,以为数字博物馆下一步的建设提供新的思路和方法。

参考文献

[1] 余晓洁,马丽.博物馆云端智慧传播初探——以中国国家博物馆实践为例[J].博物院,2021(02):39-46.

[2] 刘京晶,陆家玲."危中觅机":新冠肺炎疫情下公共博物馆数字文化服务应对和优化[J].人文天下,2020(07):35-40.

[3] 侯鸿忠.疫情防控新常态下的博物馆建设思考[J].客家文博,2021(01):11-15.

[4] 范婷婷.后疫情时代,博物馆新媒体对外宣传思路分析[J].航海,2021(02):12-14.

[5] 毛同辉."云游博物馆"开阔公众文化眼界[N].衡阳日报,2020-05-26(002).

[6] 杨瑾.后疫情时代中国博物馆应进一步加强全球意识[N].中国文物报,2020-07-21(006).

[7] 赵晓晓.北京|北京地区100余家博物馆推出线上展览[J].中国会展,2020(03):16.

[8] 高爽."云"博物馆看得更多,也可以走得更远[N].辽宁日报,2020-03-31(011).

疫情之下博物馆运营开放模式的探索
——以北京文博交流馆为例

杨 薇[*]

摘要： 自2020年春节"新冠肺炎"疫情暴发以来，北京文博交流馆作为一座古建类中小型博物馆，积极探索在社会应急情况下博物馆的运营开放模式。在疫情初始阶段，博物馆处于临时闭馆状态，我馆采取了闭馆不闭展、博物馆线上"开放"的方式，利用本馆的自媒体积极引导观众上网了解智化寺的历史和文化；在博物馆初步恢复开放的阶段，我馆采取线上展示和线下参观相结合的方式，在做好入馆观众接待服务工作的同时，仍利用线上资源发布博物馆相关信息；在2021年疫情防控进入常态化阶段，我馆开始有计划地策划文化活动，特别是在传统节假日、智化寺春天赏花季开设了夜场延时开放，带给观众不一样的参观体验。同时，充分发挥古建类博物馆室外空间充足的优势，策划相关文化活动。通过这些措施，期待让更多的观众走进博物馆，了解中华民族优秀传统文化，让博物馆文化资源得以更好地传播和

---

[*] 杨薇，北京文博交流馆业务部 文博专业副研究馆员。

利用。

关键词：疫情；博物馆；运营开放模式；探索；北京文博交流馆

北京文博交流馆成立于1992年，是一座以促进文博发展、开展民间收藏展示、举办文化活动和促进各博物馆间文博信息交流为宗旨的综合性博物馆。其馆址为智化寺，该寺建成于明正统九年（公元1444年），目前中轴线上的主体建筑保存基本完整，共四进殿宇，建筑结构仍保持着明代风格，是北京市内保存较完整的明代木结构建筑群，1961年智化寺被国务院列为第一批全国重点文物保护单位。在寺中传承了570多年的京音乐曲调庄重典雅，曲谱珍贵神秘，曲牌古老丰富，传承严谨有序，被誉为"中国古乐活化石"，2006年智化寺京音乐被列入国家级非物质文化遗产名录。北京文博交流馆（以下简称"文博馆"）融合了古建和古乐两大文化资源，具有深厚的历史文化底蕴。2021年"5·18国际博物馆日"的主题为"博物馆的未来：恢复与重塑（The Future of Museums: Recover and Reimagine）"，旨在探索在社会应急（疫情）状态下博物馆的发展状态。本文简要梳理了在疫情期间，根据北京疫情防控的具体情况，文博馆在运营开放模式上所进行的一系列尝试，并进行经验总结，以期探索出一条在社会应急（疫情）状态下更好地宣传博物馆历史文化、满足观众的精神文化需求的道路。

1. 闭馆不闭展，博物馆线上"开放"

2020年春节，"新冠肺炎"疫情突如其来，为避免人员聚集导致的传染风险，确保观众身体健康和生命安全，文博馆自2020年1月至4月暂停了对外开放。在实地参观受限的情况下，线上体验就成了当务之急。疫情的暴发也是对中小型博物馆的一次"大考"，除了少数职工需要在单位值守外，大部分职工居家办公，但博物馆的闭馆不能造成博物馆文化传播工作的停摆，这就要求博物馆必须另辟蹊径，在短时间内尽其所能为公众提供文化知识，开展社会教育，并引导观众欣赏馆内展览和文物藏品。在策划线上活动之初，直接暴露了中小型博物馆数字化设施设备落后、人员能力不足、信息化经验缺乏等弱点。尽管阻力重重，我馆业务人员抱着边做边学的态度，大量浏览全国知名博物馆网页，重点搜索了与我馆规模相当的博物馆的线上活动，找到适合本馆的活动形式和展示内容，挖掘我馆文化资源，利用已有的数字技术推出网上展示，利用网络资源进行博物馆文化传播，逐步推出了多项线上文化体验活动。经过一段时间的探索，文博馆得到了更多的关注，粉丝量有所提升，博物馆线上活动也成为宣传博物馆文化、了解历史知识、弘扬抗疫精神、传达社会正能量的阵地，在那段特殊的日子里，帮助大家树立信心，共克时艰。经过此次实践，我馆业务人员也得到了锻炼，馆内数字资源得到开发和推广，自媒体运用水平有所提升。

1.1 大力推广文博馆APP，引导观众自助观展

在疫情暴发之初，我馆就迅速行动，在2020年2月初通过微信向广大观众推出了"闭馆不闭展 | 北京文博交流馆APP继续带您'看古建，听古乐'"，详细介绍了文博馆APP的使用方法，为热爱智化寺和智化寺京音乐的观众朋友提供线上参观服务，苹果用户和安卓用户的观众均可以通过手机下载APP，在家就能畅游智化寺，实现足不出户也能逛博物馆。文博馆APP为我馆2018年改陈工程中的一项重要数字化成果，该APP由"精选""看展""导览""文创"以及"我的"这五个模块组成，其中前三个模块作为我馆的宣传重点。"精选"模块由展讯预告、看—明代建筑、听—古代音乐三部分构成，对智化寺明代建筑及智化寺京音乐进行总体介绍，让观众对即将开启的博物馆之旅有一个初步了解。"看展"模块展示了我馆"明式钟鼓　寓意深远——智化寺钟鼓展""智化寺故事——智化寺历史沿革展""奇工巧匠　艺术瑰宝——藏殿文化艺术展""古乐传奇　余音绕梁——智化寺京音乐文化展""明承宋制　宝殿楼阁——如来殿原状陈列展""古建解码　营造之美——智化寺明代建筑展"六项固定陈列和一个深受观众喜爱的"馆藏精品　弥足珍贵——北京文博交流馆精品文物展"临时展览，我馆将展览中的文字说明及高清图片按照章节编排在APP中，观众可以选择感兴趣的内容进行阅读浏览，进入每个展览后，不仅能看到关于该展览完整的图文内容介绍，点击页面底部"全景观展"的按钮，还可以身临其境地巡游展览全景，犹如置身在博物馆实地游览。在"智化寺京音乐文化展"里，观众不仅可以了解京音乐的历史文化，点击音乐欣赏，还可以听到智化寺京音乐第二十七代传人演奏的《喜秋风》《清江引》《小华严》等京音乐的经典曲目。"导览"模块是文博馆APP中的亮点，我们分别拍摄了智化寺白天和夜景照明的全景照片，可以360度地巡游智化寺，并设

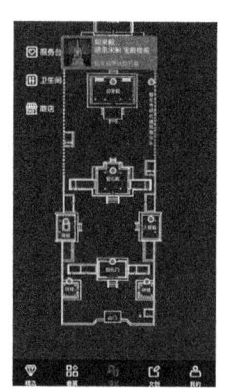

图 1 北京文博交流馆手机 APP

立有一些热点，可以通过手机的重力感应来调节观看的角度，放大观看到更多的古建筑细节。可以说，这款手机 APP 图文并茂，配合以音频视频，讲解细致，内容丰富，可观性强，让观众可以领略智化寺的古建之美和京音乐的清音雅韵，很好地展示了智化寺古建筑和智化寺京音乐两大文化资源，成为引导观众自助观展的新途径（图 1）。

1.2 充分利用微信平台，解读智化寺历史文化

自媒体的运用在博物馆宣传上发挥着越来越重要的作用，我馆在疫情闭馆期间，充分利用本馆微信平台，把握时间节点，适时推出了系列活动。例如，在 2020 年三四月智化寺春花烂漫的日子里，我馆推出了"一场与智化寺梨花的邂逅""你好，四月·智化寺丁香"和"暮春时节，海棠花开'醉'古建"三期以"云赏花"为主题的微信公众号文章（图 2），由馆内值守人员介绍花讯并拍摄照片，以满足观众"一睹芳容"的需求，"云赏花"的方式得到了观众的认可，也获得了较多的点击量。同时，通过展示万紫千红的春天，让大家相信"没有哪一个冬天不可逾越，没有哪一个春天不曾到来"，我馆用智化寺的满园春色为抗击疫情加油鼓劲。再如，在疫情防控期间，我馆陆续推出了四期"智化寺京音乐线上展演"系列视频（图 3），在每一期的展演中，首先由智化寺京音乐传承人介绍智化寺京音乐的历史沿革、演出所使用的各种乐器、传统的工尺谱记谱方法，再演奏京音乐的经典曲目，通过视频展演满足广大观众欣赏智化寺京音乐的需求。在微信宣传的同时，联合智化寺官方网站、官方微博形成互动，取得了较好的效果。

主题四：社会应急（疫情）状态下的博物馆服务

图2　"云赏花"微信公众号文章　　　图3　"智化寺京音乐线上展演"视频

1.3　尝试参与直播活动，带领观众参观博物馆

博物馆也要跟上时代发展的潮流，要选择更为直观、互动性更强的方式，带领观众参观博物馆，品味博物馆文化。疫情发生以来，北京地区博物馆相继发布闭馆公告，停止举办各类文化活动，为了落实国家文物局关于充分利用传播技术、挖掘博物馆资源、为广大市民提供更便利、更优质的文化产品的要求，丰富疫情防控期间市民的精神文化生活，北京市文物局官方微博"北京文博"联合新浪微博"文博头条"和"一直播"平台，及时推出"博物馆与你在一起"直播专题，邀请闭馆期间值守在工作岗位上的博物馆工作人员通过微博和"一直播"平台开展直播活动，我馆也积极参与其中，进行了"博物馆与你在一起：走进北京智化寺"专题网络直播活动（图4）。由我馆领导直播讲解智化寺的"双遗产"，带领观众欣赏了智化寺古建筑的营造之美，领略了智化寺京音乐的清音雅韵。在45分钟的直播中，网友同时在线观看的人数最高达到2.7万人次，累计观看人数达到20万人次。鉴于第一次直播取得的良好效果，在2020年"5·18国际博物馆日"到来之际，我馆又连续推出了两次直播活动，一次为北京保利演出集团主办，依托新浪微博、哔哩哔哩、抖音平台开展的"云游智化寺"，该活动为"云游博物馆"系列中的一站，当日观看量为8万人次；一次为北京市文物

图4 "博物馆与你在一起：走进北京智化寺"直播　　图5　2020年"5·18国际博物馆日"直播海报

局宣传教育中心指导，依托酷狗直播开展的"最美城市名片——云观展，赏古乐"活动，当日观看量为10万人次（图5）。这两次直播都是通过知名主播导聆、我馆领导亲自讲解的方式，带领观众走进智化寺，领略古建文物之美，欣赏智化寺京音乐。在直播活动中，避免简单的"打卡"式游览，而是在我馆专业人员的带领下，对智化寺的文化资源做了更为深入的介绍，并有针对性地选取了其中一两件精美文物，讲述文物背后的故事，这种情景交融、引人入胜的讲述方式，得到了观众的认可，活动参与度很高。博物馆和网红主播合作，利用主播强大的粉丝群，提高收看率，对扩大博物馆的文化传播面起到了非常积极的作用。

2. 在博物馆初步恢复开放的阶段，采取线上展示和线下参观相结合的运营方式

2020年下半年，北京疫情有所好转，博物馆进入"重启"状态，各大博物馆逐步恢复了对外开放，但仍处于限制人数入馆参观的状态。在此阶段，我馆采取了网上预约系统，所有观众均需实名预约后方可入馆参观，观众预约需要与我馆微信公众号相关联，随着预约制度的逐步推广，我馆微信公众号的粉丝数量也在攀升，这就对我们每一次信息推送的质量提出了更高的要求。在恢复开放之初，我馆采取了线上展示和线下参观相结合的方式，由于各类讲座和社教活动均暂停，参观区域内互动触摸屏也

暂停使用，我馆积极引导到馆观众自主参观，以获得较好的参观体验；也让由于种种原因无法到文博馆实地参观的观众，仍然可以通过线上的方式自助观展，最大限度地处理好开放和防疫的矛盾，进行疫情之下博物馆运营开放模式的各种探索。

2.1 暂停人工讲解，推广语音导览和微信扫码观展

按照北京市疫情防控部署，在常态化疫情防控期间，为保障广大观众安全健康参观，我馆暂停了人工讲解服务，积极引导观众使用语音自助导览机或下载"北京文博交流馆"APP收听讲解，了解相关展览信息。2018年改陈之后，我馆在咨询服务中心提供了中、英、日、韩、德、法、西等七国语言的语音导览服务，观众可以通过手持语音导览，无线触发讲解，从院落的整体介绍到细部的重点解读，实现全面导航讲解（图6）。2020年6月，为提高博物馆服务水平，满足观众参观需求，符合疫情期间博物馆参观的要求，我馆语音导览微信版全新上线（图7）。观众可以使用自己的手机在"智化寺"微信公众号中收听讲解或扫描各展厅内的二维码现场听讲解，从而了解智化寺的历史和文化。

2.2 增加微信线上推广和宣传

在文博馆恢复开放之初，由于采取了严格的线上预约方式，能实地来到博物馆参观的观众数量仍然十分有限，为了让更多关心、支持文博馆的观众朋友了解博物馆的

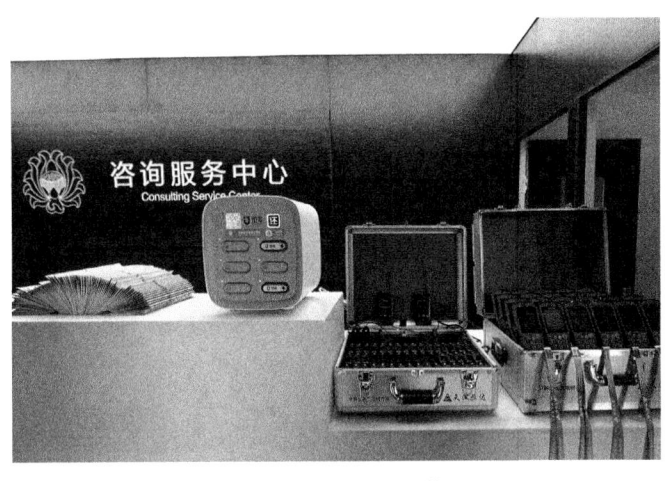

图6　语音自助导览机　　　　　图7　文博馆语音导览微信版

图8 "馆长说"栏目中介绍文博馆的文创品　　图9 京音乐传承人进行讲座直播

实时动态,我馆利用自媒体对馆内近况进行了宣传。比如,我馆利用微信平台介绍了2020年9月文博馆参加2020年中国国际服务贸易交易会的情况。在展会中,我馆近年来开发的京音乐工尺谱图案茶具、京音乐乐器书签、智化寺藻井雨伞、明代建筑彩画丝巾、珐琅画等20余种文创品组团亮相,用文创品诠释智化寺古建筑和智化寺京音乐的文化内涵,展示中华优秀传统文化魅力,吸引观众驻足观赏。服贸会期间,由北京市文物局和北京电视台《这里是北京》栏目共同策划了以"走进服贸会,把博物馆文化带回家"为主题的"馆长说"节目,由文博馆馆长向观众介绍了本馆的特色文创品(图8)。我馆还参加了文博单位平台授权战略协议签约仪式,联合市场力量对本馆文化资源进行开发,探索博物馆文化创意产品设计、研发、销售渠道,真正让文物"活"起来,让观众通过文创产品把博物馆文化带回家。这些内容都可以通过浏览文博馆的微信公众号获知。再如,智化寺京音乐第二十七代传承人利用直播平台,参加"心手相传"系列活动,进行了"文化馆里话非遗——智化寺京音乐"的专题讲座,向广大网友介绍智化寺京音乐的历史文化和珍贵价值,讲述传统的工尺谱记谱方式,演示京音乐曲谱、发声、乐调、乐器的演奏技巧,并演奏《喜秋风》《清江引》等经典曲目(图9)。此外,我馆社教人员利用"我听FM"APP平台,与博物馆附近的中小学校合作,开展了"我听·北京文化小使者"校外教育传统文化体验系列活动。孩子们充分利用网络工具与新媒体技术,通过网络自发搜集智化寺相关资料进行学习,利用"我听FM"APP平台,录制宣传音频,用童声去记录和传播博物馆的文化,也带动了家庭、班级参加活动的积极性。每个参与活动的孩子、家庭与班级,都能对智化寺历史文化有更为深刻的了解，同时增加了大家对文化遗产的保护意识和让文化遗产"活起来"的自觉性。

3. 疫情防控进入常态化阶段，文博馆积极策划文化活动

2021年，全国进入了疫情防控常态化阶段，我馆积极响应政府号召，逐渐扩大了对外开放的力度，结合传统节假日，推出了夜场延时开放，并策划相关文化活动，承办社区和街道文化活动，志愿者也逐渐恢复讲解服务，博物馆的活动日益丰富起来，我馆邀请了更多的观众走进博物馆，一同感受传统文化的魅力。

3.1 适时推出博物馆夜场延时开放活动

为了丰富市民的夜间文化生活，传播智化寺的历史文化，早在2018年，我馆完成了"基本陈列改造"和"电力增容及更换电缆"两项工程后，展览品质有所提升，参观环境明显改善，特别是增加了夜间照明，让古建筑亮起来。为了给观众带来全新的参观体验，我馆开始尝试策划夜场延时开放活动。2019年在举办"第九届智化寺音乐文化节"期间，我馆也进行过延时开放，邀请了大运河沿线的传统乐队为观众带来"运河遗响"音乐晚会，取得了较好的活动效果。2021年，我馆在总结以往延时开放活动的经验上，在做好疫情防控的同时，于春节、元宵节、清明节、"五一"等传统节日和小长假期间有计划地推出了夜场延时开放，配合相关活动策划，取得了很好的效果（图10）。文博馆延时开放活动共分为三个环节：第一，由志愿者带领观众参观智化寺，介绍智化寺历史沿革和古建筑的特点，让观众了解保存了570多年的明代智化寺古建筑群；第二，进行一场智化寺京音乐的演奏，由智化寺京音乐第二十七代传承人介绍京音乐的传承经过、演奏乐器，并吹奏经典曲目，让观众体验了夜间观看音乐展演的乐趣；第三，开启博物馆夜间照明，观众自由参观，欣赏智化寺的美丽夜景。我馆工作人员通过网络调查和随机采访的方式了解参与延时开放活动的观众满意度，"非常荣幸今天能有机会来智化寺参观，机缘巧合，际遇奇妙。""今天的活动太棒了，以后我会带着家人一起来参加。""在专家的解读下，我们对智化寺古建筑有了更为深刻的了解。""智化寺京音乐传承了500多年，今日有幸聆听，很棒！"每一次夜场活动，观

众预约都需要"秒杀",没有预约上的观众,会留言询问下一次夜场的活动时间,可见博物馆延时开放深受观众的喜爱。

图 10 文博馆延时开放活动

3.2 结合自身资源,积极策划博物馆活动

2021年文博馆开始恢复策划文化活动,邀请观众来到博物馆,体验传统文化的魅力。在牛年春节到来之际,为丰富广大观众节日文化生活,我馆策划了"博物馆里过大年活动",推出了赏古建、听音乐、看展览、写寄语、剪"春"字等活动,让大家在博物馆中体会到浓浓的年味儿。在春节期间,通过观看文博馆的固定陈列和临时展览,让大家了解智化寺的历史文化,志愿者的精彩讲解常常赢得观众的称赞。智化寺京音乐第二十七代传承人每日提供三场免费的展演,在每天上、下午日常展演的基础上,从除夕至初六,每晚延时开放期间,增加一场演出。演奏的曲目,除了京音乐的传统曲目外,除夕夜还增加了一曲《金蛇狂舞》,向广大观众朋友拜大年,烘托中国传统节日文化氛围。馆内还设置了手工互动区域,在志愿者的带领下,观众可体验亲手制作立体"春"字剪纸;在"新春寄语"活动区,观众可以自行拿取寄语卡片填写新春祝福,这些互动项目受到了国内外观众的喜爱。在元宵佳节,我馆与建国门街道、保利演出集团合作推出了"寻找上元佳节的最美提灯人"活动,智化寺院内张灯结彩、喜气洋洋。在华灯初

上之时，京音乐传承人演奏了《金五山》套曲，并加演了一首《十五的月亮》烘托节日氛围，北京汉服协会身穿汉服、手提花灯的"小哥哥""小姐姐"们也参与游园，通过他们的讲述，让观众朋友简要了解了汉服的传统纹样和吉祥寓意，激发了大家对传统服饰文化的兴趣。跟随古风小伙伴们一起徜徉在古建筑中，赏月观灯，仿佛大家都穿越回了明朝的上元灯会，别有一番趣味，相信每一位到场的观众都会留下难忘的节日记忆（图11）。每年春季，在智化寺繁花盛开的季节里，都会吸引大量的观众来此参观游览，拍照留念。2020年的春天由于全市博物馆都处于闭馆状态，我馆在微信平台上推出了"云赏花"，让大家线上观赏。2021年春天，博物馆正常对外开放，我馆积极策划了春天赏花系列活动，从3月中旬就开始在微信公众号上通过文字和照片预告我馆梨花、丁香、海棠和玉兰的花期，邀请期待了许久的观众朋友来博物馆赴一场春天的邀约。在春光烂漫的季节里，我馆特别推出了6期赏花夜场，让观众有机会在灯光的映射下夜赏古刹繁花（图12）。此外，在3—5月，我馆还推出了一组5枚的"春华"系列原子印章（图13），该印章的图案取自我馆春天盛放的玉兰、丁香、梨花和海棠四种春花，由工作人员手绘而成，再加上一枚"敕赐智化寺"。盖章活动也吸引了大量观众参与，大家将印章盖在我馆的宣传册页上，用来收藏，起到了很好的博物馆宣传作用。

3.3 承办社区和街道文化活动，丰富居民的文化生活

文博馆作为建国门街道的一座古建类博物馆，多年来致力于与社区保持良好的互动关系，利用本馆的资源和馆舍场地为社区搭建举办文化活动的平台。2021年春天，在疫情相对平稳时期，我馆与建国门街道合作，举办了"寻找上元佳节的最美提灯人"活动、"为爱发声——当好主人翁，建功新时代"人物分享会；与社区合作，举办了"笑醉海棠，拥抱春天——金宝街北社区第一届海棠诗会"；与东城区文化和旅游局合作，举办了庆祝中国共产党成立100周年"奋进新时代"胡同音乐会等。通过博物馆与街道社区的合作，积极探索更为宽广的合作发展道路。

3.4 继续进行网络直播，讲好文物故事

如今，"抖音""快手"成为深受青年人喜欢的生活新风尚，众多网络平台也为开展直播提供了便利。博物馆必须要跟上时代发展的步伐，通过新技术、新渠道，调动

图 11　2021 年元宵节活动

图 12　2021 年春季赏花活动

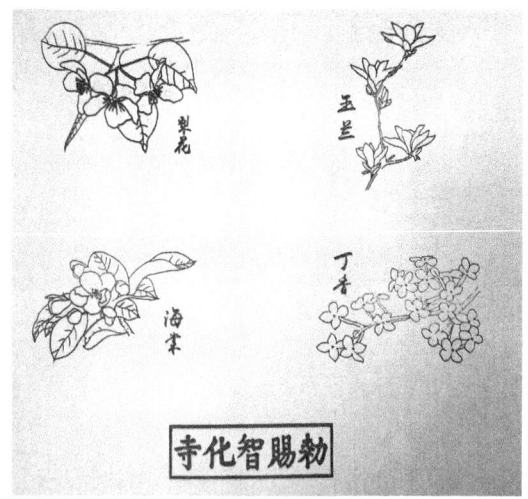

图 13　"春华"系列原子印章

年轻一代的积极性。文博馆京音乐传承人紧跟时代潮流，利用"快手"平台，每日对京音乐的展演进行直播，并与听众进行网络互动，回答大家提出的问题，对智化寺京音乐进行推广。除了运用自媒体进行直播外，2021 年 2 月，央视新闻新媒体平台在智化寺进行了"夜游中国：游北京智化寺，聆听 500 年前宫廷乐音"的直播活动，观众通过网络聆听古乐，饱览古迹。夜幕降临，灯光映照下的明代殿堂格外华丽壮观。我馆馆长和央视记者带领观众线上参观游览了智化寺古建筑，详细介绍了古建筑和文物丰富的文化内涵（图 14）。智化寺京音乐传承人身着明代宫廷乐师服装，展演了传统曲牌。此次直播活动形成很好的宣传效果，线上观众纷纷留言"余音绕梁""大美智化寺"，当日各平台总观看量 4 万余人次。3 月，在智化寺繁花盛开的季节里，马蜂窝网与我馆合作推出了"智化寺观赏中"的直播活动，通过主播和馆内工作人员互动的方式，边走边聊，向观众介绍智化寺的历史文化，直播中还邀请了京音乐传承人现场展示了工尺谱的抄写方法，为观众讲述这种传统的记谱方式，共有 1.7 万人观看了直播，并参与主播的互动。4 月，央视记者再次来到文博馆拍摄春景，直播"北京最美赏花地在哪里？第五站！来智化寺赏梨花"节目，由总台央视记者带领观众来到智化寺赏盛放的梨花，并邀请"华彩少年"一起打卡北京赏花地标，与京音乐传承人切磋传统器乐演奏技巧，当日新浪微博观看量 12 万人次，各平台总观看量 64.2 万人次，为文博馆历次直播观众人数之最。通过参与这些直播活动，让观看直播的观众感受到了智化寺这座明代古建筑和智化寺京音乐这项国家级非物质文化遗产的魅力。

图 14 央视新闻"夜游中国：游北京智化寺，聆听 500 年前宫廷乐音"直播活动

4. 疫情之下，博物馆开放的探索与经验

2020年，这场突如其来的疫情打乱了人们的生活节奏，也给博物馆的开放提出了新挑战。经过了一年多的调整与适应，如今文博馆已经探索出自己的运营开放模式，并总结了一些在社会应急（疫情）状态下博物馆服务的经验。

4.1 馆内职工协同配合，保证博物馆开放的正常运行

在博物馆闭馆之时，馆内值守职工和居家办公的职工相互配合，推出精彩的线上文化资源。在博物馆恢复开放之后，馆内职工、各展厅看护人员、保安队员协同配合，共同做好接待服务的各项保障，确保古建筑安全和观众有序参观。博物馆业务人员及时更新博物馆自媒体上的信息，介绍博物馆工作动态，引导观众参加馆内举办的各项文化活动。社教服务人员做好接地服务工作，及时接收观众的电话查询，解释馆内开放信息，对观众反映的问题做出及时处理。各展厅看护人员和智化寺京音乐队积极响应"留京过年"的号召，在馆内举办文化活动，传统节假日期间，大家加班加点，坚守岗位。安全保卫工作也是博物馆开放的重中之重，在疫情防控期间，安保工作更加繁重。我馆采取线上实名制分时段预约参观的方式，安保队员负责对入馆观众进行"扫码验证"工作，每位到馆观众均需现场扫描二维码，经安保队员完成个人信息核对、健康宝查验，并完成体温测量后方可入馆。观众入门的程序较之前更为烦琐，需要安保人员做好观众的疏导和解释工作，守护好博物馆入口第一道关，确保入馆人员身体健康。同时，做好入馆观众的安全检查工作，做到逢包必检，确保入馆观众不携带打火机和酒精喷雾等易燃易爆物品。在馆内观众密度较大时，我馆安保队伍根据具体情况控制入馆速度，做好观众引导、疏散等工作。在日间和夜场延时开放期间，安保队伍加强院内巡逻，提醒观众全程佩戴口罩文明参观，定期对开放区域、卫生间、语音导览机等区域和设施设备进行消毒工作。中控人员随时关注馆内观众量和馆外消防通道情况，在重要时间节点密切观察馆外有无燃放烟花爆竹的情况，确保博物馆安全。经过大家的团结协作，文博馆才得以正常开放运行。

4.2 利用古建类博物馆的室外空间积极策划文化活动

古建类博物馆的优势在于拥有可观的室外空间，可以充分利用这些室外空间开展文化活动。比如，智化寺京音乐在疫情发生之前是在智化殿内演奏，传承人在演奏之时无法佩戴口罩，这也增加了疫情防控的风险。因此，在恢复京音乐演奏之后，我馆将每天上、下午的京音乐展演移到室外院落，在智化殿或藏殿的门前为观众展演。在展演时，传承人与观众保持三米距离，在一定程度上保证了乐队人员和观众的身体健康，也让观众获得了更好的视听效果。配合疫情防控的室外演出，在2021年春天取得了意想不到的效果，在院内繁花盛开的季节，京音乐传承人在梨花树下着古代乐师服装演奏，伴随着花开花落，更增添了趣味，不论是演奏还是拍摄，都取得了更好的效果。此外，我馆在春节、元宵节等传统节日策划的一系列活动也都在室外开展，春节期间的"新春寄语"和剪"春"字活动，均在室外设置了专属区域，并准备了免洗消毒洗手液，方便观众参与活动。元宵节的赏花灯和猜灯谜活动、与街道社区共同推出的文化活动也全部在室外开展，充分利用了古建类博物馆的室外空间，提供给走进博物馆的观众更多的文化视听体验。

4.3 继续推进博物馆线上资源的开发

文博馆是古建类中小型博物馆，在疫情期间开发博物馆线上资源的经验十分宝贵。我馆业务人员会继续推进博物馆线上资源的开发，不断加大对智化寺历史文化研究的深度和广度，做好博物馆文化资源推介的资源储备，以便在古建修缮或因其他原因临时闭馆时，做到博物馆文化资源不中断，文化传播不中断，避免出现在2020年疫情暴发初期阶段，博物馆线上资源相对匮乏的状况。

从2020年年初至今，在疫情之下，全国博物馆都经历了一次考验，从最初的紧张忙乱，到之后的从容应对，博物馆充分利用线上资源，继续开展文化教育，让博物馆云展示成为一种新兴的观展方式，满足广大观众在疫情期间的观展需求。文博馆作为北京的一座古建类中小型博物馆，积极探索在社会应急情况下博物馆的运营开放模式。在疫情初始阶段，博物馆处于临时闭馆状态，我们采取了闭馆不闭展、博物馆线上"开放"的方式，利用本馆的自媒体积极引导观众上网了解智化寺的历史和文化；在博物馆初步恢复开放的阶段，我馆采取线上展示和线下参观相结合的方式，做好入馆观众的接待服务工作，同时也利用线上资源发布博物馆相关信息；在2021年疫情防控进入常态化阶段，我馆开始有计划地策划文化活动，特别是在传统节假日、智化寺春天赏花季开设了夜场延时开放，带给观众不一样的参观体验。同时，充分发挥古建类博物馆室外空间充足的优势，策划相关文化活动。由于2021年春季我馆自媒体的宣传，很多观众慕名而来，也得到了多家媒体的关注，智化寺的游记在小红书、马蜂窝、抖音、大众点评等平台上频繁出现。随着博物馆粉丝量的增加，使得文博馆这座处于胡同深处的古建类博物馆逐渐成为网红打卡地，越来越多的观众走进了文博馆，欣赏明代古建筑，聆听传统京音乐，博物馆已然成为大家学习历史知识、了解中华民族优秀传统文化的场所。经过这一年多的积极探索，我们锻炼了工作人员队伍，积累了处置突发情况的经验，激发了人员潜能，探索出了一条在社会应急状态下适合于本馆的发展道路。今后，我们会继续增强业务人员的专业化能力，不断提升为观众服务的水平，让博物馆文化资源得以更好地传播和利用。

参考文献

[1] 侯鸿忠. 疫情防控新常态下的博物馆建设思考[J]. 客家文博，2021(01).

[2] 唐先华. 新冠肺炎疫情期间博物馆展览管理实践——以上海自然博物馆为例[J]. 学会，2020(09).

[3] 马琳. 后疫情时期的博物馆线上展览与数字化开放[J]. 艺术管理（中英文），2020(04).

[4] 秦昊禄. 浅谈夜间开放对博物馆的重要性及影响[J]. 文物鉴定与鉴赏，2019(23).

应急状态下博物馆云展示服务的探索思考

金荣莹[*]

摘要：应急状态下博物馆利用已有的文博数字资源，通过推出云观展服务，开展特色专题活动，利用AR、三维等新技术，开发形式多样的线上资源等云展示服务内容，提供优质的数字文化产品和服务。云展示服务已从疫情防控时期的特定产物逐步成为公共文化的新常态。云展示是博物馆扩展受众、扩宽渠道的有力保障，是博物馆数字化资源发展的新趋势。

关键词：云展示；云展示服务；内容与建议

2020年突发的新冠肺炎疫情打乱了人们的生活节奏，博物馆纷纷闭馆，观众无法到实地参观，各家科普场馆为了抗击新冠肺炎疫情和满足公众的精神文化需求，利用互联网平台推出云展览、云讲座、微视频、直播等各种线上活动。疫情的发生，为博物馆的云展示提供了意外的契机，加速了博物馆数字化云展示的进程。

2020年1月22日，文化和旅游部办公厅、国家文物局办公室联合发布《关于做

---

[*] 金荣莹，北京自然博物馆科普教育部副研究馆员。

好新型冠状病毒感染的肺炎疫情防控工作的通知》，指导全国各级文博机构切实做好疫情防控工作。

国家文物局发文倡议，要求全国各地博物馆在做好新型冠状病毒感染的肺炎疫情防控工作的同时，鼓励各地文博机构充分利用已有的文博数字资源推出网上展览，联合社会力量创新传播方式，使公众"足不出户"也能便捷享受文博线上服务。

国家文物局发布的《关于新冠肺炎疫情防控期间有序推进文博单位恢复开放和复工的指导意见》（文物办函〔2020〕190号）明确提出："继续利用数字资源，通过网上展览、在线教育、网络公开课等方式，不断丰富完善展示及内容，提供优质的数字文化产品和服务。"

1. 云展示

云展示是一种不依靠实物形式的呈现方式，全面依托"互联网+"模式及数字网络技术，通过视频、音频、高清图片等多媒体手段，可以提供评论、下载、分享等功能，还能以问答、评论、点赞等形式进行互动，摆脱空间局限，随时随地为公众带来科普服务。

2. 云展示服务内容

北京自然博物馆因疫情影响，闭馆期间积极响应国家文物局号召，积极推出线上云展示活动，以满足观众无法到馆参观的文化需求。

2.1 推出云观展服务

疫情期间，博物馆充分发挥数字博物馆资源优势，进一步开放数字文化平台，搭建在线展览、数字展厅等虚拟场景，通过官网、微信公众号、微博等数字文化平台提供云观展服务，实现了藏品内容陈列展示的数字化、创意化和可视化，拓展了文物在线服务功能。北京自然博物馆推出"是谁点亮了人类祖先的生活与艺术"主题直播，"云"看北京自然博物馆展览，从展览中领略从猿到人历经700万年时间人类与火碰撞出的智慧火花。

2.2 开展特色专题活动

除了上线系列精品展览外，各博物馆还积极策划专题活动，通过在线直播、微博互动、微信参与等方式激起不同年龄层观众的参与热情。北京自然博物馆端午节推出了"端午到，粽飘香"线上活动，解读端午典故，并录制手工教学视频，引导不同年龄层次的观众一起学知识、包粽子。

2.3 利用 AR、三维等新技术

博物馆利用 AR、三维等技术手段，为公众提供更为丰富的文物标本全息影像赏析、虚拟互动和交互体验。北京自然博物馆利用 zSpace 三维虚拟互动软件将虚拟现实技术融入新媒体环境，开辟了新的科普教学手段，受众可以利用虚拟的移动教学对象，拆分植物果实、组装恐龙骨架，将它们翻转过来从各个视角观察，弥补常规媒体所不能呈现的多感官体验。

2.4 开发形式多样的线上资源

除了线上展览和网络直播，各家博物馆也积极利用本馆的官网、微信、微博等自媒体平台，策划和推出了诸如藏品故事、科普讲座、互动答题、抗"疫"书柜等形式丰富多样的在线数字资源，成为应急科普的发起者、宣传者和推广者。北京自然博物馆聚焦应急状态下的热点和公众感兴趣的知识点，借助微信公众号，每天推出一个科普作品，科普种类涉及讲座、实验、动手、答题，通过统计留言、点赞和转发，反响热烈。

3. 云展示服务思考与建议

3.1 拓展传播途径

各家博物馆拥有特定的受众群体，可以利用已有的品牌活动推出应急科普产品，在各社交平台（抖音、博物馆公众号、微博等）通过话题互动、直播课程、有奖问答等形式与观众进行双向互动，提升参与度和转发量，解决博物馆信息传播渠道狭窄问题。

3.2 线上线下互补联动

实体博物馆和虚拟博物馆不是对立互斥的，而是相辅相成、相互促进的存在。实体博物馆为虚拟博物馆的建设奠定基础，而虚拟博物馆可以通过网络途径介绍因实体博物馆空间限制无法完全开放的藏品，并通过多媒体技术活化文物，多样化展示藏品的文化内涵，发挥其辅助宣传的作用；同时虚拟博物馆可以打破时空界限，给观众提供海量的文化资源，实现跨域文化供给。

3.3 馆藏资源数字化

博物馆已有的数字化平台建设和数据资源储备为应急状态下短时间快速推出云展示奠定了基础。从目前来看，博物馆云展示仍是未来满足公众需求、推动文物资源"活起来"的重要方式和途径。因此，博物馆需要更新升级现在的数字化资源，把博物馆的模式标本、镇馆之宝、一级文物等资源数字化，不断充实数字化资源数据库。

云展示服务已从疫情防控时期的特定产物逐步成为公共文化的新常态，云展示是博物馆扩展受众、扩宽渠道的有力保障，是博物馆数字化资源发展的新趋势。今后，博物馆应高效整合馆藏资源，线上线下活动互补联动，有效利用新媒体技术满足公众精神文化需求。

参考文献

[1] 金彩霞. 对新形势下博物馆云展示的探索思考 [J]，文化科技，2020年(26)：5-8.

[2] 刘京晶，陆家玲."危中觅机"：新冠肺炎疫情下公共博物馆数字文化服务应对和优化 [J]，人文天下，2020 (07)：35-40

[3] 黎巍巍，徐徐. 新冠肺炎疫情下博物馆公共服务的应对启示和思考 [J]，大众文艺，2020(15)：43-44.

[4] 刘玉珠."云展览"开启博物馆服务新形态，人民网，2020-05-27.

疫情防控常态化下自助游览中国园林博物馆新体验
——园博馆官方导览小程序

常福银 黄亦工 刘明星 于京京[*]

摘要："中国园林博物馆导览小程序"是中国园林博物馆在疫情防控常态化下，开发设计的集博物馆介绍、地图、服务、文物、科普导览为一体的自助式智能博物馆导览系统。该导览小程序平台实现了便捷、高效的观众自助式实时导览，也为博物馆数字化建设提供了新的方向，为博物馆的宣传教育职能提供了新的平台。

关键词：导览小程序；自助式；疫情防控常态化

---

[*] 常福银，1980年生，女，北京人，高级工程师，现就职于中国园林博物馆北京筹备办公室，主要研究方向为博物馆信息化与智慧化。
黄亦工，1964年生，男，北京人，教授级高级工程师，现就职于中国园林博物馆北京筹备办公室，研究方向为展览陈列、园林历史。
刘明星，1980年生，女，北京人，中级工程师，现就职于中国园林博物馆北京筹备办公室，研究方向为园林科普。
于京京，1993年生，女，北京人，中级工程师，现就职于中国园林博物馆北京筹备办公室，研究方向为数字化。

1. 博物馆自助式智能导览平台

如今有越来越多的人走进博物馆，通过博物馆满足参观、了解历史文化的需求。大型博物馆存在结构复杂、客流量大、导览路线不清晰等问题，给观众带来了很大的不便，这就使得博物馆迫切需要一个便捷智能化的自助导览系统。

微信小程序的系统架构清晰易懂，不同于APP通过手机商城下载的主要获取方式，小程序的获取方式简单快捷，观众可以通过定向搜索、扫描二维码以及点击链接等方式登入微信小程序，满足人们便捷使用、用完即走的需求，也免除了人们对于APP频繁安装卸载的困扰。

2. 疫情防控常态化下中国园林博物馆的智能导览需求

随着人们精神文化需求的日趋旺盛和移动互联网技术的成熟，智能化生活方式对人们的影响越来越深，但当前博物馆参观体验却智能化不足。首先，文物与观众互动性较差，观众的想法与观点很难反馈到博物馆。其次，建筑与文物介绍牌很难满足信息化时代观众对于文物探索的欲望。最后，语音讲解机获取方式复杂，微信公众号获取的信息单一不明确，无法满足观众个性化的需求，并且博物馆文创商店并没有得到很好的宣传。这些都无法使观众对于参观学习过程有良好的体验。

图1 小程序入口简单快捷

图2 中国园林博物馆导览小程序主界面

鉴于上述问题，位置服务在博物馆中的实用性和必要性已经日趋显著。在现有GPS定位系统被广泛应用的前提下，室内，如博物馆等场所，因为建筑物的遮挡和多径效应，GPS信号衰减严重，无法满足定位的需要，iBeacon技术替代了GPS在室内的定位需求，iBeacon本质上是一个蓝牙设备，底层技术使用的是低功耗蓝牙传输技术（BLE），并采用了更低的成本和功耗，依靠微型电池就能够使设备持续工作两年左右。iBeacon的工作模式是将自身作为一个信息基站，当智能终端进入指定区域时，beacon设备会以20ms—10s的时间间隔发送数据包，当智能终端收到广播数据后，便会发起扫描请求，随后beacon设备会对其请求进行应答并同时标记该终端的位置信息，同时由于iBeacon采用蓝牙的广播频道传送信号，因此也省去了烦琐的配对过程。iBeacon应用于包含巨大信息量的场所（如博物馆），拥有无限广阔的前景。

2.1 智能博物馆无牌示自助导览的需求

2.1.1 展馆陈列品的无牌示自助导览功能

随着人们对博物馆科普需求的日益迫切，单纯的铭牌受规格限制，只能以文字方式描述陈列藏品的年代、出土信息及品类，不能满足观众对其感兴趣的藏品进行深挖式的信息获取体验。

基于iBeacon的讲解服务，在一定程度上可以缓解讲解人员紧缺的难题，通过微信小程序只需扫描展柜上的二维码，即可跳转至陈列品信息入口，通过终端界面展示的语音、视频、三维影像等媒体方式，详尽地展示陈列品的信息资料，还可加入专家点评、讲解、答疑等内容。观众可以在相关陈列品终端页面进行提问、评论、分享等操作，专家也可以解答观众的疑惑，观众之间也可以进行互动，增加了用户的黏性。

这种免费的智能讲解服务已经逐渐在博物馆流行起来，它仿佛是一位在参观过程中始终陪伴在观众身边的学者，帮助观众更深层次地解读展览，让"外行"能看懂门道。

2.1.2 展馆路线的无牌示自助导览功能

观众在关注博物馆公众号后，可通过小程序功能实时定位当前位置，通过地图上对每个展馆的定位可规划出对应路线，让观众更便捷地前往展区，而不用到博物馆展馆地图处查询，增强了观众游览的体验度。

博物馆还可基于大数据，协助观众规划想去的展馆路线，通过大数据增设游览博物馆中观众移动最多的路线，在合适的位置设置文创商店、水吧等"二销"店铺，增加观众"二销"体验度。

3. 中国园林博物馆导览小程序在智能博物馆上的应用

基于目前使用率最高的社交软件微信，一个好的导览系统可以为博物馆提高可参观性，节省了时间精力，提供了高效、轻松的参观体验。

3.1 辅助导览模块

中国园林博物馆导览小程序中的"走进园博、服务导览、路线导览、关于我们"这四个模块包括了对博物馆整体、展厅、场馆地图分布、服务以及展馆地址和营业时间、注意事项的介绍。

"走进园博"图文并茂地介绍馆区文化背景，让观众更深刻地了解了馆区整体的历史。页面主要包括馆区的图片和文字介绍。

"服务导览"主要以馆区内游览辅助设施的服务模块为根本，旨在为观众提供服务和帮助。点击各模块可跳转至对应地点位置的地图，方便观众寻找自己所需要的服务。当观众前往博物馆参观时，可通过小程序实现博物馆营业时间查询、地址定位等功能，后期还可通过小程序实现车位查询、人流量查询、观展路线推荐、餐厅水吧订餐定位等扩展功能。协助观众提前查询博物馆内人流量及适合自己的游览参观路线，通过小程序可以免去排队等候的麻烦。

"路线导览"是基于各展区的电子导览地图，实现展区内部的参观路线导览，点击每个景点即可跳转到新的页面，可以查看该景点的图片、语音讲

图3 "走进园博"模块

图 4 "服务导览"模块

图 5 "路线导览"模块

解、文字介绍和其他景点的推广链接。

3.2 文物导览及科普导览模块

微信小程序在数字博物馆建设方面可以弥补微信公众号在服务和宣传上的不足，

完善了博物馆的教育、展示等社会职能。例如，博物馆现有介绍文物建筑的方式为铭牌形式，但受规格、篇幅等限制，只能以文字方式进行简略描述，而通过小程序可以事先了解到所在位置的文物信息，也可点击小程序内文物详情的信息入口，了解详细的描述及简介，还可采取语音、视频或影像的媒体方式，让观众对文物有立体深入的了解，从而加强观众对于文物探索的满足感。

文物导览模块以博物馆每层必看展品为子模块，对每层必看展品进行了地图指示，通过标记的文物建筑编号，可以点击对应的文物进行详情查看，并以图文并茂的方式对文物进行生动的介绍，后期还可扩展扫描二维码查看文物信息、语音讲解、文物建筑3D展示、AR实景、观众提问点评、点赞、收藏等内容，增加观众与文物的互动性，提高观众对于博物馆游览的体验度。也可根据观众扫码、收听讲解、点评等权值进行热度排序，可更直观地反馈观众对文物展览的效果，提升博物馆人气。

科普导览模块对于实现博物馆的参观学习等社会职能是重要的一环，博物馆通过科普宣传使观众对博物馆内容有了初步了解，然后进行知识问答等提问答疑环节，引导观众到达博物馆解答疑问，从而提升博物馆科普力度。

中国园林博物馆导览小程序的优点在于结构清晰、后台功能强大，通过文物导览及科普导览两大模块，进行线上线下互动，依托点评、点赞等功能收集观众背后的数据，取代传统的问卷调查，通过数据的收集，分析观众的喜好，进行展品调整、增加，或对文创产品进一步开发，形成在博物馆看

图6 "文物导览"模块

展品、到文创商店购买喜爱的文创产品、回家研究展品的用户习惯。并且通过小程序可以与其他博物馆进行联动，建立博物馆群，可以增加学术方面的研究价值。

参与在博物馆展览中至关重要，通过参与，观众可以加强记忆，科普导览让观众和科普内容之间实时互动，博物馆则围绕展讯和展品，将科技手段最大限度地渗透到每个观众的实际参观体验中，使用科普导览使参观更具有互动性和趣味性，观众能够获得更多的知识，从而使科普收获成功最大化。

3.3 文化导览及园林美图模块

通过微信小程序平台可以建立起观众的社交网络，不但拉近了博物馆与公众的距离，观众及文物爱好者还可在其中获取相关信息或感兴趣的知识，博物馆工作者也可获得更多的使命感、成就感以及认同感。

博物馆通过策划文化活动使观众了解并参与到博物馆的文化建设活动中，通过相关活动获取到不同年龄层次的观众对于不同活动的喜好程度。微信小程序的关键就在于人群定位识别，通过不同年龄、性别分类出不同的游览场景，可以为观众提供更加

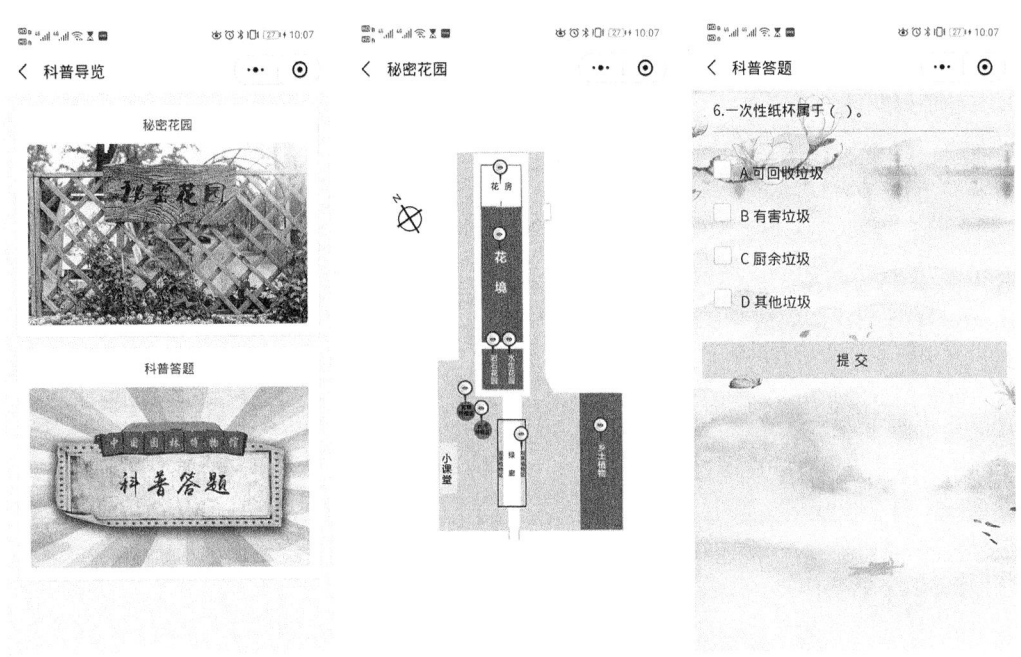

图 7 "科普导览"模块

人性化的服务,通过后台大数据的分析,定位出适合当前时间段的活动内容,提高观众参与度。

识文辨景功能在提高观众对于博物馆游览的体验度上也至关重要。对联、碑刻看不懂,还是想知道景点名称背后的故事,只需要使用小程序扫描相应的文字即可给出答案。在文化活动中提高观众参与积极性,联动科普导览进行科普知识问答、游博物馆找问题答案等活动,使观众与博物馆紧密地联系起来,改变以往人们对于博物馆"高冷孤傲"的标签印象,减少观众对于博物馆的陌生感,提高观众对于博物馆的黏性。

园林美图模块可以作为博物馆发布官方照片的平台,也可以作为观众上传喜爱照片的平台,从而搭建起博物馆内的观众社交网络。

4. 自助式导览对于博物馆的重要性

随着人们对美好生活向往的需求越来越强烈,更多的人群愿意前往博物馆参观了解,但在疫情防控常态化管理下,博物馆需要及时调整工作思路,勇于突破,创新宣

图8 "文化导览"模块

传教育形式，建立以观众需求为导向的自助式导览模式，弥补因为疫情暂停人工讲解的缺憾，进一步推动博物馆融媒体向应用层面的数字化、人工智能化不断迈进，给观众带来更多无人员接触的自助式数字化、智能化、智慧化服务体验。

参考文献

[1] 于辉,张玉翠. iBeacon 在博物馆的应用研究[N]. 博物馆的数字化之路，2015-12.

[2] 赵妍. 微信平台在博物馆导览中的应用[N]. 博物馆的数字化之路，2015-12.

[3] 刘畅. 基于微信小程序的智能博物馆导览的设计与实现[N]. 计算机科学，2014-10.

[4] 耿雷. 微信小程序在博物馆中的应用探析[J]. 文物鉴定与鉴赏，2018(21).

[5] 王敏. 博物馆微信小程序导览平台建设与思考[J]. 信息化建设，2018(02).

对当下博物馆"参观热"的一点思考
——以北京文博交流馆为例

金彩霞[*]

摘要：通过2020年疫情期间博物馆推出的云展示活动，越来越多的观众开始关注博物馆。随着2021年上半年国内疫情形势好转，节假日期间一度出现了博物馆"参观热"的现象。作为博物馆从业者，在"参观热"的背后需要我们做一些"冷思考"。随着观众对博物馆关注度的持续上升，博物馆要做好恢复与重塑工作，全面提升服务能力，实现博物馆的社会文化价值。

关键词：博物馆；参观热；文化价值；社会教育

随着国内疫情形势好转，据统计，在2021年的"五一"假期，全国很多博物馆的游客数量普遍暴增，有的博物馆甚至出现了一票难求的情形。据相关数据显示，2021年上半年，通过平台预订博物馆门票的游客人次，相比2019年上半年增长75%。2020年疫情期间博物馆推出的"云展览""云课堂"、直播等多种云展示活动，吸引了

---

[*] 金彩霞，北京文博交流馆业务部，馆员。

许多观众开始关注博物馆、走进博物馆进而爱上博物馆。今后观众对博物馆的关注度可能会持续上升，且博物馆观众呈现出年龄全面化的态势。如何为观众提供有品质的参观内容，提升服务能力成为博物馆当下重要的工作内容。

北京文博交流馆位于东城区禄米仓胡同内的智化寺内。智化寺是一座建成于明英宗正统九年（1444年）的木结构建筑群，目前其中轴线上的主体建筑基本保存完好，共四进殿宇。虽经过历代多次修缮，智化寺主体建筑仍然保持着明代建筑风格，尤其是藏殿和如来殿（万佛阁）两座大殿基本保存了明代建寺之初的原状陈列，殿内保存有绘画雕刻工艺精湛的佛造像、转轮藏等明代艺术品，成为观众了解明代建筑、佛教寺院陈设布局，欣赏明代文物艺术品的重要实物例证，因此早在1961年就被国务院列入首批全国重点文物保护单位。北京文博交流馆还有另外一项重要文化遗产，即智化寺京音乐。自明代智化寺建寺之初就从宫廷移至智化寺并代代相传的智化寺京音乐，被誉为中国古代传统音乐的"活化石"，2006年被列入首批中国非物质文化遗产名录，至今仍在智化寺内活态传承。北京文博交流馆紧紧围绕智化寺明代古建筑及智化寺京音乐这两大特色文化资源，积极探索博物馆的发展思路，提升博物馆的服务水平。

1. 探索博物馆服务观众的新途径

2020年疫情期间，北京文博交流馆积极响应国家文物局号召博物馆开展线上展览展示的方针政策，在闭馆期间推出直播、云展览、云展演、云赏花等多种线上展示方式，吸引了大批观众的围观追捧。随着疫情形势好转，博物馆逐渐向社会观众恢复开放。为了带给观众更好的参观体验，北京文博交流馆整合馆藏资源，以线上线下双驱动开展了"央视网络直播""博物馆里过大年""博物馆之夜""赏春花、看古建、听古乐"等丰富多彩的惠及民众的博物馆活动，满足观众对博物馆参观体验的文化需求。观众一度掀起了参观智化寺的热情，智化寺一度成为观众最喜爱的"网红打卡地"之一。

1.1 持续推进网络直播活动——央视新闻直播夜游智化寺

2021年年初，北京文博交流馆联合央视新闻新媒体在智化寺进行了"夜游中国：游北京智化寺，聆听500年前宫廷乐音"直播活动。在央视记者的镜头下，由馆方人员直播讲解，带领线上观众参观游览智化寺，领略北京城区最大的明代木结构建筑群的宏大壮美，感受明代匠人精雕细琢留给我们的珍贵文化遗产。智化寺京音乐传承人身着明代宫廷乐师服装，展演了传统曲牌。由于央视直播的点击量大，此次央视直播对智化寺和智化寺京音乐双遗产的宣传让更多观众的目光关注到智化寺和智化寺京音乐，更多的观众得以饱览古迹，聆听古乐。线上观众纷纷留言，如"余音绕梁""大美智化寺"等。直播活动让观众认识了我们，同时也为观众线下深度游智化寺奠定了基础。

1.2 推出"博物馆里过大年"系列活动

1.2.1 推出写寄语送祝福活动

2021年春节期间，为了营造节日气氛，北京文博交流馆的职工们为观众亲手制作了"春"字剪纸和新春寄语卡片，进馆参观的观众不仅可以欣赏智化寺这座原汁原味的明代古建筑群，聆听传承500余年的音乐活化石——智化寺京音乐，还可以写下新年对亲朋好友的美好祝福和寄语。让观众沉浸在传统文化的氛围里并感受到博物馆里的年味儿和温暖。整个春节期间，2000多名观众来北京文博交流馆打卡过大年，同博物馆工作人员一起度过了一个欢乐祥和的新春佳节。

1.2.2 举办古风古韵的元宵节游园活动

北京文博交流馆在2021年元宵节当天举办猜灯谜、听古乐、写寄语等游园活动，让观众在博物馆里感受传统文化与节日气氛。活动中，智化寺内张灯结彩，观众们喜气洋洋。在建国门街道和北京汉服协会的组织下，身穿汉服、手提花灯的"小哥哥""小姐姐"们营造出更加浓郁的节日氛围。观众们漫步在智化寺的庭院里，徜徉在智化寺京音乐的古韵声中，猜灯谜，剪"春"字，写寄语，仿佛穿越回到明朝的上元灯会，共同度过了一个古风古韵的上元佳节。

1.3 开展"赏春花、看古建、听古乐"博物馆活动

每年的三四月份是智化寺最美好的时节,梨花、丁香、海棠、玉兰争相开放,与古朴的红墙黑瓦互相辉映,成为北京城内春季赏花的一大亮点。北京文博交流馆利用这一文化景点,专门推出了"赏春花、看古建、听古乐"博物馆活动,在"智化寺"官方微信公众号上持续推送了十期关于智化寺赏花的推文,诗文配上春花的高清大图,吸引了许多观众的围观,点击量高达几千人次。同时馆方利用节假日赏花季,为观众推出"赏春花、听古乐"博物馆之夜活动,让观众在赏花、听曲儿的同时,体验夜游古建筑的乐趣。这一举措吸引了大批观众前来打卡。三天共接待游客 5000 余名,突破北京文博交流馆以往的历史接待记录,智化寺一度成为网红打卡地。

1.4 推出智化寺文化元素系列原子印章活动

为了丰富观众参观博物馆的体验,在 2021 年 3—7 月之间,北京文博交流馆利用智化寺古建筑、智化寺京音乐馆藏特色文化元素及智化寺春花,推出了系列原子印章活动。其中"春华"系列是由智化寺春天盛放的玉兰、丁香、梨花和海棠四种春花手绘成精美图案,加上一枚"敕赐智化寺",构成一组 5 枚"春华"系列原子印章。"营造之美"系列由智化寺如来殿(万佛阁)线描图、钟鼓楼线描图、明代旋子彩画、古建斗栱、如来殿正脊龙吻,再加上一枚篆书"敕赐智化寺",构成了一组 6 枚"营造之美"系列原子印章。"智化寺京音乐"系列由智化寺京音乐的演奏乐器笙、管、笛、锣、鼓和工尺谱做成原子印章,加上一枚"智化寺京音乐",构成了一组 7 枚"智化寺京音乐"系列原子印章。集齐印章的前 100 名观众可以免费领取博物馆文创纪念品。系列原子印章活动受到了广大喜欢集章观众的喜爱和好评。

1.5 推出"记录好时光,智化寺观众摄影作品展"活动

北京文博交流馆向社会公众征集智化寺摄影作品,观众来智化寺拍摄的古建筑、京音乐演出、春花、文化活动的摄影作品都可以投稿参加。观众们踊跃投稿,馆方挑选了部分优秀摄影作品在"智化寺"微信公众号上于 2021 年 5—6 月分两期进行展示。观众在作品中展示了繁花似锦的古刹之春、溢彩流光的明代建筑、丰富多彩的文化活动,也留下了大家在博物馆中度过的美好时光。这一活动的举办让观众对智化寺更有

亲近感，拉近了博物馆与观众之间的距离。

1.6 升级预约系统，满足观众需求

疫情形势的常态化使线上预约已成为参观博物馆的主要途径。随着北京文博交流馆参观人数的增加，以往的网上购票系统已无法满足观众的参观需求。因此为了提升服务水平，方便观众线上购票，馆方专门升级了门票预约系统，方便观众在线快速购票，避免在现场长时间排队，有效节省了观众参观博物馆的时间成本。

通过以上一系列的博物馆活动、直播媒体宣传以及观众微信朋友圈的互相扩散，智化寺一度成为"网红打卡地"，门票每天售罄。智化寺京音乐队原来在智化殿演出，由于观众人数较多，乐队的演出场地移到了智化殿外的二进院，二进院内有成百上千的观众观看演出。京音乐的日常展演成了每日音乐会，智化寺也成为观众最喜爱的小众博物馆之一。

2. 今后博物馆发展思考

智化寺掀起了"参观热"，在"参观热"的背后我们应该保持清醒的头脑，进行一些"冷思考"。随着越来越多的观众走进智化寺，如何满足他们心理预期的参观需求、如何升级优化博物馆服务机制将成为下一步博物馆工作的重心。

2.1 注重观众分众化服务

博物馆观众群体日益多元化，观众的分众化需求也越来越明显。老年人对中国历史和传统文化感兴趣，文博行业的专家和学生更希望到博物馆学到专业的知识，中青年则希望在学习知识的同时感受博物馆的艺术氛围，中小学生把博物馆作为第二课堂，同时也更加注重动手操作的互动体验。因此，结合观众的不同需求，推出分众化的博物馆参观服务成为今后工作的重要内容之一。北京文博交流馆依托智化寺古建筑和智化寺京音乐两大文化资源，一是继续保持智化寺古建筑及殿内原状陈列和京音乐日常展演，让观众欣赏到原汁原味的明代文化遗产。二是创新博物馆发展思路，加强跨界合作。比如除了一年一度的智化寺音乐文化节外，还联合相关艺术团体和智化寺京音

乐队合作，策划相关主题的文化艺术节，且不局限于传统古乐，尝试跨界融合，以带给观众不一样的全新体验。三是加强与高校或科研机构的合作，深入研究智化寺古建筑和智化寺京音乐双遗产，将科研成果作为博物馆活动的理论基础，加以转化利用。四是加强与中小学校的合作力度，将智化寺古建筑和智化寺京音乐双遗产进行加工提炼，成为孩子们的课堂学习内容，促进博物馆与学校融合发展，让博物馆成为孩子们真正的第二课堂。

2.2 创新多样化宣传方式

疫情期间催生了博物馆线上活动的开展，博物馆的对外宣传显得尤为重要。北京文博交流馆的宣传媒介以官方微信公众号为主，随着博物馆活动线上预约系统的推出，目前"智化寺"微信公众号已有3万多人的关注量。为了避免流失关注量，更进一步扩大关注流量，我们要注重宣传方式的多样化和创新性。一是与媒体深度合作，搭建新媒体矩阵，通过直播、短视频等方式，推出兼具专业性和娱乐性、时长自由、形式多样的节目形式，以获取有效的网络点击率，为博物馆赢得社会关注度，逐渐建立北京文博交流馆独特的博物馆文化品牌。二是精心打磨官方微信公众号的推文。博物馆的宣传内容不能仅停留在形式表层，而要注重内容的耕耘，既要有科普，也要增加有深度的研究性文章供给，为想要获取更多知识的观众提供资料源。对于观众而言，博物馆首先是一个文化教育机构，博物馆的角色是搭建起人类个体与文化知识之间的桥梁，并让公众根据自己的需要自主学习，增强博物馆与观众之间的参与性与互动性。针对青少年群体，宣传内容的供给应注重学习的实用性，可与学生的课程学习做更为紧密的衔接，如明代历史、古乐记谱方式、演奏乐器等。

2.3 树立博物馆"新安全观"

今后，博物馆公共卫生健康监测将常态化，观众入馆参观需查验健康码、测量体温、佩戴口罩。要提醒观众保持安全距离以避免人群聚集，对博物馆展厅、卫生间等公共区域进行定时清洁消杀也将成为博物馆的日常工作，还要优化参观环境，为观众提供有间隔的休息区，清洁消毒用品等。同时观众参观博物馆全面推行线上无接触式实名预约制度，线上预约参观博物馆也将成为常态化。为此，博物馆要优化升级预约系统，为观众提供畅通无阻的购票服务。

2.4 打造博物馆数字化服务

2020年疫情期间，博物馆推出的线上云展示服务受到了观众的高度关注和认可，博物馆线上数字化服务成为观众满意度最高的内容之一。北京文博交流馆2022年将闭馆修缮，对于无法入馆参观的观众来说，在线观看博物馆的数字化内容将成为重要途径。一是继续推送官方APP，让观众自主下载APP，在线参观展览，聆听京音乐音频，同时还可以身临其境地实现360度全景巡游，如同在博物馆现场参观。二是推出科研成果数字化服务，将科研成果转化为数字化内容在线为观众推送。如北京文博交流馆与清华大学合作的"智化寺本体数字化"项目，运用数字化建模技术对流失在美国的万佛阁和智化殿两座藻井进行了虚拟修复，以互动游戏的形式进行增强现实（AR）展示。再比如"智化寺明代彩画信息采集与仿真复原研究"项目，可以将项目成果以数字化形式展示出来，包括采集与仿真复原的每一个步骤，让观众在学习彩画制作步骤的同时感受明代匠人的智慧与高超技艺。

一场疫情对全人类产生了深刻的影响，全球博物馆也都不同程度地受到了"创伤"。经过疫情期间线上云展示的熏陶，观众对博物馆有了更加全面的认识。越来越多的观众有了想去博物馆看一看的想法，因此随着2021年上半年疫情形势好转，一度出现了博物馆"参观热"的现象。观众的增多对博物馆来说无疑是好事，能够让博物馆充分发挥其社会职能，让藏在博物馆里的传统文化走进千家万户，实现博物馆的历史使命。但是观众越多，对博物馆的要求也越高。正如2021年"5·18国际博物馆日"的主题"博物馆的未来：恢复与重塑"，今后，博物馆在积极恢复博物馆本来面貌的同时，应当调查发掘观众心目中对博物馆的期待，了解观众真正想要什么，重塑博物馆的科学研究和社会教育职能，让博物馆文化真正融入观众的日常生活，实现博物馆的社会文化价值。

参考文献

[1] 博物馆游，为何这么火？来源：https://mp.weixin.qq.com/s/ebg0BzyTjpdw6EhYF1Ro_g.

[2] 范婷婷.后疫情时代,博物馆新媒体对外宣传思路分析[J].航海，2021(02).

[3] 侯鸿忠.疫情防控新常态下的博物馆建设思考[J].客家文博，2021(01).

主题五

博物馆数字化与数字博物馆

数字化技术助力博物馆服务不断档

闫 涛[*]

摘要: 博物馆的数字化建设已经成为博物馆工作的重要组成部分,成为博物馆新的展示自我、服务观众的重要技术手段。当出现观众无法到实体博物馆参观的情况时,如何延续博物馆的服务,数字化就成了很好的解决方案。依托互联网和高速通信网络,多种新的展示模式不断涌现,各种云展览、云参观等展示方法,短视频和直播等新媒体平台,为博物馆服务观众打开了新的思路,创新了新的方法。而如何利用好这些新的平台,用内容取胜则是广大博物馆从业者面临的新挑战。博物馆教育职能越来越重要,目前时兴的线上教育也可以引入博物馆服务中来,博物馆应该成为教育的前沿,引导青少年学习和成长。博物馆的数字化发展迎来了很好的契机,但是更应该注重建设的质量,真正推出优质的数字化服务,使观众能够享受到博物馆发展的成果。

关键词: 博物馆;云展览;云参观;线上直播;短视频

---

[*] 闫涛,北京古代建筑博物馆社教与信息部副主任,副研究馆员。

由于新冠肺炎疫情的暴发，人类社会的各项活动及发展都受到了严重的影响，并且疫情的影响是一个持续的过程，这对人类社会发展提出了严峻的课题，需要整个人类社会同心协力、共克时艰。在同疫情战斗的过程中，在人们逐渐克服了恐惧、逐渐战胜疫情的艰难过程里，各行各业的发展都发生了新的变化，既是挑战也是加速剂。博物馆的数字化建设已经成为近年来行业发展的倚重之一，也是博物馆建设和服务发展最快速的领域。在疫情期间，博物馆的数字化服务发挥了极大的作用，保证了博物馆服务不断档，得到了人们的认可，也促进了博物馆数字化进程的一次飞跃式发展。同时，也给博物馆的数字化发展带来了新的思考。

1. 云展览的普及

云展览是博物馆较为常见的数字化展示手段，也是配合重要展览的数字化建设，在各个博物馆的常规展示中比较常见。但是各博物馆云展览的覆盖范围和制作水平不尽相同，很多大型的重点展览都会有详尽且较为优质的数字化线上展示，作为展览配套的一部分。但是，一些小型的临时展览，特别是展线短、展览内容有限、展览周期短的展览通常没有数字化的展示制作。可以说，云展览的形式已经存在，技术也不复杂，但是普及率并不高，同时优质率也很不一致。

疫情发生以来，人们的社会活动范围受到严重影响，各种社会文化场所，特别是很多博物馆都是相对封闭的空间，有一段时间，人们是无法来到博物馆现场的；当博物馆恢复开放后，还有人员聚集的问题，在很长的时间里，人们还是无法随时随地去博物馆现场参观。疫情发生以来，很多博物馆都在最短的时间内上线了云展览，特别是原来没有云展览的博物馆，在条件允许的情况下，都努力做到让观众有可看的内容。这也是促使博物馆云展览在近两年"爆发式"出现的原因。

云展览的形式大都是类似的，简而言之就是将展览数字化，然后放到线上供广大观众随时随地浏览，不再受时间和场地的限制，也是最大限度地符合疫情防控的需要。但是，云展览不是简单地把展览拍一拍就可以了，而是区别于既有的实体展览，是实体展览的再创作。线上展览不再有展线的空间限制，可以展示更多的内容。任何的实体展览都是对展示内容的一次取舍，毕竟展示内容的空间有限，而且实体展览需要有主线，需要对观众进行引导，这就意味着无法详尽展示全部的资料内容。对于体量庞大、内容庞杂和展品丰富的实体展览来说，无论怎么取舍都是一种遗憾，对于观众，特别是专业性强的部分专业观众来说更是难以尽兴。云展览还提供了重要展品的多维度展示，摆脱了空间的限制，展品背后的故事都可以直观呈现给观众。云展览还带来了一个很高的观展自由度，可以自由选择切入点，观展不再只有一种顺序，对每一位参观者来说都如量身定制的一般。

云展览，曾经一度只是将实体展览照片化，将展线高精度地拍摄一遍，是利用全景技术展现给观众来看。慢慢地随着技术的成熟和制作成本的降低，云展览逐渐发展出一种纯数字建模后形成的展览形式，这看起来很炫酷，也可以运用更多的技术，但是总感觉有那么一点"不接地气"，而且制作周期长。更合理和更利于观看的云展览应该是实景和数字模拟相结合的模式，对于实景难以展现的或者已经消失的内容可以通过数字化手段来进行还原和呈现，但是对于实体展览中的精美展品，最好还是采用实景展示的方式，将文物全面地展现给观众来自由观看。云展览在经历了一段"爆发式"增长后，应该回归到精品思路上来，将真正好的展览以合适的方式精美地呈现给观众。

2. 云参观的发展

疫情一度给人们的博物馆之旅带来了严重的影响，在一段时间里，人们很难来到博物馆现场参观和游览，但是广大的观众又有着强烈的文化和学习的需求，如何满足这些实际的需求，仅依靠线上的云展览是不够全面的。此时，需要能够引领观众走进博物馆的线上服务模式，一直以来，虚拟漫游是最常用的模式，但是近年兴起的直播成为代入感更强烈的新模式。

2.1 虚拟漫游的多态化发展

虚拟漫游参观博物馆作为一项成熟的技术，在很长时间里承担着观众线上参观博物馆的重要角色，其高自由度和可编辑性都给观众的参观带来了很多便利和趣味性。观众通过虚拟漫游，可以不再受时间和空间的限制，随时随地通过移动终端设备"走进"博物馆的各个角落，看展览，看建筑。虚拟漫游在服务观众的同时，更是为博物馆从业者带来了全新的博物馆展示模式，可以将消失的建筑或者出于文物保护目的无法开放的建筑空间制作出来，让观众更加全面地了解博物馆，摆脱以往片段式的参观模式，一定程度上实现了"无死角"参观。现阶段各种形式的虚拟漫游已经很成熟了，也被大量应用在博物馆参观当中，观众也已经习惯实体参观和虚拟漫游相结合的参观模式。虚拟漫游打开了博物馆参观的新模式，有其自身独特优势，却在一定程度上缺乏一定的代入感，还不能完整满足观众新的参观需求，需要更好的形式来补充这种纯粹的线上技术型参观的模式。

2.2 线上直播的蓬勃涌现

线上直播是近来最"火"的一种互动形式，已经渗入到人们生活的每一个角落，涉及社会生活的每一个方面。当人们面对一些紧急情况，只能在家中通过网络来完成从生活到学习再到工作的全流程的时候，直播成为人们可以依靠的最简单直接的互动手段。

线上直播有着天然的亲和力，它带给人们的不是冰冷的技术感受，而是虽然隔着屏幕却很有烟火气的交互体验，是一种"鲜活"的交流。在疫情暴发后，人们还无法随意来到博物馆参观的时候，很多博物馆从业者，在做好疫情防控的前提下，仍然在坚守岗位，守护着文物的安全，也在积极地想办法，寻找如何在这种特殊的情况下能够将博物馆的文化持续地传递出去的方法，让广大观众受到的影响降到最低限度。此时，广大博物馆从业者纷纷化身成为文博主播，从现场讲解转变到了观众的手机屏幕上，将博物馆的精彩绘声绘色地展示给大家。直播的最大好处就是直观和灵活，强大的互动性使得直播这种交互形式十分受人们特别是青少年的欢迎。当学科学习都在通过网络实现时，博物馆的文化传播采取直播的形式就是一种发展趋势。

不同于传统的虚拟漫游的参观模式，线上直播无论是制作周期还是制作成本都是可以忽略不计的。相较于虚拟漫游具有更高的自由度和互动性，整个直播过程都是一种互动，观众可以随时表达自己的感受，也可以随时同主播进行交流，这是虚拟漫游所不具备的。线上直播还有一个很显著的特点是，很多业务背景深厚、研究成果卓著的博物馆从业者可以从幕后走到台前。以往很多只能在讲座或者专业课程中遇到的老师，也能通过直播带来极具知识性的讲解，使得观众可以大饱眼福，拥有了难得的获取知识同时提出问题的机会。在直播过程中，观众还可以看到不一样的博物馆从业者、不一样的博物馆工作状态。直播并不只局限于展览和文物本身，还可以展现博物馆的其他方面，成为博物馆最好的宣传平台。博物馆工作本身具有一定的神秘性，对很多人来说具有很大的吸引力，却苦于没有什么途径了解。线上直播正好可以从不同角度给广大观众带来不一样的感受，文物修复、未开放区域的探秘、博物馆从业者的日常工作、不同时间点的博物馆，等等，开启了"走进"博物馆的全新途径。

3. 短视频中的博物馆新态

短视频是近年来快速兴起的传播方式，也是非常受青少年欢迎的传播方式。各类短视频平台的快速崛起，适应了人们的"快消"生活方式，在最短的时间中，用最直观的方式表达观点、展现内容。短视频的拍摄和制作门槛低、速度快，用户的黏滞度比较高。不同于以往传统博物馆的静态展现方式，短视频给博物馆的展示带来了新的活力，也得到了更多青少年观众的关注。

对于博物馆的宣传来说，短视频平台具有很多优势，可以有很多表达方式，同时还融合了云参观的优点，只是相对于云参观这种线性模式，短视频更趋近于"点"的表达。可以说短视频和云参观是有益的互补关系。短视频可以是只有文物展品或者一个展览片段出现，向观众讲述其中的精妙和背后的故事；也可以是通过工作人员的一段简单讲述，道出一件文物最吸睛的特点；还可以是通过一名普通观众的视角来看博物馆。短视频的形式多样，接地气，容易被人接受，可以将日常比较严肃而略显沉闷的博物馆生活，以一种不同的视角展现给观众，让大家不仅能够看到博物馆的展览，还可以了解到博物馆日常工作的小花絮。短视频通过观众喜闻乐见的方式，传播了文博知识，也增加了博物馆的亲和力，特别是增强了对青少年观众的吸引力。

短视频还具有灵活的特点，不受时间和空间的限制，可以随时制作，并在线上发布，观众无须走进博物馆就可以了解到博物馆的最新动态和博物馆内发生的有意思的事情，具有一定的时效性。

4. 线上宣传的多平台化

博物馆的线上宣传已经成为博物馆宣传的最主要途径，各家博物馆都有着不止一种的线上宣传平台，在传播博物馆文化中发挥着重要的作用。在面临观众无法走进实体博物馆的特殊情况下，博物馆的线上宣传依然是观众了解博物馆动态的最主要渠道。随着高速互联网和通信网络的不断发展，人们利用网络获取信息的最主要途径转变为手机端，所以围绕手机端的线上宣传发展最快，也最为有效。目前博物馆常见的线上宣传平台主要是网站、微博、微信公众号和新兴起的短视频平台。各个宣传平台各有特点，也承担着不同的宣传功能。但是各个不同的宣传平台的观众活跃度已经出现较大差别，高度适应手机端浏览的平台越来越受到观众的欢迎，而传统电脑端的用户数量在逐渐下降。所以，博物馆在线上宣传平台的运维中，要针对观众的使用习惯，突出侧重，对于活跃用户少的平台比如传统网站，要能够创新发展，同时改变定位。

通常意义上，博物馆各个线上宣传平台都是同质化内容，只是做到了不同平台的展示或者内容的精简。面对观众新的阅读习惯，各个平台间应该改变传统的运维模式，做到分工合作，将观众有意识地导向各个不同平台，以实现不同需求。这需要博物馆从业者下功夫，多思考，敢创新。

5. 博物馆数字化资源的共享

博物馆的各类资源，无论是文物照片还是研究成果，都是宝库一样的存在，对观众来说有强烈的吸引力，但是他们却没有途径获取。面对文化大发展的大好态势，也应该让文化研究的成果惠及每一个人身上，改变狭义的博物馆建设理念，将其发展成为广义的文化成果共享、文化资源惠民。

5.1 图像资源共享

博物馆最吸引人的莫过于精美的文物、建筑和展览，而这些内容即使到博物馆现场，也很难获得高清的图片，很多细节也是观看不到的，拍摄也受到很多限制。而博物馆则拥有全部文物的高清图片，这些内容近年来也被部分博物馆进行了线上公开，观众可以自行下载观看。但是还有很多博物馆没有公开自有的文物图片库等图像资源，在未来，希望有更多的博物馆可以加入图像共享的队伍中，使珍贵的文物影像可以让更广大的观众欣赏到。

5.2 学术资源共享

博物馆成立之初的最主要职能之一就是研究，经过多年的发展和广大博物馆从业者的共同努力，各个博物馆都拥有了大量的研究成果和学术资源，这些珍贵的资源单纯通过参观博物馆是无法获得的，对于很多专业观众或者是有研究需求的观众来说异常珍贵又难以获得。博物馆的研究虽然学术性很强，但依然有很大的需求，但绝大多数博物馆的学术资源没有对外公开，社会公众很难获得。近年来，随着知识付费模式的兴起，很多平台在做到保护知识产权的同时提供给公众搜集和获取某一领域专业知识的途径。博物馆的研究成果应该在更广阔的平台发挥更大的作用。在未来，希望可以有相对专业的文博学术资源共享平台出现，从而为广大观众和博物馆从业人员，搭建起一个学术交流和资源流动的平台。

5.3 教育资源共享

近年来博物馆在高速发展的同时，也在探讨职能的转变，其中教育职能已经成为博物馆最重要的职能，也是博物馆在社会职能中应该发挥的重要作用。博物馆已经成为青少年非常重要的校外课堂，博物馆的教育也通过多种形式融入青少年培养当中。各个博物馆根据自身特点和资源优势，都设立了独特的科普课程，而这些优质的教育资源，只有来到博物馆现场或者部分合作的学校才可以享受，且不是任何时间都可以享用的。相对于博物馆教育职能的实现来说，效果十分有限。如果有一个专业的平台，其可以整合各个博物馆的教育资源课程，并打造成一个综合的线上文博教育系统，则将会惠及更多受众，广大的青少年将花费最小的时间和经济成本，学习到不同类型的博物馆教育课程。特别是在人们无法走进博物馆的特殊时期，这将成为博物馆开展教育的最重要途径和方法。

6. 博物馆数字化建设质在量前

面对疫情的特殊情况，博物馆的数字化建设有了很大的发展，也得到了更多的重视，可以说博物馆的数字化建设已经做到了从无到有，但是质量还存在着良莠不齐的状况，很多时候，仅仅是"有"，而没有做到"优"。真正能够展现博物馆水平、服务观众到位的数字化建设更应该注重质量，应该是一项系统工程，而不仅仅是满足数量的要求。面对博物馆数字化大发展的良好态势，广大博物馆应该抓住契机，将自身的数字化建设提升到一个新的高度，更好地服务广大观众，真正做到时时在线，服务不断档。

基于现代展厅与传统建筑的博物馆数字化建设

卢松啸[*]

摘要：企业类博物馆作为企业保存与传播自身历史的展览场所，为社会公众提供感受企业文化、了解企业科学技术的空间，为传统文博事业注入新鲜活力，使文博事业更大程度上满足人民群众对美好生活的向往。

自来水作为城市建设的重要组成部分，关系国计民生。北京自来水博物馆是由市属大型国有独资企业北京市自来水集团出资兴建的企业类博物馆，集2016年建成开放的现代展厅与始建于1908年的清末自来水厂旧址的老建筑于一身，其现代展厅使用的科学技术手段、公共服务采用的信息化手段、传统建筑保护引用的数字化手段，均具有一定的可参考性。

本文旨在通过阐述北京自来水博物馆数字化建设情况，为博物馆数字化与数字博物馆等方面的研究贡献力量。

关键词：北京自来水博物馆；数字化；三维激光全信息采集技术；云服务

---

[*] 卢松啸，北京自来水博物馆管理办公室社教宣传组，助理馆员。

1. 北京自来水博物馆现代展厅数字化建设

2000年,北京市自来水集团出资将清末自来水厂旧址建为北京自来水博物馆。2009年,对博物馆进行了扩建。目前,博物馆由科普馆、通史馆、印章展和清末自来水厂旧址四个展区组成。科普馆和通史馆两个展厅作为北京自来水博物馆新馆的重要组成部分,于2016年"世界水日"当天面向社会公众开放,面积约为2400平方米,展示了水资源的现状、自来水的生产过程以及北京自来水业发生、发展的历史。

科普馆充分借助声、光、电等科技手段及数字化技术,运用巨幅弧形屏幕、立体沙盘、投影动画等趣味性十足的展现方式,打造出一个动感的科普"水世界"。展厅通过全方位介绍自然界水知识、我国和北京水资源状况、北京自来水处理工艺、水质监测、科学用水等内容,让公众了解到北京市自来水集团生产的自来水安全可靠,知道了自来水并不是自来的,从而达到珍惜水资源、科学用水的宣传效果。

展厅中最大的亮点是在一面巨大墙面上设置了一幅长达24米的弧形屏幕,并自主设计卡通小水人"源源"的可爱形象,通过Flash动画形式演示小水人依次通过10道水处理工艺,最终生产出符合国家生活饮用水卫生标准的自来水,直观展现了地表水处理工艺流程以及从源头到龙头全过程的水质监控过程,使得专业知识变得更加生动形象、通俗易懂。此外,还通过旋转地球模型和视频短片介绍了世界水资源分布情

图1 北京自来水博物馆科普馆展厅

况,利用立体沙盘及投影动画展示自然界中的水循环过程,借助水与人体关系模型演示人在不同缺水状态下的面部变化,采取动画形式表现生活中的节约用水方法等,以新颖、鲜活的形式让公众了解与水相关的各类知识。

通史馆以时间为主线,通过大量珍贵的实物、图片、幻影成像、电子翻书、场景雕像群、立体沙盘、多屏同步投影等手段,讲述了北京自来水业由小到大、由弱到强的百余年发展历程,反映了水厂建设、管网发展、水质检测、供水服务等城市供水重要环节取得的突出成绩,展示了北京市自来水集团"确保首都供水安全""水质是生命""亲情服务"等百余年优秀企业文化理念。

展厅中使用的幻影成像技术基于"实景造型"和"幻影"的光学成像结合,将所拍摄的影像(人、物)投射到布景箱中的主体模型景观中,产生3D立体观感,通过音响系统完成旁白和音乐的播放,通过控制系统完成多机同步控制、活动模型控制、灯光控制、电源控制、播放控制等工作,完整演示了北京市自来水集团技术培训过程,提升视觉效果的同时,激发公众的参观兴趣。此外,展厅中的电子翻书系统基于动作跟踪技术,将翻书参与者的动作转换成图形图像进行互动反馈,通过超媒体技术实现交互体验。该系统具有互动性强、视觉冲击力大、信息量足等特点,展示了公司早期的规章制度,吸引了大批参观者的注意力。

北京自来水博物馆现代展厅中借助数字化手段,将声、光、影、电完美融合,利用科技手段传播科普知识、讲述历史文化,为公众带来强烈的沉浸感、体验感、代入感,具有一定的借鉴意义。

图 2 北京自来水博物馆通史馆展厅电子翻书系统应用

2. 数字化助力博物馆提升公共服务能力

2.1 优化微信公众平台宣传展示效果

当前，我国互联网产业展现出巨大的发展活力和韧性，成为我国应对新挑战、建设新经济的重要力量。随着互联网产业的发展，国内外博物馆不断探索展览新形式，借助数字化手段，优化宣传展示效果。

近年来，北京自来水博物馆不断升级改造微信公众平台，借助平台的群体性及针对性特点，达到筛选和聚拢用户的目的；通过为线上用户提供场馆概览、服务信息、活动展示等基础内容，结合用户自行转发的平台机制，迅速传播博物馆相关信息，降低宣传成本，达到涟漪宣传效应；开发微信二维码导览功能，为参观者提供在线语音导览等信息服务，过程中将展厅内原有的 Flash 动画、投影视频等内容进行重新解码、整体压缩，提升展示效果；优化微信公众平台配套软件，提高推送内容观赏性的同时，规避侵犯他人知识产权的风险。

2.2 全面开启"云服务"模式

习近平总书记指出，要针对新冠肺炎疫情应对中暴露出来的短板和不足，健全国家应急管理体系，提高处理急难险重任务能力。在全国文博场馆齐心战"疫"的同时，我们也看到疫情是对文博场馆应对突发公共事件能力的一次大考，对场馆的安全运行和"云服务"水平提出了更高的要求。当前，新冠肺炎疫情仍在全球肆虐，中国在夺取全国抗疫斗争重大战略成果的基础上，抓紧恢复生产生活秩序，取得显著成效。

今后，北京自来水博物馆严格落实疫情防控措施，进一步提升公共服务水平。借助互联网络平台及时开展公共安全、意识形态及业务知识等方面的培训，使全体从业人员正确认识疫情，合理规避意识形态风险，切实提高知识水平和业务能力，提升思想认识和责任意识。

在原有北京市自来水集团官方网站网上预约参观系统的基础上，博物馆暂停现场购票服务，采取实名电话和线上预约制，借助北京市文物局建设的北京市博物馆大数据平台功能进行线上预约，确保日接待量不超过日最大承载量的 50%，瞬间流量不超

图 3　市民使用北京市博物馆大数据平台预约参观

图 4　北京自来水博物馆云直播

过最大瞬时流量的 20%，在保障公共卫生安全的同时，满足公众文化服务需求。

不仅如此，博物馆还依托微信公众平台，引导公众正确认识疫情、消除疫情恐慌，增强战胜疫情的信心和决心，树立对首都供水事业的正确认知，放心使用自来水；通过推出线上新展览、新板块、新活动，使公众足不出户就可以全面感受到北京自来水的独特魅力，在传播自来水文化、展示自来水历史、普及自来水科学知识的同时，满足了新冠肺炎疫情发生以来人民日益增长的精神文化需求。借助电视、广播、网络、报刊等途径，不断探索、创造机会，努力提升公众在网络宣传活动中的参与感，借助自来水便民缴费服务等与日常生活息息相关的科普宣传活动之契机，进行网络直播，将博物馆精品文物、科普活动教具带到直播现场，生动讲述北京自来水的前世今生，进一步塑造供水企业的良好形象，使博物馆知识充分融入公众日常生活。

由此可见，数字化手段的开发与应用给公众提供了更多的选择和更便利的服务，解决了时间、空间带来的限制；满足公众日常生活需要的"云服务"模式，提升了公众的体验感、参与感，"云"端也成为博物馆数字化与数字博物馆建设的重要阵地。

3. 百年工业建筑遗存的数字化保护

2014年，习近平总书记考察北京时指出：历史文化是城市的灵魂，要像爱惜自己的生命一样保护好城市历史文化遗产。北京是世界著名古都，丰富的历史文化遗产是一张金名片，传承保护好这份宝贵的历史文化遗产是首都的职责。如何使用数字化手段传承和保护百年工业建筑遗存，成为北京自来水博物馆近年来主要研究的工作之一。

博物馆清末自来水厂旧址被列为北京市文物保护单位，入选中国首批工业遗产保护名录和北京市近现代优秀建筑保护名录。旧址始建于光绪三十四年（1908年），是北京第一座水厂，占地面积约26800平方米。旧址由蒸汽机房、烟囱、来水亭、聚水井、水厂办公旧址、老更楼、水塔地基遗址等市级文物保护建筑构成，保存了较为完整的厂区环境、自来水工艺布局以及部分生产设施与设备，展示了清末时期厂区风貌及北京自来水处理工艺流程，独具自来水行业特色的工业景观特征和工业美学价值。

历经百余年岁月的洗礼，旧址在暴雨、地震等诸多自然因素的影响下，遭受了一定的破坏，虽经多次保护性修缮，但仍存在一定的安全风险。目前，博物馆所掌握的关于旧址建筑的基础资料仅有建厂初期的文字数据，而建筑图纸等重要信息均未能保存下来，给建筑的保护与修缮带来了一定的困难。

图 5　清末自来水厂旧址"来水亭"建筑

为此，北京自来水博物馆与北京市文物局合作，借助三维激光全信息采集技术对清末自来水厂旧址百年工业建筑进行数据信息采集。使用 Z+F 和 FARO 三维激光扫描仪，运用激光反射原理对建筑物进行全方位扫描，形成"点云图"数据，通过专业设备绘制成图，将建筑的详细数据显示出来，且现有数据与原始数据误差控制在 3 毫米以内。

将三维激光全信息采集技术应用于文物建筑空间形态基础数据采集已经成为一种

图 6　清末自来水厂旧址全景正摄图　　图 7　清末自来水厂旧址"来水亭"建筑正摄图

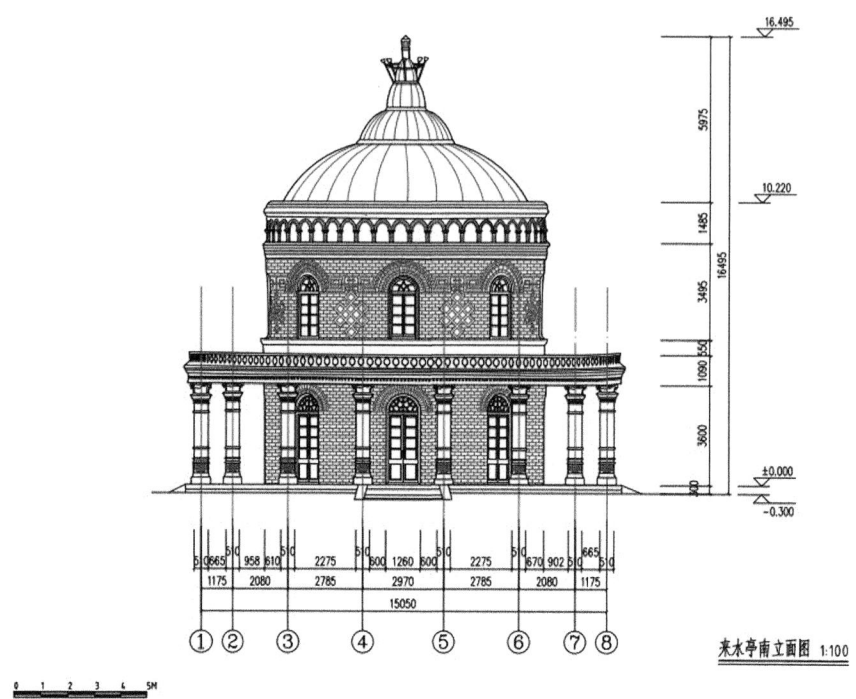

图 8　清末自来水厂旧址"来水亭"建筑 CAD 图

国际化文物保护趋势。该技术测量点全覆盖、信息量大、几何尺寸精度高（毫米级）、形态高保真，测绘周期相对较短、人工干预少，是满足保护修缮、科学研究和档案记录的有效手段，也是实现数字保护、监控、大数据管理的基础。测绘工作的成果是对文物建筑基础资料的重要补充，为日后对文物建筑进行深入研究提供重要的依据。

笔者认为，应用数字化手段对文物建筑进行科学检测和诊断评估，能够实现安全预警，最大限度地减少损失，使文物建筑档案更加立体化，为文物的复原修复工作提供极大的帮助。

综上所述，本文重点阐述了北京自来水博物馆在场馆建设、公共服务、文物保护等领域使用的数字化手段。将多种科技手段充分融合，达到较强的互动体验效果；充分挖掘互联网络平台的阵地功能，提升虚拟现实的互动体验感；将数字化手段应用到文物保护中，更好地为文化遗产保护与利用提供新的活力。

世界文化遗产数字化保护平台的功能设计
——以故宫博物院遗产总貌为例

常梦龙[*]

摘要：世界文化遗产具有不可再生、不可替代的特点，为了更好地保护世界文化遗产，越来越多的遗产地开始建设遗产监测系统，依托物联网和信息化手段提高管理的精细化与智能化水平。随着技术的普及，遗产数字化保护领域已经从初级的监测应用向科学化、体系化迈进，恰当地使用技术手段达到更好的管理效果是数字化保护的核心。经过八年数字化监测工作的积累沉淀，故宫已经具备丰富的数据储备，基于故宫博物院世界文化遗产监测总平台中遗产总貌模块的设计过程，以其为研究样本，梳理故宫数字化保护工作成果，介绍遗产地数字化保护方案，分析建设过程中遇到的问题，探讨技术手段如何落实保护理念，探索遗产保护从监测到管理的转变过程，为遗产保护系统建设提供架构参考和建议。

关键词：世界文化遗产；数字化；监测；故宫博物院；预防性保护

---

[*] 常梦龙，故宫博物院数字与信息部，馆员。

1972年联合国教科文组织大会第17届会议通过了《保护世界文化和自然遗产公约》，公约中给出了世界文化遗产和自然遗产的定义，并规定凡被列为世界文化遗产的地点都应受到所在地国家的严格保护。遵照其有关真实性、完整性的要求以及我国文物"保护为主、抢救第一、合理利用、加强管理"的方针，国内各遗产地都在不断推进遗产地的保护工作。

随着技术手段的不断革新，文化遗产保护的方式也在逐步升级，从被动式保护逐渐升级为利用科技手段预防为主的主动式保护，敦煌莫高窟、良渚古城遗址、龙门石窟等世界文化遗产地都开始了数字化监测保护的工作，通过利用遥感测绘、温湿度监控等方式监测自然影响因素，同时利用视频分析、贴近摄影测量等手段评估观众客流和修缮工程等人为干预因素。

故宫是中国明清两朝沿用近500年的皇家宫廷遗址，是世界上现存规模最大、保存最完整的古代宫殿建筑群，1961年被国务院列为第一批全国重点文物保护单位，1987年被联合国教科文组织列入《世界遗产名录》，作为遗产地受到保护。2011年故宫博物院成立世界文化遗产监测中心，开始了不可移动文物的数字化保护工作。2017年故宫博物院发布《故宫保护总体规划》（2013—2025），制定了遗产价值整体保护的工作内容。参照此规划，2019年故宫博物院世界文化遗产监测总平台（以下简称"总平台"）项目启动，遗产总貌模块是总平台管理遗产基础信息的核心部分，涉及类型复杂且年代跨度大的遗产数据，如何应用恰当的信息技术进行管理，消除数据壁垒，提高数据可读性，保护文化遗产数据安全，让遗产能有效地被保护和利用是摆在项目建设过程中的难题。

1. 故宫世界文化遗产的数字化保护工作

1.1 故宫遗产的价值载体与保护进程

故宫是以紫禁城为主体的中国明清皇家宫廷建筑群，历经明清两朝（1420—1912年）、沿用近500年，占地面积合计106.09公顷。其中不可移动文物以紫禁城（含午门至端门地段）为主体，包括大高玄殿、皇史宬、清稽查内务府御史衙门等产权归属故宫博物院的明清皇家建筑群，总计文物建筑面积23.33万平方米。建筑群按照朝政礼仪、生活起居、宗教祭祀、园林休憩、内务管理等皇家的各种功能需求与礼仪制度，形成不同的功能片区与围合的院落单元，几乎包含了全部中国古代官式建筑类型与相关营造技艺。

庞大的占地面积以及丰富的建筑类型为故宫的遗产保护工作提出了更高的要求，从 2011 年 10 月起，故宫先后建设了室外陈设、气象监测、观众动态监测等十余个专项监测系统，涵盖古建本体、外部环境因素等多维度的监测信息，在这个过程中监测团队积累了丰富的资料与经验，故宫的数字化监测体系也逐渐形成。

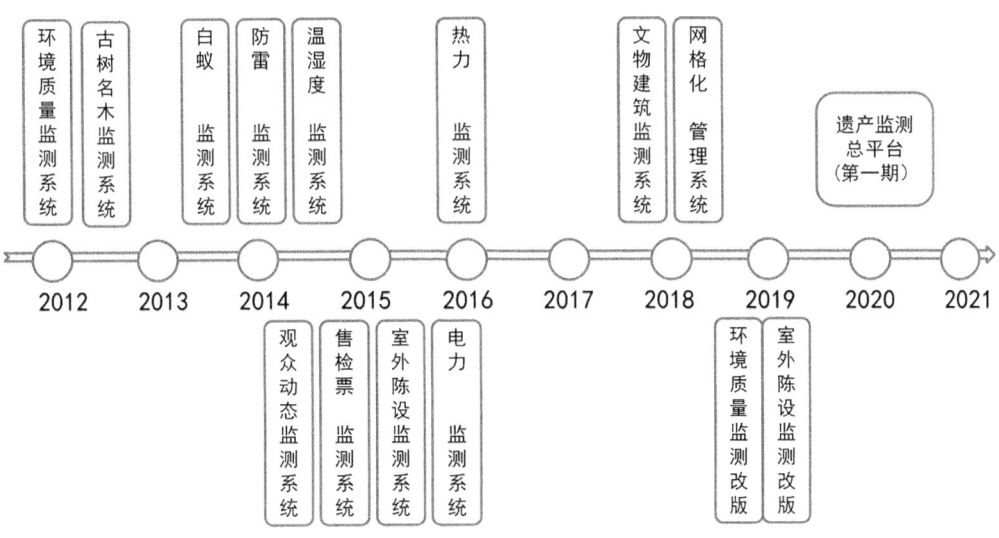

图 1 故宫数字化监测体系进程

1.2 总平台的功能逻辑

2019 年总平台项目正式启动，以"平安故宫""数字故宫"为依据，依靠数字化手段，对多个监测子系统数据进行汇总，对故宫基础数据进行管理，同时科学评估故宫遗产保护工作成果，为保护工作提供决策依据。

总平台设计架构共有五大业务模块：遗产总貌、管理评估、风险评估、监测评估及年度报告。

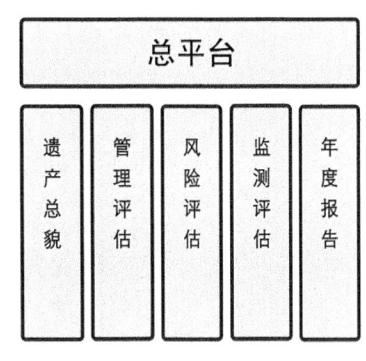

图 2 总平台功能架构

其中遗产总貌模块作为基础数据的管理核心，全面记录和展示遗产区相关信息；管理评估、风险评估、监测评估三个模块分别从不同维度记录并评估故宫针对遗产保护做出的工作情况；年度报告则根据上述内容形成报告。

遗产总貌模块与故宫遗产关联最为紧密，是最客观记录和管理故宫博物院世界文化遗产的功能模块。

2. 遗产总貌的功能设计

遗产总貌是故宫监测体系中与遗产本体关系最紧密的部分，数据维度多，为了更好地存储与利用，在功能设计部分需要从数据分析、采集、交互、可视化与安全多方面进行考虑。

2.1 功能概述

区别于单纯的信息管理系统，总平台遗产总貌的数据种类多、关联性强，既有空间分布又贯穿时间，所以在遗产总貌的功能设计上就不能套用传统的信息管理系统。在空间上要以图库一体化思路展示故宫的遗产区、缓冲区范围以及遗产要素的位置分布；在时间上要考虑业务上记录和研究年代变化对遗产影响的需求；在数据层面上要以恰当的方式全面管理各类不可移动文物要素的基本信息，同时展示遗产区多层级的价值评估、保存现状等情况。

依照建设目标进行系统需求分析，遗产总貌要全面完整展示故宫博物院文化遗产，

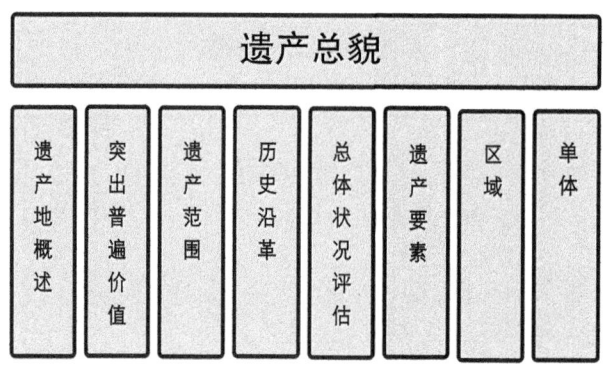

图 3　遗产总貌功能结构图

建设内容包括三部分：遗产总体状况、遗产要素以及其他遗产相关信息。

遗产总体状况包括全面展示明清故宫（北京）遗产区的总体状况，包括遗产地概述、突出普遍价值、遗产范围、历史沿革以及总体状况评估。

遗产要素要明确遗产区、缓冲区以及完整的遗产要素清单，按照单体及区域进行区分。故宫的要素清单包括房屋、墙、门、室外地面、排水设施等23大类。

其他遗产相关信息包括：完整展示非遗产区内的文物建筑、室外陈设和古树名木遗产要素的信息内容及统计信息的展示。

2.2 数据类型

为更好地完成遗产总貌全部内容的管理和展现，数据的收集工作非常重要。参考故宫历年提交的《故宫博物院世界文化遗产监测工作报告》以及其他监测子系统中的数据，根据遗产总貌模块的功能需求，梳理遗产数据的元数据清单。此前故宫尚未系统地对遗产元数据进行过梳理，本次工作中也暴露出了一些问题。

不可移动文物相关的各项遗产数据分散在各个子系统中，由于故宫缺乏统一的数据基础平台，信息孤岛现象严重，存在数据时效性低、准确性不明等问题，需要进行数据清洗。除此之外，部分数据尚未数字化，只留存在纸质档案中，因此元数据的梳理对于总平台的建设至关重要。元数据库主要存储数据目录、数据字典等相关信息，同时记录数据的血缘，为总平台的数据建设打下扎实基础。

经过充分的数据调研与整理，遗产总貌相关的元数据清单整理成型。按照数据类型进行分类，遗产总貌包含结构化数据及非结构化数据，同时含有空间数据（空间数据严格来讲属于结构化数据的一种，总平台本着一张图的设计理念，大量地应用GIS技术实现可视化呈现，具有一定的特殊性，故单独讨论）。

结构化数据包含遗产要素名称、位置、管理单位与基本信息（建筑编号、名称、管理部门、建筑面积、建筑层数、建筑间数、代表影像、历史沿革、价值评估等），数据来源为文物建筑监测、室外陈设和古树名木等其他子系统的信息资源。

非结构化数据包含测绘图、历史照片、文献档案以及监测报告，同时还有代表影像、分级地图等文件。对于特定格式文件，如图片、视频，可实现在线浏览播放。

空间数据方面，总平台通过整合网格化管理系统数据，获取并完整展示遗产区和缓冲区的范围边界，结合 GIS 技术，实现遗产要素空间分布、要素清单信息呈现等可视化功能，并提供遗产要素快速查询。

表1 遗产总貌元数据清单—数据来源（部分）

类别			数据来源	
			内部模块	外部系统
遗产总貌	总体状况	概述	直接填写	
		遗产范围	直接标识	
		遗产概述	底层数据—建系统时录入，可修改	
		空间景观	直接填写、录入	
		现存问题	直接填写、录入	
	遗产要素	综述	概述/总体评估	直接填写
			要素统计	
		遗产要素	文物建筑信息查询	内部模块"监测管理—文物建筑"	文物建筑监测系统、网格化管理系统
			室外陈设信息查询	内部模块"监测管理—室外陈设"	
			古树名木信息查询	内部模块"监测管理—古树名木"	

2.3 可视化呈现

故宫信息化起步较早，建设的信息系统较多，总结设计经验并考虑用户特点形成了《故宫博物院 i 故宫系统平台设计规范》。参照此规范，遗产总貌模块的页面布局主要由主菜单导航区、二级目录导航区、功能展示和操作区三个部分组成。在充分分析业务逻辑的基础上进行原型的设计，在与目标受众反复沟通后确认结构设计，划分整个模块的逻辑分类与语词定义，提升用户使用的便捷性与设计传达的准确性。

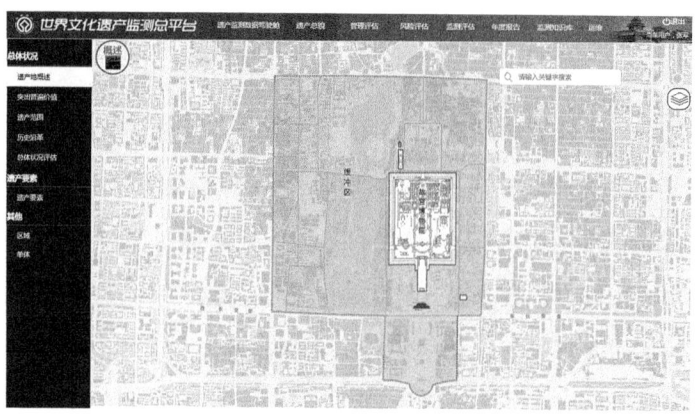

图4 遗产总貌原型设计

主题五：博物馆数字化与数字博物馆

图 5　历史沿革时间轴设计，以时间维度展现遗产状况

图 6　遗产要素 GIS 地图界面

根据合理性原则，考虑到遗产总貌模块区别于其他系统模块的特殊性——即存在时间分布，所以在设计过程中也加入了时间轴的设计，清晰明确地展现不同时期故宫的相关资料。

空间分布上，结合网格化管理系统的 GIS 地图服务，采用图库一体化设计，将遗产要素、遗产地及缓冲区范围依据地理坐标准确地在地图上进行标绘。每一个要素与数据之间都是双向关联，可以互操作，保证了操作的便捷性。

2.4　数据的传输与通信

考虑到遗产总貌设计与子系统的数据交互，数据格式多样，数据来源复杂。根据数据来源不同，数据库建设流程也不同。基础 GIS 地图数据基于现有的数据基础，通过数据格式转换和数据导入，如 shp、dwg、tiff 等格式的基础数据，通过人工校对导入数据库。业务数据库数据主要来源于现有业务系统，通过数据库访问接口、Web Service、数据服务接口、数据抽取、文件拷贝等方式实现业务数据库的数据建设。同时还有一部分数据通过填写录入等方式建设，如图纸报告需要进一步在图纸上提取信息并入库。最后通过一系列数据整合、处理等流程，实现文化遗产空间数据库和文化遗产业务数据库的数据建设。

2.5 数据的存储与互操作

数据的存储事关整个系统的稳定性和安全性，需符合故宫博物院信息化安全等级要求，满足等级保护三级设计。

遗产总貌模块的数据存储设计提供有效的安全机制，保证系统和数据库的安全，针对不同保密等级的信息资源采取不同的信息安全技术和策略（如加密、安全认证、所有数据都存储到 RDB 等），确保系统和数据的安全。

数据库安全性：通过中间层管理软件检测和验证用户连接，通过为存储在介质上的数据提供一个额外的保护层来保护重要数据。

遗产总貌数据来源于监测子系统，每个子系统的架构设计、数据结构都不相同，同时彼此间又存在数据关联。如建筑编号在多个子系统中都有体现，作为建筑的重要基本信息，关系到系统间通信的匹配，一旦某个系统中数据发生改变，且未与其他系统同步，将会出现连锁的数据错误，纠正工作则需要大量的人工投入。所以遗产总貌设计中要求每个子系统不但要准确反映单项监测数据对的内容，同时要与其他系统互联协作，做到数据及时同步与数据真实性校验，如果发现异常，需通过报警功能及时处置。

2.6 数据安全

遗产总貌包含故宫大量专业数据，是一代代故宫人的心血结晶，更是中国乃至世界的文化积淀，数据安全的重要性可想而知。同时由于总平台复杂的数据架构，多系统的互联互通导致数据环境难以掌控。

总平台整体设计是结合防火墙技术提高内部网络的安全性，阻断不安全的外部数据请求。技术上自身加强入侵防范，监视端口扫描、强力攻击、木马后门攻击、拒绝服务攻击、缓冲区溢出攻击、IP碎片攻击和网络蠕虫攻击等恶意行为。对于内部用户设置严格的权限控制，避免数据穿透与误操作，做好严格的访问控制。多种技术手段相结合，才能确保文化遗产的各项数据在管理和应用的过程中是安全的。

总平台遗产评估模块采用B/S（Browser/Server，浏览器／服务器模式）架构，结合GIS（Geographic Information System，地理信息系统）技术尝试性探索故宫遗产信息的数字化保护的功能设计方案，建设了多系统间的数据交换机制，梳理不可移动文物元数据清单，是故宫不可移动文物的重要管理模块，也是故宫遗产数字化管理的一次重要实践。

数字化建设过程中显露出了故宫数字化工作中的一些问题，如暂时缺乏数据管控平台，古建数据与行政、人事等系统数据无法联通；因技术更新换代导致数据质量参差不齐以及部分信息缺失和数据不准确等问题。这与早期的系统建设理念中缺乏数据建设的内容有关，故宫信息化建设需要及早进行优化升级，在未来可以结合数据治理项目，对故宫的数据生态进行整体提升，有望解决这一系列相关问题。届时将不仅影响遗产监测数据，而且行政、安防、文物等多领域数据都有望互联互通，实现科学化、规范化的存储和利用。

数字化提升是文化遗产地精细化、智能化管理和遗产保护工作的重要组成部分，既需要扎实的理论依据，也离不开新兴技术的良好支撑，二者缺一不可。遗产保护工作需要长期的人力、资金投入，不断探索发掘，还要不断研究新技术、新模式。在这个过程中，技术与理论的平衡关系需要经过仔细考虑。在应用技术时，要认识到技术是为保护工作服务的，要充分满足研究保护人员的需要，以尽可能贴切的手段对数据进行合理展示；同时还应加强学习，拥有行业视野，以前瞻性思维考虑未来文物保护行业的发展方向，在系统建设过程中提前做好准备，提供优质、便捷的数字化服务，让文化遗产更好地保存下去。

参考文献

[1] 中国共产党. 保护世界文化和自然遗产公约[J]. 文明, 2015(11):332-335.

[2] 王旭东. 基于风险管理理论的莫高窟监测预警体系构建与预防性保护探索[J]. 敦煌研究, 2015(1).

[3] 郭青岭. 世界遗产视角下良渚古城遗址系统化监测的实践和思考[J]. 自然与文化遗产研究, 2020(3):47-58.

[4] 陈建平. 龙门石窟预防性保护的探讨[J]. 中国文化遗产, 2019(01)

[5] 单霁翔.《故宫保护总体规划》(2013—2025)的意义及实施对策[J]. 故宫博物院院刊, 2015(05):6-16.

[6] 狄雅静. 故宫的遗产监测——从故宫世界文化遗产监测总平台的架构谈起[J]. 中国文化遗产, 2020, No.97(03):45-50.

影像资料与数字资源利用
——以万寿寺万佛楼内罗汉像为例

李 蓓[*]

摘要：近年来，随着数字技术和网络技术的发展，博物馆、图书馆的藏品数据逐步丰富，为文物和历史研究提供了新的资料和视角。本文通过对19世纪末以来多位摄影师拍摄的北京西郊万寿寺影像进行整理和分析，通过自19世纪末20世纪初留存至今的影像资料，梳理万佛楼中的陈设格局，重现精致珍贵的罗汉塑像，进而探讨博物馆的数字化建设与共享，在深入挖掘文物资源的文化内涵、弘扬中华民族优秀传统文化方面的重要意义。

关键词：万寿寺；近代摄影；数字化；影像资料

万寿寺位于北京市海淀区，地处长河北岸，始建于明万历五年（1577年），经清康熙、乾隆、光绪时期多次扩建，成为京西著名的皇家大寺。万寿寺占地三万余平方米，分为东、中、西三路，中路为主体建筑，依次为山门、天王殿、大延寿殿、万寿阁、

---

[*] 李蓓，北京艺术博物馆，副研究馆员。

大禅堂、假山、乾隆御碑亭、无量寿佛殿、光绪御碑亭和万佛楼等，主殿的两侧均建有配殿、配房、群房等附属建筑。东路为方丈院，西路为行宫院。各组建筑布局严谨，错落有序，是研究明清寺院建筑的典型实物资料。

19世纪40年代，摄影术传入中国，至1860年前后在中国普及。从最初的建筑摄影、人像摄影，到纪实摄影、新闻摄影，这些影像史料多角度、全方位地记录了晚清以来的社会生活。自19世纪末起，多位摄影师曾来到北京西郊万寿寺，拍摄了当时万寿寺的园林建筑及历史风貌。他们拍摄的照片成为研究万寿寺历史沿革的重要依据。近年来，随着数字技术和网络技术的发展，世界各大博物馆、图书馆的藏品数据逐步丰富，这些影像资料变得易于检索，为文物和历史研究提供了新的资料和视角。

1. 万佛楼内的罗汉塑像

万佛楼也称万佛阁，始建于清康熙年间，位于万寿寺最后一进院落，坐北朝南，面阔七间，二层楼阁式建筑，楼的下层称三圣殿，楼上为千佛阁。万佛楼在乾隆、光绪年间经历了数次重修和补塑。据1931年万寿寺寺庙登记记载："万佛阁一层供奉释迦牟尼佛铜像一尊，高九尺；文殊菩萨铜像一尊、普贤菩萨铜像一尊、观音菩萨铜像一尊、地藏菩萨铜像一尊，均高六尺；木质侍者像十一尊，高三尺，状态不一；泥塑十八罗汉一组，高二尺，状态不一；二层供奉五方佛泥像五尊，高六尺；泥质侍者像十一尊，高三尺，状态不一。长寿佛泥像一万尊，高四寸，状态不一，在万佛阁上下依墙壁雕龛供奉。"

对于万寿寺内的罗汉像，在晚清至20世纪初的报刊和笔记中多有记载。如1930年5月31日《北京画报》第85期的《万寿寺之游（下）》中，作者记述自己在万寿寺游览时所见万佛楼内罗汉："再后为三圣殿，两旁十八罗汉长约尺许，十八尊者人各一态，神情栩栩，眉目欲活，较之前大殿所塑，艺术尤佳。至于法衣之花纹，亦均不同。余所见北京各寺之塑像极多，其艺术之佳，实无能驾此殿罗汉之上者。"

对于万佛楼中罗汉像的去向，1940年《中国文艺》第1卷第5期《雕塑之页》记载："京西万寿寺中之泥塑，惟妙惟肖，颇具写实主义作风，为明末作品，惜于廿六年秋该寺不戒于火，此诸精品亦遭回□。"1937年万寿寺作为戒毒所期间确实曾经失火，但被烧毁的楼宇为第三进院中的万寿阁,而非万佛楼,且万寿阁中并无罗汉像。1937年4月30日《申报》中也曾报道:"[北平]万寿寺北平第二烈性毒犯戒除所,廿八日午夜,因电门爆炸,走火延境,至廿九日晨五时始熄灭,计焚去万寿阁大殿三间,东配殿及瓦房十间,极珍贵之罗汉堂幸未波及。"可见《中国文艺》报道所述罗汉像被毁原因不确,应为作者调查不确。

历史的真相或许无从了解,但万佛楼中的罗汉像确实未能保存至今。幸而通过20世纪初留存至今的影像资料,我们可以了解万佛楼中的陈设格局,重现那些精致珍贵的塑像。

2. 罗汉塑像影像资料分析

2.1 "地球档案"照片

1908年至1931年,法国银行家阿尔伯特·卡恩(Albert Kahn)派遣多位摄影师到世界各地进行拍摄,共摄制72000多张彩色照片和超过100小时的电影胶卷,记录了20世纪初50多个国家的社会生活,被称为"地球档案"。每张照片均附有说明,记录了拍摄地点和时间。这批照片中有9张万寿寺内的照片。

图1为"地球档案"系列影像集中的照片,拍摄时间为1912年6月22日,拍摄地为北京万寿寺。根据前文所引20世纪初档案记载,可以确定拍摄地为万佛楼内一层。

图1 万佛阁内罗汉像

图片来源:https://opendata.hauts-de-seine.fr。拍摄位置在万佛楼内一层。

2.2 赫达·莫里逊的照片

1933年至1946年间，德国女摄影师赫达·莫里逊（或译为海达·莫里循，Hedda Morrison）在北京及周边山东、承德等地拍摄。她去世后将10000多张底片和6000幅照片全部捐赠给哈佛大学。哈佛大学燕京图书馆已经将这些照片进行数字化并在网络中公布，每一张照片均附有简单的描述，可以帮助我们确定照片的内容。

图2为赫达拍摄的万佛楼内景，原照片名称为"Temple interior showing seven Luohans and wall with Buddha reliefs at Wan shou si"（万寿寺内的七尊罗汉像和佛龛）。

图2　万佛楼内罗汉像

图片来源：www.hpcbristol.net。拍摄位置为万佛楼内一层。

通过与"地球档案"照片的对比可以发现，卡恩所摄照片拍摄的七尊罗汉像与赫达所摄照片中的塑像有六尊重叠，即卡恩拍摄照片的右起第一尊为赫达所摄照片的右起第二尊，依次排列。卡恩拍摄照片左起第一尊在赫达所摄照片中没有收入。通过这两张照片，我们可以确定万佛楼内东侧九尊罗汉像的其中八尊。

目前已经发现的有文字记载可以确认为万寿寺内罗汉像的照片只有上述两批，但通过与已知的八尊罗汉像对比，我们可以从其他摄影师的作品中筛选出万寿寺的照片，进而探索这些塑像的更多细节。

2.3 拉里贝照片集

1900年到1910年间，法国摄影家菲尔曼·拉里贝（Firmin Laribe）在法国驻华公使馆内负责安全保卫工作。工作之余，他拍摄和收集了400余张照片，内容涉及清末中国社会的方方面面。目前这批照片收藏于法国国家图书馆。

拉里贝所摄的照片来源比较复杂，拍摄时间和文字描述均不确切。将拉里贝影集中的照片（图4）与卡恩和赫达所摄的照片进行对比，可以确认为万寿寺万佛楼内东侧的罗汉像，与赫达所摄照片中右起第一至四尊相同。

2.4 佩克哈默的照片

1913年海因茨·冯·佩克哈默作为水手跟随奥匈帝国海军舰队来到中国，1914年11月起在北京担任奥匈帝国驻华使馆卫队成员。1917年至1920年间作为战俘，在当时作为"西苑俘虏收容所"的万寿寺内生活。在此期间，佩克哈默除了拍摄战俘们在万寿寺中生活的照片，还几乎走遍了当时北京所有的大型佛寺和风景名胜，拍摄建筑细节、寺内僧人和市井百态。根据佩克哈默的生活轨迹，他在北京拍摄的时间为1914年11月至1920年初。

图5中的照片未标明拍摄位置，通过供桌等细节对比，可以确认拍摄位置在万佛楼一层，其远景处有罗汉塑像九尊。根据造型对比，可以确认上文照片中所摄万佛楼内东侧九尊罗汉的排列顺序。卡恩照片所摄为从南至北第二至八尊，赫达照片拍摄的是从南至北第一至七尊，拉里贝照片则记录了从南至北第一至四尊塑像的细节。

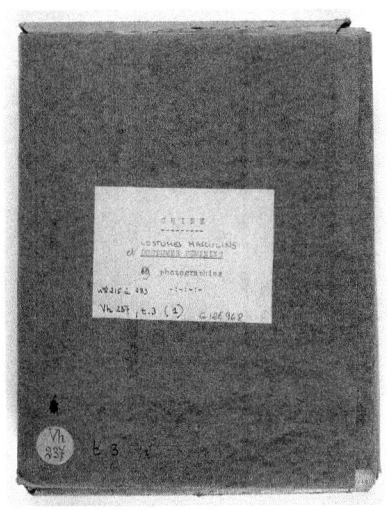

图3 法国国家图书馆藏 Firmin Laribe 摄影集封面
图片来源：https://gallica.bnf.fr。

图4 万佛楼内一层罗汉像
图片来源：https://gallica.bnf.fr。

佩克哈默的照片中另有一尊罗汉塑像（图6），怀抱一只小狮子，表情细致生动，堪称雕塑精品。编著者未能确定其拍摄位置。

通过对比阿尔伯特·卡恩、赫达·莫里逊和拉里贝拍摄收集的照片（图7），可以确认佩克哈默所摄罗汉像为原万佛楼内十八罗汉之一，位于东侧南起第三尊。佩克哈默的照片相比前三张照片更加清晰，保留了塑像的更多细节。

在老照片的整理和使用中，经常遇到照片作者不明、年代不清或标注不详的情况。尤其是近景照片或艺术照片，在缺乏周围环境参考的情况下，难以确认拍摄的主体，加之这些照片多为20世纪外国摄影师拍摄，摄影师本人对于拍摄地缺乏了解，照片命名随意，为影像资料的检索和利用增加了困难。因此，在研究过程中，了解摄影师生平对于照片资料的检索具有重要意义。同时，应尽可能多地收集同一拍摄对象的照片资料，由于摄影师拍摄角度和细节的差异，一些照片中不够清晰的细节可以由其他照片补全，某些由于标注不清、不能确定拍摄对象的照片也可以通过这种对照进行确认。

图5 一名僧人在跪拜佛像（拍摄位置为万佛楼三圣殿内），徐家宁编著，《海因茨·冯·佩克哈默》，郑州：文心出版社，2017.1，P121

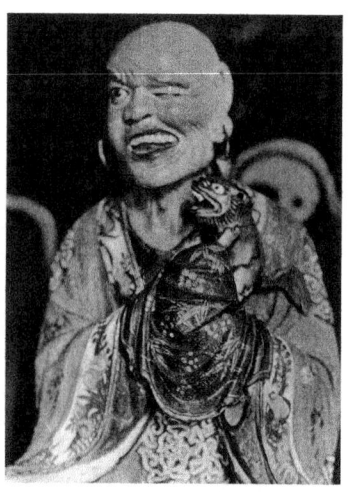

图6 万佛楼三圣殿内的罗汉像，徐家宁编著，《海因茨·冯·佩克哈默》，郑州：文心出版社，2017.1，P70

图 7　卡恩、赫达和拉里贝拍摄的罗汉像

3. 影像资料的数字化与利用

早在 2013 年，习近平总书记就指出："要系统梳理传统文化资源，让收藏在禁宫里的文物、陈列在广阔大地上的遗产、书写在古籍里的文字都活起来。"2014 年，总书记在北京察看玉河历史文化风貌保护工作展览和河堤遗址时指出："历史文化是城市的灵魂，要像爱惜自己的生命一样保护好城市历史文化遗产。"总书记多次指出："文物承载灿烂文明，传承历史文化，维系民族精神，是老祖宗留给我们的宝贵遗产，是加强社会主义精神文明建设的深厚滋养。保护文物功在当代、利在千秋。""要加大文物保护力度，弘扬中华优秀传统文化、革命文化、社会主义先进文化，培育社会主义核心价值观，加强公共文化产品和服务供给，更好满足人民群众精神文化生活需要。"

要保护好、利用好文化遗产，需要引入更新、更现代的科学技术手段。现代科技的飞速发展，互联网的普及和应用，推动博物馆适应现代信息化社会的需求，将文化传播与技术相结合。"敦煌的女儿"樊锦诗对于数字技术有这样的描述："任何有形的物质都将归于无形。无论我们怎样努力，都只能延缓莫高窟的衰老，数字技术也许可以将洞窟的详尽信息完整地保留给后人。"

拥有 3000 余年建城史、800 余年建都史的古都北京，历史悠久，古迹众多。遍布京城的文物建筑作为文化传承的物质实体，是文化传承中的"参与者"与"见证者"。2020年4月公布的《北京市推进全国文化中心建设中长期规划（2019年—2035年）》中提出，要加快公共文化服务数字化建设。规划指出："开展首都重大历史文化遗迹、博物馆珍贵藏品、古籍善本、城市记忆载体、非物质文化遗产等数字化工作，构建标准统一、互联互通、便捷实用的首都特色公共文化数字资源库。……到2035年，实现数字图书馆、数字文化馆、数字博物馆各区全覆盖，充分发挥数字文化服务在公共文化服务体系建设中的重要作用。"

博物馆是人类收藏历史记忆凭证和熔铸新文化的殿堂，是传播文化、传承文明、启发民智的重要载体，是建设公共文化服务体系、实现文化大发展大繁荣的重要组成部分。近年来，各大博物馆、图书馆对馆藏影像资料进行数字化，影像资料出版物和数据库资源日渐丰富。博物馆的数字化建设与共享，在深入挖掘文物资源的文化内涵、弘扬中华民族优秀传统文化方面具有重要意义。

参考文献

[1] 孔祥利.北京长河史万寿寺史[M].荣宝斋出版社，2006.

[2] 李学通，古为明编著.中国德奥战俘营[M].福建教育出版社，2010.

[3] 张树伟编著.万寿寺史料汇编[M].北京联合出版公司，2017.

[4] 徐家宁编著.海因茨·冯·佩克哈默[M].文心出版社，2017.

3D 技术在博物馆中的应用前景

王 放[*]

摘要：近年来，随着社会各项学科的发展及其与博物馆学的相互融合，极大地推动了博物馆的运营模式和发展理念，这其中就不乏 3D 技术在博物馆中的应用，从而给博物馆带来更多的可能性和发展方向。例如，3D 扫描和 3D 电子数据库及归档使博物馆文物藏品的各种信息被永久保留，且扫描的藏品数据信息可以随时随地查阅和探索；3D 复制技术还可以实现大型藏品或者脆弱藏品的复制品展示，甚至可以在展场中实现多感官的互动。除此之外，3D 复制技术也在文物保护方面表现出色。由此可见，未来 3D 技术在博物馆中的应用会给博物馆带来更多的可能性和发展方向。

关键词：3D 扫描技术；触控技术；数控铣床

科技的进步在推动经济发展的同时也给人们的生活带来了前所未有的改变，生活的便利和高效带给人们更多的自我支配时间，闲暇之余，人们除了享受物质的丰富

---

[*] 王放，北京艺术博物馆信息部，副研究员。

之外也期待文化生活的多样化。博物馆作为人们提高自身精神文化生活水平的重要场所之一，自然也要不断调整自身的运营模式和发展理念，以应对大众需求的转变。在众多科学技术中，3D 扫描技术的进步和应用给博物馆带来无限想象和发展的可能性，这体现在博物馆职能的很多方面，本文就 3D 技术的应用在博物馆数据存储、归档、修复、展示以及公众互动等方面作出的卓越贡献以及未来的发展前景进行详尽阐述。

1.3D 扫描和 3D 电子数据库及归档

文物拥有百年甚至千年的历史，是独一无二、不可多得的。但随着时间流逝，文物会因各种原因受损或者老化，文物保护技术的不断发展更新也无法阻挡文物不断恶化的脚步，这给文物数据的准确采集和存储造成很大的困难。现如今，采用数字化技术对文物进行三维扫描，采集文物数据和历史信息，则可使数据永久保存。

3D 扫描技术是利用三维扫描仪获取目标物表面各点的三维空间坐标以及颜色信息，并由获取的测量数据构造出目标物三维模型的一种全自动测量技术。伴随社会不断发展和计算机技术的不断提高，3D 扫描和打印技术在商业用途中逐渐增多并走向成熟，技术变得更加完善和高效，经济成本也逐年降低，促使 3D 数字技术在博物馆中的运用也变得更加现实。在博物馆中不乏很多体量庞大、易碎而难以展出的藏品，针对这些特殊藏品，使用 CAD（计算机辅助设计）软件创建 3D 数字模型，可以在不接触藏品的情况下，利用 3D 扫描（使用激光或结构光）就可以实现藏品最准确的记录。3D 数字扫描还可以实现不同形式的数字化展示，给博物馆以及公众带来藏品探索的全新体验。在博物馆中，通过操作软件使用 3D 数据呈现的藏品变得越来越直观，通过智能软件能够使观察者全方位对经 3D 扫描的物体进行探索。除此之外，随意改变其中任何参数（如照明条件）还可以揭示一些肉眼无法察觉的细节。探索者还可以把扫描物件的碎片和集合进行重新组合，或者把大型物件在屏幕中并排比较，抑或不同物件的工具及标记重叠比较。如果用磁共振成像技术对藏品进行 X 光扫描，不仅可得到藏品内部信息，还可以得到外部准确的数据，这给博物馆文物修复以及数据存储带来无限可能性，被扫描的藏品信息也可以随时随地让探索者远程获取。

现如今，很多国家的文物部门已经意识到了高分辨率电子扫描的重要性，3D 扫描经常被用作检测那些由于忽视、故意损坏文物和环境因素造成的藏品恶化。如果一件物品在扫描之后开始恶化，那损伤部分可以以电子形式和复制品的形式重新创造。对博物馆而言，使用 3D 复制品这种形式除了能够更好地辅助藏品修复，还可以改变藏品展示的方式。举例来说，如果一件物品正在快速恶化，那准确的复制品就能够取代原本展示。一个典型案例可追溯至 2000 年，在默西塞德郡的因斯布伦德尔大厅花园正面有两块罗马时期的大理石浮雕被扫描并被大理石复制品替代。用复制品代替原作的做法虽然存在争议，但是，在这个案例中，由于原始浮雕处于极度易损的危险状态，如果能够把原作存放在博物馆固定的可控环境中，或许能够最大限度地减少对原作的损害。这种为了保护原作而展出复制品的例子很多：图坦卡门墓和著名的西班牙史前阿尔塔米拉洞窟由于旅游被损害得非常严重，为了减少原作的风化和破坏，阿尔塔米拉洞窟的复制品在专门建立的博物馆中向观众展出，以满足观众的好奇心。伦敦的维多利亚与艾尔伯特博物馆也有两个专门收藏复制品的大厅，这些复制品包括米开朗琪罗的《大卫》和吉贝尔蒂的《天堂之门》。2016 年，文物保护专家将有着 2000 年历史的巴尔米拉贝尔神庙拱门的复制品带到了纽约和伦敦，亦是人们意识到这座叙利亚故城所遭受的破坏。2012 年，伦敦奥运会期间，一家建筑公司对大英博物馆收藏的帕太神庙大理石雕塑进行了 3D 扫描，并将之放置到奥运村中。随之，许多博物馆逐渐开始展示或收藏非原作。这些复制品可能不具有与原作相同的经济价值或历史价值，但它们的美学价值相当，且教育价值也没有减损。还有很多博物馆将扫描重造的物件运用到触觉展览、外展或教育活动项目中。例如，内蒙古博物院"流动数字博物馆"同样采用初评和 AR 增强现实技术，把文字、声音、图片、视频及三维数字模型等全方位、立体性地展现出来，并应用于流动大篷车中，把博物馆里的文物运输到交通不便的偏远地区，为观众带来"身临其境"的感官体验，既保证了文物本体的安全，又提高了珍贵文物的展出率。

  2008 年，伦敦大学学院开始探索 3D 扫描数据库如何应用于数字策展中，与此同时还研发可与博物馆中现存藏品数据库配合使用的直观可搜索程序和可分享数字数据库等更多值得探索、值得期待的数字化产品。虽然数字信息正逐步应用在博物馆数据库中，但不得不承认的是，目前绝大多数的博物馆数据库并没有完全建立起能支持大量三维数据的数据库。其中的原因很多：3D 扫描的费用、数据库的维护、培训以及物体扫描过程中的安全数据的存储等问题都可能造成目标难以实现。

2.3D 扫描技术带来的触感体验

在全球所有的博物馆中，即便没有明确规定，我们也知道参观者都是被禁止触摸展品的：简易的隔离带、观众距离展品太近时发出蜂鸣声的感应器、地板平面化的变化、将展品放置于玻璃展柜内等。其原因十分简单：多数艺术品的损坏，除了运输造成的之外，主要是由漠视规则的观众随意触碰所导致的。维修展品的费用是十分昂贵的，于是博物馆展厅内就会常见各种标语：请勿触碰画作，请勿触摸画框，请勿触碰装置与雕塑，请勿携带蜡笔或铅笔进入博物馆，请勿打开设备抽屉，请勿打开盖子或请勿坐在桌椅上，如果您是坐轮椅而来，请留心不要让您的脚踏板与设施或墙壁磕碰，等等。

这些措施清楚地反映了人类本能的一种深层需求：触摸物体来获取物体相关的信息。那么，触摸是否已经被排除在博物馆体验之外了呢？如果触摸仅仅表示具体身体部位（手）和物体之间的接触，答案是肯定的。然而，在我们参观博物馆期间，虽然没有手的触摸，但我们身体感觉却不断地在进行信息的传递。也就是说，置身于博物馆中，禁止触摸不会阻止观众进行多感官体验环境的表象，我们会不断地进行其他身体感觉的体验。将触摸概念拓展至身体感觉和多感官知觉至少有两层含义：首先，博物馆限制观众的触摸不一定意味着感受艺术品的身体体验完全缺失；其次，允许触摸不一定意味着观众会对艺术作品获得更为精确的感知。

如今，3D 复制技术的发展和应用实现了珍贵艺术藏品的"复制品"展出，给观众带来可以触摸的新体验。常规的复制品的制作采用两种方法：一种方法是快速成型，通过结合一层层的材料或粉末创造出立体物的叠加式工艺法；另外一种方法是数控铣床（计算机数控），通过驱动机床对所造材料进行选择性的材料去除。3D 打印能够创建那些很难通过其他方法来进行制作的具有复杂内部特征的物体。扫描仪可以精确地捕捉颜色和纹理，并将出色的方案提供给数字扫描仪，虽然有时打印的实物仍然具有一定的变量。随着 3D 打印设备的价格逐渐下降，这项技术给整个博物馆和美术馆提供了更多的可能性，使得博物馆与美术馆中最优秀的作品能够源源不断地被复制和分享。耐磨的替代品可以放置在触摸桌、外展服务区或用于永久触摸展览，复制的展品还能够服务于那些患有视觉障碍或由于经济、地理局限而不能到达博物馆的人群。围绕藏品用途发展的活动以及新兴活动也会随着稀有或珍藏文物的3D印刷品的增多而增加，而所需的物品可以在课堂里进行下载和打印，或通过类似于曼彻斯特博物馆的触摸设备进行探索。我们坚信，随着时间的推移，3D扫描可以进行远程下载，正如我们现在下载图书一样，还可以用于交流和探索。

除了单纯地复制藏品，某些藏品的复制品中还可以附加上触控技术。触感是一种利用计算机来体验触摸的感受，它是许多数字设备中重要的元素之一。它最常见的形式便是用户在玩电子游戏时所体验到的物理震动。触感技术最早在20世纪50年代末60年代初出现，代表科学家是拉尔夫·莫舍，他在自己的机器人系统和外部骨骼上使用了该技术，但该技术的价格和成本一直较高，故未得到广泛使用。直到现在，该技术的价格和成本才得以降低，同时尺寸实用性变强，感官反馈更为可信。传统意义上的人机互动主要是视觉上的，在屏幕上使用文字、数据或图像，使用键盘和鼠标在二维平面上输入和操作，并没有物理响应反馈给用户。触感技术能提供触摸（触觉的）和动作（动觉的）反馈，能够模拟诸如物品的重量等物理性质。用户可以感受摩擦、材质或阻力，同时触感硬件能将这些物理性质传回用户，使他们能够感知屏幕上发生了什么。触感交互有很多形式，如触摸鼠标、触笔和操纵杆等。

2021年曼彻斯特博物馆开发了一套触感系统，这是技术提供者克里斯多夫·迪恩在接受"视碍咨询"时开发的。曼彻斯特博物馆挑选那些一旦展出后无法被接触的和那些过于脆弱以至于无法被长期触摸的藏品，将其特征详细明确地加入界面中来帮助视碍者定位物品，并了解附加的情景信息。通过触摸来探索物品已不再需要博物馆公共设施就能实现远程体验，建立一些三维"检测"房间来让用户体验物品的历史、生产工艺和使用。在3D空间中使用空间声场是另一个重要的特征，它不仅给出了物品的材质信息（轻敲时会产生共振），而且让视碍用户能够在三维空间中定位物品。触感交互能让对感官反馈感兴趣的所有类型的博物馆观众为之神往，孩子们则会自然而然地被计算机设备吸引，从而快速地适应在空间中自由地移动触笔，探索和观察他们平时不一定会关注的物品。尽管对于博物馆来说，打造一种真正直观与有益的体验任重而道远，但我们仍坚信它的发展对于提供给观众娱乐化的学习体验仍有巨大的潜力。

曼彻斯特博物馆中与数字触摸技术相关的一个项目为亥西苏乃卜耶夫（Hesyunebef）石碑，该项目通过扫描石碑（这块石碑蕴含着复杂的家庭关系、权位与宗教信仰的故事）制作了石碑的复制品。除了一小部分拥有专业知识的人外，大部分的观众都不知道这些故事。被镶嵌在复制品里面的智能传感器能够通过触摸被触发。传感器被精心安置在复制品中，供观众自行进行主题、符号与故事的探索。观众可以感受石碑的表面（采用手工上色的方式从而更加接近原作），感受雕刻的弧度，并触发与雕刻细节信息（如象形文字、物体或字符）相关的声音与图画文件。这些图片和声音文件通过浮雕复制品旁的屏幕和扬声器进行播放。虽然这只是一个复制品的模型，但该技术的运用仍可以通过复制品所呈现的具体线索来讲述隐藏在文物中的历史和故事。

除此之外，3D打印技术还在文物保护方面发挥了出色的作用。其实，在国内也已经有相关文博单位开始采用3D打印了，四川广汉三星堆博物馆就是其中一家。"在3D打印技术出现之前，仿制文物以及修复文物，都要在文物原件上覆一层软泥，工匠以此为基础才能制造蜡模。但这种传统手法多少会让文物受到污损。至于那些诸如绢帛、绸缎、陶俑等特别脆弱的文物，几乎不敢怎么动。"四川广汉三星堆博物馆文物保护部副部长余健面对媒体时曾这样说，"以往，我们使用传统的人工描线来制作模具。制作一件简单的青铜器仿制品，大约需要花去一个熟练工匠一个月的时间。有了3D打印机，他们只要用一个多星期扫描、打印、建模，之后的一个多星期将打印出来的零件组装起来。其中，打印一个青铜器部件需要10小时，比我们手工复制要快很多倍。整个过程总的算来，要比原来节约一半的时间。最重要的是，复制和修复的误差几乎为零，对文物的损耗也几乎为零。"

综上所述，3D技术的开发和应用在博物馆和展览馆中的应用越来越广泛，虽然这些新技术并不能取代观看或持有真实物品的独特体验，但却能够大大提高我们对文物的理解，使我们更好地感受文物的故事，并创造更多的互动形式。值得期待的是，或许未来3D数字化技术的应用可以为人们开辟一个参观博物馆和文化场所的新世界。

参考文献

[1] 赵志瑞. 浅析博物馆文物的数字化保护与管理[J]. 文物鉴定与鉴赏, 2019(13).

[2] 晓渝. 文物归还问题愈演愈烈 高科技复制品是否为新的选择[J]. 中国美术报, 2018(137).

[3] [美] 妮娜·莱文特, [美] 阿尔瓦罗·帕斯夸尔－利昂主编, 多感知博物馆~基于触摸、声音、嗅味、空间与记忆的跨学科视野[M]. 王思怡、陈蒙琪译. 浙江大学出版社, 2020年.

[4] 余健. 3D技术在文物修复中的应用——以四川广汉三星堆博物馆三维扫描和3D打印为例[J]. 科技经济导刊, 2017(017).

古代服饰数字化保护与修复技术初探

李华飙　孟　竹　李　洋　王若慧*

摘要：古代服饰是中国历史源远流长的实物见证，亦是中华民族伟大精神的重要载体。其中，明清服饰是古代服饰发展的集大成者。本研究通过对中国明清服饰的全面整理、研究和传播，结合人工智能技术，为当下的文物修复与保护提供新方法、新技术，具有重大而深远的意义。

关键词：人工智能；古代服饰；数字化；保护；修复

"中国有礼仪之大，故称夏；有服章之美，谓之华。"古代服饰是中国历史源远流长的实物见证，亦是中华民族伟大精神的重要载体。让历史文物资源活起来，让文化网络空间亮起来，让民族精神内核传下去，是习近平总书记念兹在兹的大事。中国现存的古代服饰历经千年，内容涵盖宗教、历史、艺术、地理、风俗等诸多领域，是一

---

* 李华飙，中国国家博物馆数据管理与分析中心主任，中国国家博物馆馆藏资源活化技术文化和旅游部重点实验室，正高级工程师。
　　孟竹，北京师范大学艺术与传媒学院。
　　李洋，中国国家博物馆数据管理与分析中心，中国国家博物馆馆藏资源活化技术文化和旅游部重点实验室，馆员。
　　王若慧，中国国家博物馆数据管理与分析中心，中国国家博物馆馆藏资源活化技术文化和旅游部重点实验室。

个巨大的历史文化资料库。其中，明清服饰是古代服饰发展的集大成者，于前朝丰富的审美意向之上，吸收发展了高超的艺术制式和织造技艺，将艺术、技术与文化完美融合。

然而，作为最脆弱、最不易保存的有机质文物种类之一，古代服饰面临严重褪色、变色、破损甚至碎裂等保存问题，对我国明清服饰的研究和文物活化传播构成了挑战。传统修复技术只能通过对单一服饰的显微镜观察进行操作，对人力、物力与时间的要求十分苛刻。目前，中国丝绸博物馆、故宫博物院、上海历史博物馆等还在沿用此修复流程，但对于我国现存的大量明清服饰来说，亟须一套高效科学的修复方式和配套的活化应用。同时，如何将大量的明清服饰特征及其修复规律形成知识网络，将修复技术与文物研究的脉络联通，也是本领域研究有待攻坚之处。

1. 人工智能技术助力服饰文物修复研究

目前，学术界对人工智能技术应用于考古研究和文物保护领域达成共识，国内外积极开展文物数字化项目：斯坦福大学的"米开朗琪罗项目"，包括 2 亿个雕塑面片和 7000 幅彩色照片；故宫博物院与日本凸版印刷株式会社合作的数字故宫项目；秦始皇兵马俑博物馆与西安四维航测遥感中心合作的"秦俑博物馆二号坑遗址三维数字建模"项目等。侯妙乐等人提出，传统的技术手段已不能为文物保护修复提供有效的科学支撑，基于高精度三维模型的相关文物数字化保护工作成为可能。利用人工智能和三维数字化采集技术，可以在更加安全的环境下收集文物的精确信息，实现修复特征提取的高效化。

然而，由于服饰文物保存困难、易变形、纹理丰富、材质特殊等原因，目前古代服饰尤其是明清服饰数字化采集的工作仍寥寥无几，亟须在三维数字化的技术基础上研发出更具适配性的修复流程与专项设备。

应用人工智能技术来实现古代服饰研究和保护需解决三个关键问题，即三维数字化采集技术研发、数据库构建及虚拟修复技术应用。以明清服饰为例，为解决上述问题，可从四个具体部分构建研究的总体框架（如图 1 所示）。首先，开展对明清服饰文献资料的收集与整理；其次，对明清服饰进行高精度三维数字化采集，获得精确的原始数据；再次，通过大量数据的智能处理，形成中国明清服饰文物数据库和知识图谱；最后，通过数据库与各类知识图谱的建设，实现对明清服饰文物虚拟修复系统和色彩智能复原系统的研发，用新技术、新方法助力明清服饰的修复工程。

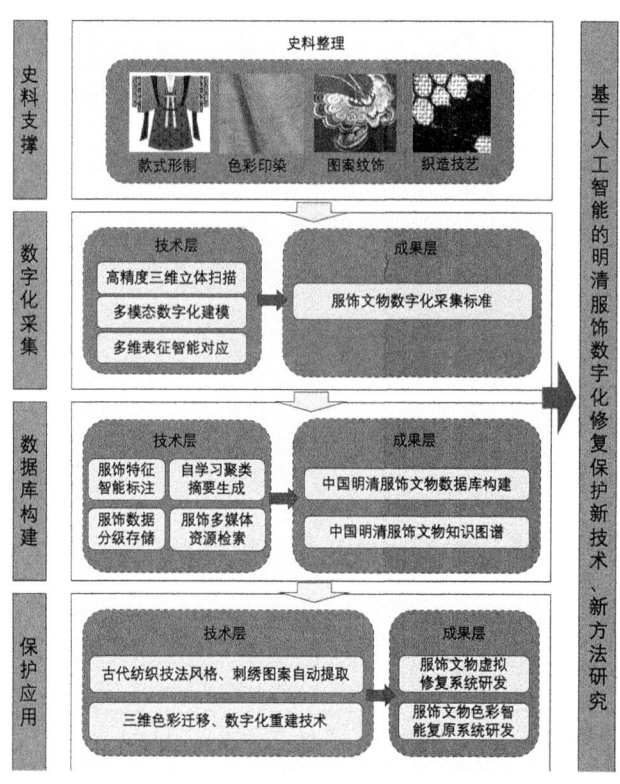

图1　中国明清服饰采集、整理、虚拟复原研究与数据库建设总体设计框架

2. 明清服饰史料支撑

对中国明清服饰的相关文献资料进行收集，包括古籍文献、期刊会议论文、学术专业著作、图片视频影像、采访专家记录、各地历史档案等素材。将收集的资料进行整理，重点记录文物的历史背景、款式形制、图案纹饰、织造工艺等信息，形成扎实的理论支撑，并进行相应的数字化记录，为后期形成中国明清服饰文物数据库奠定基础。

3. 明清服饰三维数字化采集技术研发

明清服饰在材质和结构上比较脆弱且稳定性差，因此在三维数字化采集过程中，需要更加注意采集的环境与技术。首先，空间上需要保持一定的密闭性，防止空气扰流对明清服饰信息采集的干扰；其次，时间上需要将图像采集时间控制在 30 分 / 套以内，防止过度曝光带来的文物损害；最后，三维数据采集需要使衣物在安全平铺的状态下达成正背面数据对齐和明清服饰纹理细节的精准采集，但由于明清服饰的脆弱性，不适宜用填充物做支撑，这对三维数字化采集技术提出了新的挑战。

在三维扫描阶段应准备多种技术方案，以应对不同材质、纹理及形状的空间文物采集工作，制订专门针对明清服饰的数字化采集标准并研发相应的扫描辅助设备。利用非接触式的点云数据，反映出明清服饰的空间分布情况。同时，通过标点定位技术，使衣物在安全的情况下达到正背面及多角度的细节对齐，以收集到最贴近文物原貌的精确数据。

在高精度扫描环节后，利用双目立体匹配原理，可以得到明清服饰各面的空间位置信息，从而获取各面的点云分布情况。经过重叠视角匹配以及视角集成，对各面点云信息进行处理，获得目标物体的完整点云模型。同时，根据历史背景资料与实际人体数据考证，可以基于多模态机器学习处理出多种明清服饰的展现形态，达到数据收集、分析和展示等多重应用。

在三维数字化的过程中，图像可以更加清晰地反映物体表面的材质情况。因此，采用高像素相机对明清服饰进行图像采集，并将采集后的三维点云信息和二维高清图像进行智能融合，可以得到更加全面且直观的服饰特征。采用纹理贴图的手段将像素点附着在点云信息的表面，最终形成结构与细节并重的数据信息。同时，将对明清服饰的形制、图案、绣法、颜色等表征进行多维提取与对应，为进一步形成智能数据库创造可能。

4. 明清服饰的数据库构建

目前全国范围内明清服饰的精确采集数据量较少，为便于后续研究，在大量采集明清服饰数据后，需构建数据库以备储存。同时，在数据库构建后，如何将现有精确数据在修复工作中的作用发挥到极致，也是需要解决的一大技术问题。知识图谱的建立需要在明清服饰特征标注、分类、提取层面做到更加智能的聚合，并形成一套科学合理的修复方案。这对建立智能数据库及知识图谱提出了更高的技术要求。

为构建完善的明清服饰数据库，需要将三维数字化阶段形成的明清服饰特征信息进行智能标注与知识图谱的建设。这项工作可以更加全面地将明清服饰的特征进行结构化的知识检索，并形成从明清服饰本体细节到色彩体系、图案源流、制式演变等多渠道的相关信息，为今后在修复明清服饰时提供更加智能化、个性化的语义检索。

数据库建立后，应设置分级检索应用标尺，从色彩、纹理、形状、空间位置等特征开始，进而补充图像的抽象属性，并结合对服饰语义和图案纹饰结构的分析，实现对相关服饰的检索。继而实现以文献资料为桥梁，达成从服饰到相关文献，再由文献回到服饰的关联检索。为更好地帮助各类文物的修复工作，还将继续扩充数据库体量和智能检索范围，实现从服饰到相关绘画、瓷器、工艺品等其他古代文物的检索。

分级存储是根据数据的重要性、访问频率、保留时间、容量、性能等指标，将数据采取不同的存储方式分别存储在不同性能的存储设备上，通过分级存储管理实现数据客体在存储设备之间的自动迁移。针对图案几何构造、主题、风格、内容对象以及频次等特征，建立可计算机评价的模型，用计算机技术来实现对服饰检索结果的筛选和关联度呈现，达到更加便捷、更加高效且具有精确度和信息量的数据库存储与检索系统。

基于大量数据和智能检索技术，后期将在明清服饰文物数据库的基础上研发明清服饰的多媒体资源检索技术。建立对照标型，按照服饰创作制造年代和相关环境，从主题、构图、造型、风格等方面实现服饰文物资料的自动分类。最终，实现更加个性化的语义检索框架，并能够在语义层面理解检索者意图，针对各种研究者的需求提供更科学的结果呈现。

5. 明清服饰虚拟修复技术应用

目前在明清服饰的修复工作中，主流的解决方案是依靠 X 射线荧光光谱分析仪检测污染物元素成分、三维视频显微镜观察织物组织结构、生物学显微镜观察纤维纵向与横截面的不同形状鉴别种类。但这套体系存在耗时久、人力投入大、体系难复制等问题。当大量明清服饰数据形成智能数据库后，需要在现有的方案基础上，针对图案几何构造、主题、风格、内容对象以及频次等特征，建立可计算机评价模型，用计算机技术来实现对服饰检索结果的筛选。现有的分类技术没有考虑到古代服饰特有的时空性，也缺乏对造型、风格等特征进行区分的能力，需要进一步形成专项的明清服饰虚拟修复系统和智能色彩复原系统，高效改善目前的修复方式，并将技术推广到更多明清服饰的修复领域。

在传统的修复流程之上，基于前期的明清服饰采集数据和数据库中的相似案例，可以建立智能手段快速定位到文物的几何形态，产生科学的修复依据。针对文物的破损区域，首先通过图像分割方法对纹理区域边缘进行提取，确定破损区域；其次，通过曲率、水渍面积、槽型特征等数据判断织法边缘的受损情况，进行轻度、重度、危度的分级病害程度分析；再次，对缺损区域的织法技术进行判断，在数据库中寻找相似案例；最后，将相同织法的效果施于破损区域的点云，进行虚拟复原填充，同时可以作为参考方案协助传统服饰修复工作。

色彩是我国明清服饰的重要审美内容，但在漫长的保存过程中不可避免地出现褪色、变色等现象。基于对现有的明清服饰的数字化采集数据，通过预处理、聚类提取、色差矫正、规则关联等手段，可以得到明清服饰的主色、辅色、装饰色在色谱中的对应点，最终获得配色结构。同时，利用创建的明清服饰文物数据库进行特征对比，通过记载史料、多媒体资源等信息对比还原文物的真实色彩数据，并对知识图谱进行二次更新。随着数据量与色彩数据的大量开发，将形成一套智能色彩复原系统，为明清服饰的色彩还原工作提供有益帮助。

中国国家博物馆以馆藏明清服饰文物为主、各地出土的明清服饰资料为参照，围绕总体技术框架，针对人工智能技术在服饰文物保护修复领域的拓展进行深入研究。

截至 2021 年 1 月底，中国国家博物馆已选取 36 件馆藏明清服饰作为典型案例进行技术测试，完成了前期的探索性工作与调整。目前，已经就研究理论框架、三维数字化采集标准、数据库建设流程等有了初步思路，后续将完成所有明清服饰的精确数据收集和数据库建设工作。

本研究从文物保护的技术突破出发，将人工智能引入明清服饰的修复保护工作，提升文物修复效果，助力文物的保护传承与活化传播。同时，通过对明清服饰的精确数据采集和数据库建立，打通明清服饰研究间的资料壁垒，进一步助力明清服饰的研究和传承利用，致力于推广到更大范围的中国古代服饰研究与保护工作。

参考文献

[1] Levoy M and Pulli K,"The Digital Michelangelo Project: 3D scanning of large statues" [C] Siggraph. 2000. [s.l.] : ACM Press, 2000.

[2] 徐虎. 虚拟现实技术在故宫博物院的应用 [J]. 中国博物馆, 2004(03):83-86.

[3] 周蓬勃, 李姬俊男, 税午阳. 基于断裂面匹配的破碎文物的虚拟修复方法 [J]. 系统仿真学报, 2014, 26(09):2176-2179.

[4] 侯妙乐, 赵思仲, 杨溯, 胡云岗. 文物三维模型虚拟修复研究进展、挑战与发展趋势 [J]. 遗产与保护研究, 2018, 3(10):1-10.

[5] 陶立, 孙长库, 何丽, 张玉纲, 叶声华. 基于结构光扫描的彩色三维信息测量技术 [J]. 光电子·激光, 2006(01):111-114.

[6] H. Kadi and K. Anouche, "Knowledge-based parametric modeling for heritage interpretation and 3D reconstruction," Digital APPlications in Archaeology and Cultural Heritage, vol. 19, p. e00160, 2020.

[7] A. Doulamis, A. Voulodimos, E. Protopapadakis, N. Doulamis, and K. Makantasis, "Automatic 3D Modeling and Reconstruction of Cultural Heritage Sites from Twitter Images," Sustainability, vol. 12, no. 10, p. 4223, 2020.

[8] H. Rahaman, E. Champion, and M. Bekele, "From photo to 3D to mixed

reality: A complete workflow for cultural heritage visualisation and experience," Digital APPlications in Archaeology and Cultural Heritage, vol. 13, p. e00102, 2019.

[9] B. Frischer, D. Favro, D. Abernathy, and M. De Simone, "The digital Roman Forum project of the UCLA cultural virtual reality laboratory," in International Archives of the Photogrammetry, Remote Sensing and Spatial Information Sciences, 2003: Citeseer.

[10] 李群辉. 基于断裂面匹配的破碎刚体复原研究[D]. 西北大学, 2013.

[11] 康馨月, 周明全, 耿国华. 基于显著几何特征的文物碎片分类[J]. 图学学报, 2015, 36(04): 551-556.

[12] F. Cohen, E. Taslidere, Z. Liu, and G. Muschio, "Virtual reconstruction of archaeological vessels using expert priors & surface markings," in 2010 IEEE Computer Society Conference on Computer Vision and Pattern Recognition-Workshops, 2010: IEEE, pp. 7-14.

[13] M. Lu, B. Zheng, J. Takamatsu, K. Nishino, and K. Ikeuchi, "3D shape restoration via matrix recovery," in Asian Conference on Computer Vision, 2010: Springer, pp. 306-315.

[14] 王晨. 破损丝绸服饰文物的保护与修复研究[J]. 文物保护与考古科学, 2005(01): 54-58+68.

[15] 周麟麟, 蒋玉秋, 徐敏, 李倩倩, 王瑞霞, 魏书亚, 马清林. 山东青州龙兴寺北齐菩萨像服饰研究和色彩重建——以24号菩萨立像为例[J]. 中原文物, 2019(01): 120-127.

[16] 丁培利, 王亚蓉. 明代女衫的时尚演变——从一件出土四合如意暗花云纹云布女衫说起[J]. 南方文物, 2019(02): 259-269.

[17] 杨素瑞. 清代宫廷服饰色彩考析[J]. 丝绸, 2014, 51(05): 69-73.

基于私有云技术的终端管理系统
——以故宫博物院办公网络为例

荣　理[*]

摘要： 本文以故宫博物院办公网络中的实际案例为出发点，阐述了基于私有云技术的终端管理系统的概念，并对故宫博物院终端管理系统的架构进行了简要说明。分别列举了故宫博物院在私有云技术架构下终端网络管理方面的五个代表性功能。之后分析了故宫博物院终端管理中存在的一些问题，并提出了现如今的解决方法。故宫博物院办公网络的实际案例，展现出了运用私有云技术的终端管理系统，可以在建设博物馆网络方面发挥重要的作用和价值。

关键字： 私有云技术；终端管理；博物馆

随着故宫博物院计算机网络及信息化系统的不断建设，全院已经形成了文物影像采集加工、文化遗产监测、行政办公等众多信息系统集成的信息化管理平台。全院全

---

[*] 荣理，故宫博物院数字与信息部，工程师。

网接入信息平台的各类办公电脑终端，各个业务部门还有大量接入网络的传感器类网络设备。随着办公网络接入设备的不断增多，办公电脑使用不当或私接网络设备影响院内网络稳定与安全的事件时有发生，这对故宫博物院的网络安全监管工作提出了更高的要求。为了完善故宫博物院的网络安全管理规范，贯彻落实《中华人民共和国网络安全法》，提升网络安全管理水平，故宫博物院通过运用私有云技术，搭建了终端管理系统，以此保障全院网络安全稳定。

1. 什么是基于私有云技术的终端管理系统

基于私有云技术的终端管理系统是指在一定的网络架构下，内部用户不与该架构下的外部网络环境进行交流，以此保证了内部数据的安全。该网络环境中存在着独立的策略和数据，对内部用户下达统一指令，让整个网络环境运行有秩序、有规则，减少了内部冗余的结构。总而言之，基于私有云技术的终端管理系统就是为特定的群体构建网络环境，对内部用户进行统一的管理，达到用户彼此间数据资源安全共享，网络环境稳定运行。

随着未来大数据、人工智能、物联网和5G等新兴技术的普及应用，会有越来越多的博物馆走向数字信息化，博物馆中的终端安全管理会成为重中之重，近几年来，已经有博物馆开始告别传统网络架构，使用私有云技术来完善自身的办公网络，搭建起终端管理系统，用来保护网络安全稳定。

2. 故宫博物院终端管理系统的架构

故宫博物院是最早一批把私有云技术运用到终端管理系统的博物馆之一。其中故宫博物院的办公网络中保存着大量的影像数据和办公文件，出于对安全的考虑，所以采用办公网络与互联网隔离的方法来保证信息安全。故宫博物院私有云技术下的终端管理系统架构大体可以分为两大部分：管理端和客户端。

2.1 管理端

管理端是整个私有云终端管理系统的核心,部署在管理服务器上。管理端会通过移动存储介质从互联网中下载最新的私有云漏洞补丁、病毒库等,上传客户端所需要的办公软件。

管理端会对客户端进行策略下发、状况监控和控制管理等操作,同时会收集所有用客户端上传的数据和升级、更新问题,以便调整策略和管理,完善自身系统架构。

2.2 客户端

客户端部署在私有云架构下所有的终端办公计算机上,通过在线安装或者离线安装包进行安装。客户端相互独立又相互联系,每个客户端各自都能接收、更新管理端发来的系统漏洞补丁、病毒库和软件等,来升级自身安全防护。一旦独立的客户端升级、更新出现的问题时,都会进行数据上传,及时反馈给管理端进行调整,确保其他客户端能够正常使用下发的数据。

3. 故宫博物院终端管理的应用实例

运用私有云技术的终端管理系统在故宫博物院办公网络中体现了众多方面的应用,下面列举了五个代表性的功能来进行介绍。

3.1 终端漏洞补丁和病毒库的更新

故宫博物院的办公网络与互联网进行物理隔离,办公网络上的计算机终端不能进行漏洞补丁和病毒库的更新升级,虽然整体网络属于较为安全的独立网络,但是一旦出现漏洞,或有病毒通过一些手段进入,就会对整个办公网络形成毁灭性的打击。所以通过私有云技术,在管理服务器上搭建了一套办公网络的漏洞补丁和病毒库。每隔一段时间,通过移动硬盘、U盘等移动存储介质从互联网中下载整个办公网络所需要的漏洞补丁和病毒库,管理端通过策略把这些漏洞补丁和病毒库下发给客户端,让安装有客户端的计算机终端都可以打上漏洞补丁并且查杀病毒。

而单个终端在打漏洞补丁和查杀病毒的过程中所遇到的问题,也能及时反馈给管理端，管理端通过调整下发的策略，避免其他客户端遇到此类问题。通过这一过程保证终端和整个网络的安全和稳定。

3.2 终端外接存储设备的管控

故宫博物院合作单位众多，人员较为复杂。但有些内部资料不得通过外接存储设备进行拷贝，而且外接存储设备一旦携带病毒并传染给一个用户终端，这个用户终端会通过传播感染到本院内部各个终端，后果将不堪设想，所以可通过私有云管理端对客户端下发外接存储设备管控的策略。客户端用户向管理端申请，得到管理端允许的外接存储设备才可接入办公网络，并且对允许接入的外接存储设备设立三种模式：仅读、可上传和可编写，满足不同终端的需求。

通过私有云架构中对外接存储设备的管理策略的应用，杜绝了故宫博物院重要数据外泄和终端感染病毒的风险。

3.3 终端私有化办公软件库

管理端管理员在管理服务器上上传一些互联网上免费的、平时办公常用的正版软件以及故宫博物院自主开发的应用软件，搭建起自身的软件库。通过私有云终端管理系统平台的策略，可强制客户端安装一些必要的软件，策略要求客户端不可卸载。对于一些非必须安装软件，客户端可通过访问软件库，获取所需软件。而且客户端用户也可以上传自己的软件到管理服务器上，管理端管理员对上传的软件进行审核，如认为该软件对其他客户端用户办公有所帮助，并且无病毒或版权问题，可批准上架软件平台，供其他客户端下载、使用。当一些软件版本过旧或者在客户端不再使用时，管理端管理员会及时下架该软件，以减少管理服务器的存储、运载负担。

这样一套依托于私有云技术的终端私有软件库，不仅能防止因客户端任意安装运行各种娱乐软件、盗版软件甚至带有病毒的软件，而给故宫博物院带来诸多声誉问题、版权问题和自身安全问题，又能通过一些客户端上传的软件来弥补管理端在用户办公软件方面的局限性，完善该网络架构中的软件库，以此打造故宫博物院专属的办公软件库。

3.4 终端信息的收集

管理端可以通过客户端获取到每一台计算机终端的软件和硬件信息内容，软件方面包括读取计算机系统和所安装的软件等版本；硬件方面包括显示器、CPU、主板、内存条、硬盘和键鼠等配件。

管理端编辑好个人信息登记的界面，通过策略下发到每个客户端上，计算机终端会强制弹出资产登记界面，用户看到弹出的登记界面后，如实填写个人信息，如果不进行填写的话会反复弹出，直至填写完毕。如果用户个人信息情况发生变更，用户也可以通过客户端对信息进行更改。

管理端收集终端计算机的软、硬件信息以及用户个人信息，方便管理人员对私有云架构下的计算机终端进行管理和统计。通过收集，管理人员在管理端可以查看每个客户端的个人信息和计算机终端情况，也可查看整体网络下的信息汇总情况。这对统计全院计算机终端资产和人员信息产生了很大的帮助。

3.5 终端远程协助

故宫博物院全网计算机终端数目多、分布距离远，在未使用终端管理系统时，计算机终端用户报告使用故障后，需要运维人员亲自赶赴现场进行处理，但通常大部分上报的故障都是入门级的，只需要简单操作便可解决。

使用私有云技术搭建的终端管理系统后，管理端通过策略下发，可以对需要帮助的客户端进行远程协助操作。当运维人员申请远程协助，终端用户同意后，运维人员可对远程计算机终端进行异地操作和检查系统问题，来解决一些基础性终端问题。这样可以充分发挥技术优势，为计算机运维人员节省普通终端故障处理时间，提高运维服务的效率和质量。

4. 故宫博物院终端管理面临的难题

通过对私有云技术的应用，故宫博物院的办公网络终端管理基本维持了稳定和安全，但是在实际应用过程中，还是会面临一些急需完善解决的难题。

4.1 涉及用户隐私

私有云技术是基于管理端对客户端下发数据，而客户端得到数据后，又向管理端上传反馈自身数据来完成的。所以管理端会很容易收集到每个客户端的个人数据，这会使客户端使用人的隐私遭到窥探、泄露和传播，存在非常大的风险。

目前的办法只有对管理端人员加强管理，组织学习相关法律知识，提高自身法律意识，通过国家法律来进行约束。

4.2 客户端体量小

私有云架构下的终端管理体系需要大量的客户端接收漏洞补丁、软件等数据，然后将这些数据使用情况反馈给管理端，管理端对这些数据进行分析，对个别无效或者有害的数据谨慎下发、寻找替代数据或者不发送给其他客户端，以此达到一个良性的循环。但故宫博物院办公网络是一套封闭的网络结构，自身与互联网物理隔离，所以客户端相对较少，导致客户端所取得的数据也相对较少。

目前新搭建的故宫博物院办公网络已经运行了一段时间，随着客户端不断接入，已经形成了一定规模，但是对于私有云架构所需的体量还是相对较少。

4.3 数据更新滞后

故宫博物院办公网络不能接入互联网，虽然管理端通过移动存储设备每隔一段时间会下载、更新数据，但是由于时间的滞后，不能达到实时更新数据的效果，这对终端管理的时效性大打折扣。

现如今拟通过网闸等安全设备的加入，让管理端接入互联网，从互联网中获取数据，客户端还是只能访问到管理端，不能访问互联网，让整体架构处于半隔离网络环境中。但这一方法会大大增加该网络框架整体的风险等级，还是需要进行大量的测试和验证之后，才可正式投入使用。

博物馆数字化这一概念已经在众多博物馆中展开，其中保证终端安全稳定已经成为每个博物馆网络建设中最重要的一环。上文介绍了故宫博物院以私有云技术为基础，搭建了终端管理办公平台，以此保障了网络安全的实例。文中列举了基于私有云技术的终端管理系统在故宫博物院办公网络方面的应用,也提出了使用过程中面临的难题和暂时的应对方案。本文应该能对其他想提升办公网络终端安全性、稳定性的博物馆具有一定的参考作用。相信未来基于私有云技术的终端管理系统,在博物馆数字化中能展现出更丰富的价值,也能在其他领域发挥出更重要的作用。

参考文献

[1] 杨小宁,李晓娥.桌面终端管理系统深化应用探析[J].电力信息化,2011(12).

[2] 陶波,张琳,孙伟峰.云安全技术概述[J].数字技术与应用,2014(10).

[3] 唐杰.私有云在保护个人隐私方面的利弊分析[J].科技风,2015(10).

[4] 李荣.私有云的下一步是什么[J].计算机与网络,2018(18).

[5] 刘艳妮.图书馆计算机终端管理模式研究[J].卫星电视与宽带多媒体,2019(19).

珍贵文物数字化保护和创意应用新技术探析
——以山东博物馆馆藏珍贵文物数字化保护和创意应用为例

高 震 朱仲华 李 思 王 勇 陈 臻 宋伟菖 文 阳[*]

摘要: 本文通过对山东博物馆"馆藏珍贵文物"的数字化保护和创意应用工作进行分析,结合独特的昆虫标本数字化保护和创意应用,总结提炼出珍贵文物在数字化保护和创意应用方面的工作亮点,主要体现在珍贵文物的高清无接触数据采集、高精度模型制作、交互展示及高仿真CG动画制作上,揭示了珍贵文物数字化保护和创意应用工作中应当注意的工作要点。

关键词: 数字化;创意应用;新技术;馆藏珍贵文物

文物是一个民族精神文化的物质载体,按照现行的《中华人民共和国文物保护法》

---

[*] 高震,山东博物馆副馆长,副研究馆员。
朱仲华,山东博物馆馆员。
李思,山东博物馆助理馆员。
王勇,广州欧科信息技术有限公司副董事长,高级工程师。
陈臻,广州欧科信息技术有限公司软件部副总经理,工程师。
宋伟菖,广州欧科信息技术有限公司禹湾数字雕琢部,经理。
文阳,广州欧科信息技术有限公司研究员。

的相关规定，文物可以分为珍贵文物和一般文物。对于珍贵文物的保护，因为其独特的历史、艺术、科学价值，历来是所有文物保护工作的重中之重。

近年来，随着以三维激光扫描、三维建模、数字存储、移动互联网等为代表的数字化技术的不断发展，数字化技术在文物保护和创意应用中发挥出越来越大的作用。敦煌研究院与故宫博物院在这一方面走在全国文博行业的前列，敦煌研究院早在20世纪80年代就提出"数字敦煌"的理念，由此开始了敦煌的数字化之路，并取得了可喜可贺的成就。尤其是近几年，敦煌研究院与相关单位一起开展的"AI壁画病害识别""点亮莫高窟"等项目在文物保护和创意传播方面取得了巨大的成就，一方面强化了敦煌洞窟壁画等的文物保护工作，另一方面，对于敦煌文化影响力的全面提升起到了巨大的作用。

山东博物馆是中华人民共和国成立后建立的第一座省级综合性地志博物馆，目前馆藏各类文物和自然标本约21万余件。作为走在全国博物馆前列的重要地方性博物馆，山东博物馆在珍贵文物数字化保护与创意应用方面也开展了许多探索。

1. 背景

2019年，党中央、国务院提出全面复兴传统文化的重大国策，山东博物馆决定以此为契机，实施"山东博物馆馆藏文物数字化保护"项目。以"文化＋科技"的理念来指导本次策展项目的开展，以展览项目推动山东博物馆的文物数字化工作进程，同时也能更好地提升展览效果、提升文化影响力和传播力。经过相关策展人员与专家的讨论，结合展览的文物特点，决定对展览中涉及的一部分独特珍贵文物进行数字化工作，主要包括数字化保护和数字化创意两部分。在项目实施过程中，决定通过"数字化采集→三维制作→创意展示"这样一种工作流程，来实现"保护＋创意"，充分利用数字化技术在永久存储和高效传播方面的优势，最大化呈现文物数字化的价值；同时，开发全新的交互展示手段，以在展览中更大地发挥新技术的作用，为观众带来全新的观展体验，让观众体验数字化技术在博物馆展览中的魅力。

2. 数字化保护

山东博物馆"馆藏文物数字化保护"项目的主要藏品为明代服饰和昆虫标本，由于服饰文物和昆虫标本在形态特征方面所具有的独特特点，在数字化过程中色彩、质地、纹饰、纺织工艺等的保护难度较大，在珍贵文物的数字化保护过程中更具有典型性和指导意义，因此我们选择了一批重要的"馆藏珍贵文物"来进行数字化保护工作。

文物数字化保护产生的阶段数据成果，按步骤可以分为：点云数据→图像数据→三维模型数据，不同种类的数据成果在文物保护过程中起到了不同的作用。

点云数据，是指运用三维激光扫描仪对文物进行扫描采集。该项技术可以高清记录文物表面的完整空间结构形态信息数据，在需要进行文物复制的时候，可以运用这种方式采集的数据，结合3D打印技术进行文物的高还原度等比例复制，复制出从体积结构到细节纹路几乎一致的仿品，为文物研究提供不受时间限制的基础保障。对于一些极其珍贵或因某些原因不能实物展示的珍贵文物，也可以运用这种方式低成本地快速制作复制品。图像数据，是在不受环境光照干扰的情况下使用数码相机对文物进行高清拍摄，可以呈现出文物最真实的纹理和颜色信息，同样为研究文物提供了基础保障。同时，这也是对文物进行三维建模后进行纹理颜色贴片所必需的数据信息。文物三维模型数据，则是结合了点云数据和图像数据，再经过一系列电脑图像技术处理后的产物。三维模型能将文物的结构、质感、动态，以三维立体图像的方式进行呈现，观众可以在各种平台上从不同角度实时观赏和浏览文物细节，同时各类研究人员也可以利用高精度的文物三维模型进行相关的研究，不需要将文物反复提取出库，从而起到最大化地保护文物的作用。

对馆藏珍贵文物成功进行数字化采集和建模工作后，我们运用馆藏珍贵文物项目数据采集的经验，选择了山东博物馆的部分昆虫标本进行技术验证。

昆虫标本属于馆藏品中易损毁、不可直接触碰、不宜反复提取出库的藏品类型，同时，昆虫身体上的纹路细节也十分细腻，尤其是部分昆虫翅膀上的纹理，十分美丽但又十分脆弱，进行三维数据采集和建模的技术难度较高，成本较大，对于技术突破和验证具有十分重要的意义。

3. 数字化创意

本次文物数字化创意，分为馆藏珍贵文物拼接触摸屏交互和昆虫CG影片（计算机视觉动画影片）两部分。

馆藏珍贵文物具有丰富的形制版型、布料纹路、纹饰花纹等元素，同时存在成套服饰拆分成不同部位的情况。为了让多名观众能同时对文物进行生动简单的了解，本次数字化过程中将30余套汉服三维模型进行整合设计，打造出了"汉服互动墙"互动程序。程序界面简洁美观，将30余套汉服三维模型在互动屏幕上进行滚动展示，并指引观众进行触摸交互，被观众选中的服饰会弹出专属窗口，窗口能将该服饰进行360度旋转、移动、缩放等互动展示，此外，还设置有各种功能的按钮，能将该套服饰的各个部件进行单独展示。每套服饰都提供了三维模型状态和版型展开状态的切换，让观众可以深入了解汉服工艺。

在昆虫标本展示过程设计中，考虑到昆虫标本体积较小（平均最大边长为5cm左右），在展柜内很难让观众看清其样貌，并且作为标本存在的昆虫，很容易让观众联想到其活体的运动形态动作和生存环境。因此，该CG影片根据采集构建的标本数据以及博物馆提供的相关文档图片等资料，为昆虫标本设计了一系列的模型动画及配套的CG场景和VR互动体验，让观众在大屏幕上能够清楚地观赏到标本本体的同时，还能通过动画了解各个昆虫所在的生存环境，达到视觉欣赏与知识传播的双重目的。

4. 创新性

本项目在实施过程中，由于针对对象的独特性，采取了一系列技术创新手段，确保项目的高标准实施，现归纳如下。

4.1 数据采集创新性

4.1.1 无接触采集

本次文物数字化，采用的是精度为0.01毫米的三维激光扫描仪，该仪器可对物体空间外形和形态结构进行扫描，以获得物体表面的空间结构坐标，并将其转换为计算机能直接处理的数字信号，为文物实物数字化提供了相当方便快捷高效的技术手段支持。

由于珍贵文物本体的脆弱性，不能在其本体粘贴用于数据采集的标记参照物，于是在本次的文物本体数据采集阶段，通过在非文物本体添加参照点标靶，来取代传统的被采集对象本体上的标记参照物，进行全局的高精度数据采集，用于后期拼接。在标靶布设得当的情况下，成果实现非接触测量。由于采用的仪器本身具有速度快、精度高的优点，因此采集的文物得到高精度的数据记录，为数据保存以及后续数据拼接加工步骤奠定了坚实的数据基础。

4.1.2 高精度纹理照片采集

利用高清单反相机进行整体与局部（细节）拍摄，采集文物表面的纹理及色彩信息，在拍摄的照片中筛选合适的照片进行加工处理，进行纹理贴图制作与纹饰提取。文物整体拍摄环境涵盖摄影灯、摄影平台、单反、拍摄人员等，各因素需要根据不同文物特点及现场环境特点实时调整，以达到符合实际应用的效果。

由于馆藏珍贵文物明代服饰所具有的布料柔软、易损特性，在进行照片拍摄的时候，需要将服装平铺，然而完全平铺的角度并不利于摄影灯的光线照射和相机拍摄，所以建立了专门的珍贵文物摄影平台，配合摄影灯打光、配置色卡等。

同时基于平台架设、灯光布置、色卡校色这一拍摄理念，在拍摄前，打造了服饰文物这一类珍稀文物的专属拍摄环境，同时根据环境光、文物色泽等实时调节拍摄条件，成功采集到了像素5000万以上的高精度影像照片数据。

4.2. 模型制作创新性

4.2.1 数字服饰制作

4.2.1.1 打版建模

基于采集到的服饰点云数据以及纹理照片，由服装设计专业制版师和历史文博专业的人员及公司技术部的模型师共同分析采集的服饰版型，参考采集到的各种数据进行版型重绘。然后根据版型与布料材质参数精准地塑造三维服装模型。使用专业服装模型制作软件，结合采集的数据与重绘的版型，进行服饰三维模型打板制作。

4.2.1.2 映射贴图

将高清单反相机拍摄到的纹理和色彩图片，由整体到局部，匹配模型结构的特征点，进行半自动的拼接与映射，从内部外部360度进行颜色赋予，给成果模型像素极高的颜色贴图信息，贴图像素通常为 8192×8192，贴图张数视具体应用而定，上不封顶，理论上可达到无限。

4.2.1.3 布料材质

在以往的珍贵文物数字化项目中，常常忽视文物材质的数字化展示，造成数字化的珍贵文物缺少质感，仿真度不够。在馆藏珍贵文物数字化项目中，由服装、材料专业和历史文博专业的人员组成了专业团队，共同分析古代服饰的布料材质，结合软件参数设置合适的三维服装材质，因为材质将决定布料的软硬度、褶皱等属性。由此，使我们制作的汉服数字化模型仿真度更高。

4.2.2 数字生物重构

在做好馆藏珍贵文物的模型制作后，根据汉服模型制作的经验和成果，我们继续开展了馆藏昆虫标本的三维模型制作。

4.2.2.1 结构塑造

本次主要制作精选的昆虫纲及甲壳纲类部分昆虫模型。在数字化过程中，首先分析了需要制作模型的昆虫身体结构，随后根据其真实的身体结构，对昆虫的每个部位均进行了三维模型制作，因此本次数字化昆虫标本，除了具有符合昆虫真实形态的结构外，还具有与真实昆虫一致的可动性，可以向观众展示昆虫的运动状态，更好地满足观众尤其是青少年观众对交互展示活动的兴趣，给观众以更深刻的参观印象，以更好地发挥其教育作用。

4.2.2.2 毛发系统

本次数字化过程中精选制作的昆虫十分精致，标本的体表毛发保存完整。我们通过分析体表毛发的结构、作用、粗细、颜色等特征，经过三维模型技术重建，将毛发等昆虫标本细节通过三维的形式进行高精度呈现。

4.2.2.3 逼真材质

由于昆虫种类的多样性，不同种类昆虫表面甲壳、皮肤、翅膀的颜色、光泽、粗糙度、凹凸等信息均不一样，这些我们统称为标本的材质信息。我们通过多张包含不同途径的贴图去体现材质信息的多样性，最终使成型效果与实际昆虫质感高度一致。

4.3 创意展示创新性

4.3.1 服饰套件展示

在对服饰及其配件进行三维数字化采集和模型制作后，可通过专业的软件将服饰模型与合适的人物模型结合起来，将其制作成一段动画，该段动画可制作成影视动画或在展示程序中展示出来。

亦可通过制作相应的展示程序来展示整套服饰，该展示程序可通过多种展示方式向游客介绍和展示整套服饰。如独立展示服饰中的服装，使游客能更加清晰地观察到每一套服饰中的纹理、材质，从而使游客能对该套服饰中的每一件服装有更多的了解；或以一定的顺序来显示或隐藏对应的服装，再辅以相关说明向游客展示该套服饰的穿衣顺序，解释每一步穿衣步骤的历史文化意义等。

4.3.2 服饰版型展示

在制作完一套服饰以及对应的版型图后，可将它们放在一个交互展示程序中展示，游客可通过在展示屏幕中服饰与版型图之间的对应比较对该套服饰的设计流程有很多的了解。版型图的展示也可使游客对该套服饰在现实中的制作工艺上有更多的了解。

4.3.3 昆虫标本动态展示

在对选定的昆虫标本进行数字化采集及模型建设后，可通过专业的软件对该昆虫模型进行动作绑定，使其能制作出多段比较生动的昆虫运动动画，这些动画可用于影视作品中，使其在影视作品中的运动更加生动真实、栩栩如生，以获得观众的认可。在进行动作绑定后，也可将该模型放入展示程序中，游客可通过该操纵展示程序中的昆虫标本模型，更加直观地感受到该昆虫的生活方式，如振翅飞行、六足行走等。

4.3.4 昆虫配套环境展示

在制作昆虫标本模型的同时，邀请相关昆虫专家参与进来，根据昆虫在自然状态下的正常生存环境，运用专业软件对昆虫所处的生活环境进行数字化模拟，设计出高度拟真的昆虫生活环境，将昆虫标本的三维模型与其自然状态下的生存环境进行结合展示，帮助游客了解昆虫在自然状态下的生活环境，从而给观众留下更深刻的印象，更好地发挥博物馆在自然生态知识方面的教育意义。

本文通过对山东博物馆馆藏珍贵文物及馆藏昆虫标本进行数字化保护和创意应用的工作流程概述及成果展现，归纳提炼出了本项目在实施过程中的一些创新性特点，主要表现在三维数据采集、数字模型制作、创意应用等方面。

这些特点对于类似的珍贵文物数字化保护及创意应用具有一定的借鉴意义，对于今后的珍贵文物数字化保护及创意应用工作可资参考。

参考文献

[1] 贾宏禹,吕志鹏.基于三维扫描技术的文物数字化研究与实践[J].长江大学学报（自然版）理工卷,2009,006(003):253-255.

[2] 张磊,郭瑞,徐进,等.龙门吊式高精度图像采集技术在平面文物数字化中的应用[J].甘肃科学学报,2019,031(003):114-117,124.

[3] 边巴卓玛.世界文化遗产珍贵文物数字化保护利用初探——以西藏罗布林卡珍贵文物为例[J].西藏艺术研究，2020(4):6.

[4] 蒋超,汪家杰,俞琳.一种纺织文物图样数字化修复方法研究[J].丝绸，2019, 56(11).